孟子的世界

杨海文 著

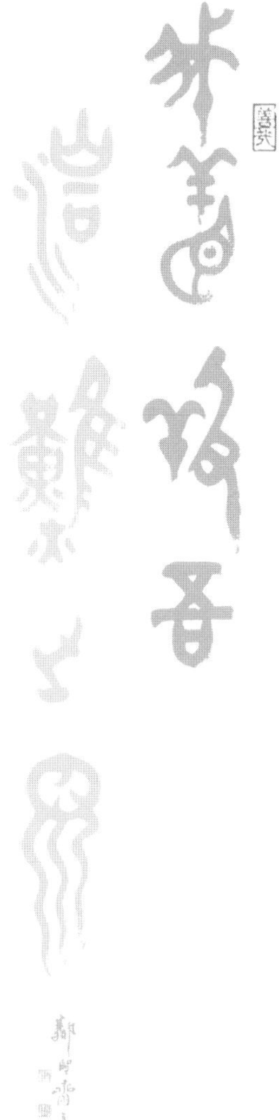

齊鲁書社

本书出版得到国家社会科学基金重大项目“中国人性论通史”（15ZDB004）、中国孟子研究院资助，特此致谢。

借此重印机会，深切悼念国家社会科学基金重大项目“中国人性论通史”首席专家周炽成教授（1961—2017）逝世一周年。

目 录

慧心的阅读意味着合作或同谋(代引言) /1

第一章 其人其书的人文凭吊 /1

一 穿越“孟母教子”的故事丛林 /7
二 一个义仕派知识分子的淑世情怀 /17
三 皈依立言的境域 /32
四 缅怀孟门弟子 /42
五 《孟子》的篇名未尝没有意义 /54
六 《孟子外书》真是孟子的著述吗? /66

第二章 道德理想主义的心田守望 /77

一 在人禽异类的临界点上 /85
二 孟子是稷下先生吗? /94
三 到稷下听辩论去 /104
四 性善论为何如此鞭辟有力? /112
五 以心善言性善 /121
六 “仁且智”:理想人格的哲学定义 /131
七 直面强悍的命运 /139

八 有一种人生智慧叫权变 / 147
九 父亲杀了人,儿子怎么办? / 157
十 王道“下乡”:重读孟子的“穷人经济学” / 162
十一 知识分子凭什么可以“不耕而食”? / 176
十二 “学而优则仕”:一本难念的经 / 184

第三章 文化守成主义的诗意栖居 / 197

一 鲁西南那两个人能否救得了礼乐? / 203
二 另一半是诗书 / 208
三 孟子读过《论语》吗? / 218
四 “子曰”尾随着“《诗》云” / 227
五 乱臣贼子惧怕《春秋》吗? / 236
六 将“距杨墨”进行到底 / 245
七 以意逆志:一个读书方法,一种解释学境界 / 259
八 在常识的逼视下 / 271

从阅读到悦读如何可能?(代结语) / 277

慧心的阅读意味着合作或同谋（代引言）

此时此刻，凝望着杨伯峻的《孟子译注》，我的内心久久不能平静。博尔赫斯的《为六弦琴而作·序言》说过："阅读任何一部作品都需要某种合作乃至于合谋。"①正是这句话，让我慢慢回忆起我与孟子相逢以来的漫长而又难忘的岁月……

1985 年，我从湖南长沙一所乡村中学考入武汉大学哲学系。那时，激烈反传统的文化思潮如火如荼。要反传统，就得了解传统。1986 年 9 月 26 日，我在武大图书馆内的一间小书店，既经意又不经意地买了杨伯峻的《孟子译注》：1960 年 1 月第 1 版，1984 年 5 月北京第 6 次印刷，从 116651 册印至 169650 册，定价 1.80 元。

杨伯峻是湖南长沙人，一生为传播《孟子》出过大、中、小三本译注：小者是正文 166 页的《孟子选译》，列入人民文学出版社的"中国古典文学今译丛书"，1988 年 10 月第 1 版；中者是正文 232 页的《孟子导读》，列入巴蜀书社的"中华文化要籍导读丛书"，1987 年 5 月第 1 版；大者是《孟子译注》，中华书局 1960 年 1 月第 1 版、

① 〔阿根廷〕豪·路·博尔赫斯著，林之木、王永年译：《博尔赫斯全集·诗歌卷》（上），浙江文艺出版社 1999 年版，第 333 页。

2005年1月第2版、2010年2月第3版①。

《孟子译注》遭遇过一些鲜为人知的曲折，杨伯峻的《我和〈论语译注〉、〈孟子译注〉》一文追忆：

> 第一次出版的《孟子译注》译注者是“兰州大学中文系孟子译注小组”。自然一切有关人士都分得若干元稿费（有人告诉我，他举了一次手，分得七十元），我被认为是“审定”者罢，也喝了一口汤。②
>
> 六一年摘除我的右派帽子。中华书局当局调了《孟子译注》的原稿，加以考查，肯定每字每句都是我的，这才和兰大中文系联系，主张改用我的名字重印。兰大中文系竟然不同意，却说重印区区稿酬可以由我一人独得，译注者名义仍应归兰大小组，真是可笑之至。中华书局当局这次实事求是，重印时改用我的名字，算是物归原主，终于分清黑白，明确是非。使这部多灾多难的《孟子译注》重新和广大的读者见面。③

但是，我对《孟子》慧心的阅读，并不属于20世纪80年代。读大学的几年里，我就不是《孟子》爱好者，更不是传统主义者。1987年2月28日，我在日记中写道：“上个学期写了一篇文章《对中国

---

① 其中，第1版正文483页，全2册；第2版正文483页，全1册，列入“中国古典名著译注丛书”；第3版正文458页，全1册，列入“中国古典名著译注丛书”。

② 杨伯峻：《杨伯峻治学论稿》，岳麓书社1992年版，第166页。

③ 杨伯峻：《杨伯峻治学论稿》，岳麓书社1992年版，第167页。

传统文化应持否定态度》。一位老师写了这样的评语:虽有一些闪光的思想,但是,结论失之偏颇。”今天我记不清楚写评语的是哪位老师了,但当时能写这类评语的老师并不多见。

大学本科毕业,到鄂南某国有企业工作了四年。然后,负笈南下,成为中山大学哲学系中国哲学专业的硕士研究生。打开行囊,把《孟子译注》放上中区 2 舍 901 寝室的书架——至少那个瞬间,我根本没有想到此后会与《孟子》结下如此深的缘分。

事情起因于业师李宗桂教授为贵州人民出版社主编“大思想家与中国文化丛书”,他希望我写其中的《孟子与中国文化》一书。这项任务我起先接受,但不久就放弃了,不是我不想写,而是我深知自己的功力不逮。

尽管没有写成《孟子与中国文化》,但我与孟子的缘分,绵绵不绝地流淌于六年研究生生涯。《略论孟子的义利之辨与德福一致》(原载《中国哲学史》1996 年第 1 ~2 合期)是我写的第一篇孟学论文,它从道德理想主义视角对孟子的思想精髓进行了考量。硕士学位论文的主体部分《试析孟子解〈诗〉读〈书〉方法论》(原载《孔子研究》1997 年第 1 期)是我真正有心得体会的第一篇孟学论文,它从文化守成主义角度对孟子的文化内涵予以了解读。

凭借道德理想主义、文化守成主义两根拐杖,我的博士学位论文《孟子文化精神研究》勾勒了孟子文化精神“文以载道”的思想实质。孟子在礼乐文明已经崩坏的战国时期,深切地意识到诗书文化的人文力量;为了在沉沦的世俗世界中挺立世人的道德主体,他找到了经由文化守成主义达成道德理想主义的精神道路。

我们这个时代何尝不需要“文以载道”呢? 1998 年 12 月,我到香港中文大学参加"中华文化与二十一世纪"国际学术研讨会，特意把20世纪护守中华传统人文的方法论智慧与孟子"尚诗书"的文本解读方法接榫起来。那时我正拼命写着博士学位论文，满脑子都是孟子。在我看来，陈寅恪企盼的"了解之同情"，继承"是尚友也"之"友"(10·8①)，而"友"(同情性)是守护古典的情感基点；冯友兰提出的"抽象继承法"，揭橥"取二三策而已矣"之"取"(14·3)，而"取"(选择性)是守护古典的理智途径；张岱年倡导的"综合创新论"，弘扬"以意逆志，是为得之"之"得"(9·4)，而"得"(主题性)是守护古典的意志目标②。

读中国哲学专业的六年里，我主要关注孟子思想研究。毕业留校后到中国古文献研究所工作三年，我转向孟学史研讨。这在一定程度上受了台湾学者黄俊杰的《孟学思想史论》卷1(台北东大图书公司1991年版)、卷2(台湾"中央研究院"中国文哲研究所筹备处1997年版)的影响③。孟子研究不仅要重视哲学—观念史进路，而且要重视历史—思想史进路；我们不独需要通过孟子思想研究以凸显"文以载道"的信念依托，还应该经由孟学史研讨去还原"道在史中"的心路历程。

遗憾的是，我在中国古文献研究所仅仅写了两三篇像样的孟

---

① 此种序号注释，以杨伯峻译注的《孟子译注》(中华书局2010年第3版)为据，以下全书同。间隔号前的数字，代表《孟子》的篇(卷)数；间隔号后的数字，代表《孟子》的章数。此版有个别手民之误，引用时，另出注。

② 参见杨海文：《化蛹成蝶——中国哲学史方法论断想》，齐鲁书社2014年版，第1～22页。

③ 《孟学思想史论》卷2的大陆简体字本，易名为《中国孟学诠释史论》(社会科学文献出版社2004年版)。

学史论文。本来想坐几年冷板凳,把孟学史研究好好做下去,但由于多方面的原因,特别是2002年3月8日校方决定把中国古文献研究所并入图书馆,我只好面对现实,调至学报编辑部。

更为遗憾的是,我到中山大学学报编辑部的最初三四年,竟然与孟子生分了起来。直到2006年11月,李承贵教授为江西教育出版社的"说诸子丛书"组稿,邀请我写《孟子》,我才重续与孟子的缘分。然后,花了将近一年时间,写成二十多万字的《浩然正气——孟子》,并于2008年5月出版。

写《浩然正气——孟子》,表明《孟子》与我之间的合作式阅读、同谋式阅读再度被敞开。如果我们置身其间的这个时代根本不存在问题,我们何必劳累地穿越历史的丛林去追寻前人留下的答案呢?我们今天仍要探寻古典的智慧,意味着我们在本根上力图为面临的问题找到合理的答案。如此行动,事实上不仅仅是理性的动作,而且更是德性的举措。

这本《我善养吾浩然之气——孟子的世界》,是在《浩然正气——孟子》的基础上修订而成的。始于2014年8月初,修订历时三个多月:以绝对准确为原则,校订了所有引文;以明白晓畅为基准,润色了所有表述。与首版相比,修订版减少了五六万字,让我切身体会到古人为何会有"多作不如多改,善改不如善删"①的苦心孤诣。反反复复修改,一次又一次与《孟子》照面,更让我的身

① 《伯子文集叙》,[清]魏禧著,胡守仁、姚品文、王能宪校点:《魏叔子文集》上册,中华书局2003年版,第391页。

心长久地浸淫于“旧书不厌百回读，熟读深思子自知”①的勃勃生机之中。

孟子说过：“我知言，我善养吾浩然之气。”（3·2）一切尚未完成，一切业已展开。看的是书，读的是世界，养成的是人格。世界上总有不同的地方，我们的精神家园会在哪里？一个人的精神家园并不是整个世界，而是存在于某个或者某几个地方。“阅读任何一部作品都需要某种合作乃至于合谋。”于我，唯有在与“我善养吾浩然之气”的精神世界相逢的漫漫长路上，不断虔诚地体证孟子的教诲……

---

① 《送安惇秀才失解西归》，[清]王文诰辑注，孔凡礼点校：《苏轼诗集》第1册，中华书局1982年版，第247页。

第一章

其人其书的人文凭吊

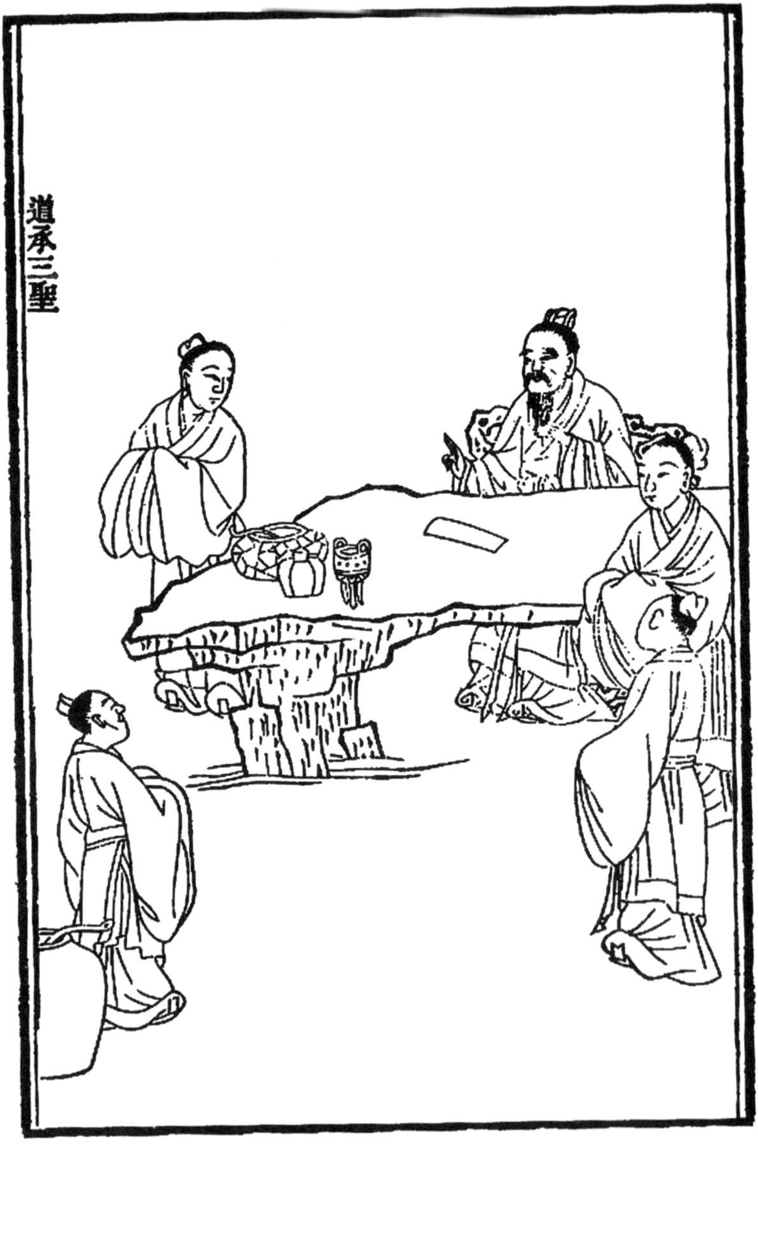
道承三聖

现在我们真得好好地感谢韩婴、刘向，感谢他们把孟子休妻一事“和解”成了一桩离婚未遂事件，感激他们让孟子离婚未遂事件为普天之下的婆、媳塑造了“知礼而明于姑母之道”的孟母形象！

——《穿越“孟母教子”的故事丛林》

如果不是滕文公，孟子的思想主张，孟子的淑世情怀，在其有生之年，恐怕连一次实践的机会都未必会有；正是因为有了滕文公，孟子的王道理念，孟子的仁政理想，在其有生之年，得以成就一次真正的政治伦理实践。且恕我孤陋寡闻：尽管孟子唯一成功的思想实验跟滕文公密切相关，但即使写得很厚很厚的中国政治史，对此也像犯了健忘症一样。且恕我意气用事：正因那么多中国政治史的高头讲章对于滕文公不屑一顾，所以，让没有做过惊天动地大事业的滕文公在我的笔下复活，就是我义不容辞的责任。

——《一个义仕派知识分子的淑世情怀》

在这份悼词中，倘若只让司马迁挑一个字来写照孟子坎坷的一生，我相信它一定是“退”。退，不是倒退，而是皈依；退，是从政治皈依学术，是从立功皈依立言；退，更是“统治阶级中的被统治者”——知识分子在短暂的人生中追求永恒价值的文化战略。

——《皈依立言的境域》

把师生共著说加以具体化，意思就是以公孙丑、万章为主力，学生们协助孟子写作了《孟子》。《孟子》第2篇叫《公孙丑》、第5篇叫《万章》，而其他弟子并未获得这一名垂青史的命名权；公孙丑、万章在《孟子》中出现的章数都是15章，而其他弟子并不拥有这一频频露面的上镜率。最简单的东西往往最真实，因此，我一直认为公孙丑、万章在《孟子》的编辑性版权中是绝对控股的。

——《缅怀孟门弟子》

从《梁惠王上》到《尽心下》，各个单篇确实不存在所谓的中心意思。但是，整本《孟子》有其一以贯之的基本精神：孟子率领弟子，一面游说诸侯、推行仁政，一面探究人心、弘扬性善，为的是让整个社会看到光明的前景。把七个篇名嵌入这段话，一种情理之中、意料之外的组合效应就会朗现于你的心头：《孟子》率领弟子《公孙丑》《万章》，一面劝说《梁惠王》《滕文公》实施王道，一面对话《告子》辨析人性。孟门师生太《尽心》了，他们多么期望《离娄》之明能够普照这个世界上所有的人！

——《〈孟子〉的篇名未尝没有意义》

很多时候，历史仿佛是在人们毫无防备的情况下层累地递增的。司马迁当年写《史记·孟子荀卿列传》，只是说“作《孟子》七篇”。到了东汉，先是班固的《汉书·艺文志》说“《孟子》十一篇”，后是应劭的《风俗通义·穷通》说“作书中、外十一篇”。《孟子》为何变厚了？关键在于七篇之外，冒出《孟子外书》四篇。与班固相比，应劭认为《孟子》包括中、外两部分，四篇之意呼之欲出。与应劭相比，赵岐知道四篇的具体篇名。毫无疑问，班固、应劭、赵岐见过《孟子外书》。只是班固、应劭一笔带过，觉得它的真实性不成问题；赵岐则郑重其事，明显怀疑起来。

——《〈孟子外书〉真是孟子的著述吗?》

斷績勵學

一 穿越“孟母教子”的故事丛林

母亲与哲学看起来毫不相干,但在哲学与政治的比较中,却是另外一番境况:政治是外在的,哲学是内在的;政治是现实的,哲学是想象的;政治是欲望的,哲学是心灵的……更形象地说,政治无异于我们的父亲,哲学无异于我们的母亲。

从中国古代学术传统看,政治多为史学素材,史学注重客观;哲学多为经学内容,经学倾向阐释。所以,经学时代,曾国藩提出“刚日读经、柔日读史”①;后经学时代,91 岁的冯友兰 1986 年 3 月写了“西学为体,中学为用;刚日读史,柔日读经”的对联送给李泽厚②,把曾国藩的意思倒了过来。一旦了解这一点,并把母亲与哲学这一深层隐喻投射到活生生的日常生活层面,或许你会脱口而出:又有哪一个哲学家不是母亲的儿女?又有哪一个哲学家不曾深深地承受母亲的慈爱?

人,每一个人,都只是人而不是神。母亲的身体是我们每个人

---

① 《家书》卷 3《致诸弟(述求学之方法)》,[清]曾国藩:《曾国藩家书家训日记》,北京古籍出版社 1994 年版,第 116 页。

② 参见蔡仲德:《冯友兰先生年谱初编》,河南人民出版社 2000 年第 2 版,第 698 页。

最先的栖居地，母亲的爱是我们每个人的第一所学校。孟子何尝不是如此？孔子、孟子都是三岁左右遭逢丧父之痛①，由母亲抚养成人，但神奇的历史给予孔母、孟母的待遇却十分不同。据说孔母年轻的时候与年老的孔父野合，于是生下孔子。难道孔母今天的默默无闻，真的与此有关？相比之下，看一看西汉大学者刘向的《列女传·母仪传》说的——"孟子之母，教化列分。处子择艺，使从大伦。子学不进，断机示焉。子遂成德，为当世冠"②，尤其是仔细品味那四个情节简单、但流传千古的民间故事——三迁、杀豚、断机、休妻，我们不难知道孟母的赫赫声名。

历史事件一经发生，人们就不可能完全真实地还原当时的历史场景，但历史书写终究不同于历史本体。历史本体是实史，增一字不得、减一字不得；历史书写是编史，是一个任人打扮的小姑娘。我相信孟母教子在历史本体意义上的真实性，可后人的历史书写

---

① "孟子三岁丧父"一说面临两个反证的挑战：第一个是内证。据《梁惠王下》(2·16)记载，臧仓曾以孟子"后丧逾前丧"为由，阻止鲁平公见孟子。臧仓之意，是指孟子办父丧用三个鼎的士礼摆设供品，办母丧用五个鼎的大夫礼摆设供品，亦即孟子葬母用的棺椁衣衾太精美。一般认为孟子40岁后出仕做官，这表明孟父并未早故。第二个是外证。据《列女传·母仪传》记载，孟母曾以断喻学："宁能衣其夫子而长不乏粮食哉？"(张涛：《列女传译注》，山东大学出版社1990年版，第38页。)夫子即丈夫。如果丈夫并不健在，孟母不会说这样的话。依据以上内证、外证，有学者认为"孟子三岁丧父"之说并不成立。罗根泽的《孟子传》就说："惟谓'三岁而孤'，则不然也。"(氏著：《诸子考索》，人民出版社1958年版，第317页。)尽管如此，比那些考证更为人们喜闻乐见的民间传说，依旧是在孟母早年丧夫、孟子幼年丧父的情境中展开自身的叙事。

② 参见张涛：《列女传译注》，山东大学出版社1990年版，第39页。

过于缺乏创意，令人倍感遗憾。现在，我要把“杀豚”这个故事安置到“三迁”的叙事脉络之中，进而把三迁、杀豚、断机融为一体。

孟母仉氏丧夫之后，独力抚育孟轲，望子成龙之心急切。无奈孩子的天性就是贪玩，所以，其舍近墓，小孟子“嬉游为墓间之事，踊跃筑埋”；其舍傍市，小孟子“嬉戏为贾人炫卖之事”；直到其舍旁学，小孟子才“嬉游乃设俎豆，揖让进退”①。住在坟场旁边不行，搬到集市附近也不行，为什么迁入学校周围才行了呢？

这里可以用环境决定论来解释：孟母也许背不出孔子说的“里仁为美。择不处仁，焉得知”（《论语》4・1②），却深深地把握了另一种来自生活本身的智慧——“近朱者赤，近墨者黑”，因此一次又一次地选择能让孩子健康成长的生活环境。可是，住在学校旁的小孟子就不贪玩了吗？俎豆之事虽然比墓间之事、炫卖之事更文明、更高雅，更接近上流社会的生活方式，但它在本质上何尝不是嬉戏呢？！

“杀豚”故事不见于《列女传・母仪传》，而是出自比刘向更早的西汉经学大师韩婴笔下。《韩诗外传》卷9记载：

> 孟子少时，东家杀豚。孟子问其母曰：“东家杀豚何为？”母曰：“欲啖汝。”其母自悔失言。曰：“吾怀妊是子，席不正不坐，割不正不食，胎教之也。今适有知而欺之，是教之不信

---

① 参见张涛：《列女传译注》，山东大学出版社1990年版，第38页。

② 此种序号注释，以杨伯峻《论语译注》（中华书局1980年版）为据，以下全书同。

也。”乃买东家豚肉以食之，明不欺也。[1]

有位现代作者写的《孟子年谱》，把“三迁”“杀豚”“断机”分别系于孟子“九岁”“十岁”“十五岁”条下[2]。三迁→杀豚→断机的次序并非没有道理，可那位作者下结论时，却没有提供任何让人信服的证据。这样的证据真的有过吗？或许有过，或许从来就没有；而且，从未有过的可能性更大。既然如此，何必非得此年这事、彼年那事地对号入座呢？模糊一些，难道不好吗？谁又会说三迁、杀豚、断机发生在孟子成家立业之后？更学理地看，先秦诸子的生平系年往往说不太清楚，你说得太确切了，人们反而更糊涂。

把“杀豚”穿插进“三迁”的叙事之中，具体情节不妨这么设计：孟母把家从坟场旁搬到集市边了。有一天，小孟子看到东家在杀豚，回家后问杀给谁吃。孟母这时在专心做事，随口说给你吃的，说完就觉得失言了。（家里穷，哪有钱买得起肉吃啊?!）然而，为了告诉小孟子为人处世必须言而有信，孟母还是把肉买了回来。

故事太简单了吧？假如你知道“七十者可以食肉矣”（1·3，1·7）和“七十非肉不饱”（13·22）竟然是孟子王道政治理想的主要内容，你顿时就会明白孟母“杀豚不欺子”的深切意味。

“三迁”讲教育者意识到客观环境的好坏对于被教育者的重要

---

① ［汉］韩婴撰，许维遹校释：《韩诗外传集释》，中华书局 1980 年版，第 306 页。

② 参见济宁市政协文史资料委员会、邹县政协文史资料委员会编：《孟子家世》，中国文史出版社 1991 年版，第 15～16 页。

作用,“杀豚”讲教育者感知到自身的品质对于被教育者的示范效应。在这两个故事中,孟子其实并未真正出场,真正出场的只有孟母,要么是她带着小孟子跟环境做斗争,要么是她在小孟子面前跟自己做斗争。从哲学分析的角度看,单一主角的叙事结构表征着主客对峙的思维方式。这也是我把三迁、杀豚两个故事捆绑在一起的哲学根据。另外,“杀豚”中的东家和“三迁”中的集市在故事元素上可以相互对应,则是我把“杀豚”安置进“三迁”的叙事依据。刘向先讲“三迁”、再讲“断机”,所以,我们这一重新设计有助于人们体察到孟母教子故事的逻辑嬗变,那就是从单一主角变成双重主角、从主客对峙化作互为主体。

“三迁”根除不了小孟子贪玩的天性,倒是“杀豚”展示了孟母教子的坚定决心,这两个元素筹划了“断机”故事的开篇。孟子放学回家,孟母正在纺织。孟母问学习情况,孟子说还是过去那个样子。在此,孟子依然是配角,孟母依然是主角,母子之间依然是对峙性关系。然后,孟母以刀断织、以断喻学,孟子幡然醒悟,从此“旦夕勤学不息”,“遂成天下名儒”。至此,孟子切合了孟母的目标期待,并与母亲一样成为故事的主角,母子关系在互为主体性中得到中国古典教育学意义上的最高升华。

孟母以刀断织、以断喻学,究竟如何说的?我们需要慧心地咀嚼《列女传·母仪传》记下的这段古文:

子之废学,若吾断斯织也。夫君子学以立名,问则广知。是以居则安宁,动则远害。今而废之,是不免于厮役,而无以离于祸患也,何以异于织绩而食,中道废而不为,宁能衣其夫子而长不乏粮食哉？女则废其所食，男则堕于修德，不为窃盗，则为虏役矣。[1]

有个至今流传于孟子故里的口头传说——"回头望母，儿该死"，可以当作"断机"故事的升级版本。孟子伏案苦读，常常废寝忘食，这次竟连母亲送饭进来，都没有注意到。等他回过头来，母亲只留下苍老而又蹒跚的背影，一股苦涩的感觉刹那间涌上心头。孟子晚年著书立说，始终忘不了那个蹒跚而又苍老的背影，于是写下"回头望母，儿该死"一语。可惜后人传抄《孟子》，竟然把这句话遗漏了[2]。

一个人不管到了多大岁数，永远是母亲眼中的孩子；母亲对于孩子的爱与鞭策，永远没有尽头。如同"回头望母，儿该死"这个传说一样，《列女传·母仪传》记录的"休妻"故事也是有力的佐证。

中国古代有过不允许女人光着上身、躺在卧室里休息的礼法规定吗？我不知道。反正孟子就是因为走进卧室，恰好撞见田氏"袒而在内"，非要休妻不可。在孟子看来，妻子这样做，违背了礼仪，不可饶恕。但是，古代规定丈夫休妻只有七类合法理由（称作"七去"，或"七出""七弃"）：不顺父母、无子、淫佚、妒忌、有恶疾、多言、盗窃[3]。所以，田氏觉得很委屈。她对孟母说：夫妻卧室里的

---

① 张涛：《列女传译注》，山东大学出版社1990年版，第38页。

② 参见汪林搜集整理：《孟子的传说》，甘肃少年儿童出版社1992年版，第24页。

③ 参见《大戴礼记·本命》，[清]王聘珍撰，王文锦点校：《大戴礼记解诂》，中华书局1983年版，第255页。

私生活，不受这也规定、那也规定的夫妇之道干预；如果丈夫非得假正经，那就是把妻子当外人看，良家妇女绝对不能接受！与后来封建社会极力提倡男尊女卑相比，田氏说的这番话洋溢着生动刚强的女性觉醒意识。“妾闻夫妇之道，私室不与焉”一句①，尤其切中孟子无理取闹的要害。

孟母对孟子的训斥更彻底：“你进家门的时候，得问一问谁在里面，以示尊重；上堂屋的时候，得发出点声音，提醒一下别人；推开睡房的时候，眼睛得朝下看，否则可能看到别人的隐私。今天是你自己没有弄清礼节，却叫嚷着拿礼法处罚人，这离礼数不是太远了吗？”孟子自知理亏，认错之后，赶忙留住妻子。

说孟子因为田氏张开双腿（“踞”）或者光着上身（“袒而在内”）而休妻，这是西汉人韩婴、刘向的叙事②。其实，《荀子·解蔽》早已直逼禁欲主义的理论高度。荀子说：孟子休妻，是怕夫妻间那点事，有损自己的身心修为，他也太自强了！郭沫若写过短篇小说《孟夫子出妻》，其中说道：“原来孟夫子立志要为圣贤，他的入手的大方针便是要求‘不动心’，要求‘存夜气’，然而在他夫人的身旁，特别是在夜间，他的心却不能够不动。动了，在第二天清早便一身都充满着燥气，他心目中的孔夫子便要来苛责他，于是便有这矜持的脾气发作起来。”③后来，郭沫若的《儒家八派的批判》又说：

---

① 张涛：《列女传译注》，山东大学出版社 1990 年版，第 38 页。

② 参见［汉］韩婴撰，许维遹校释：《韩诗外传集释》，中华书局 1980 年版，第 322 页；张涛：《列女传译注》，山东大学出版社 1990 年版，第 38 页。

③ 郭沫若著作编辑出版委员会编：《郭沫若全集》文学编第 10 卷，人民文学出版社 1985 年版，第 177 ~ 178 页。

“‘孟子恶败出妻’,毫无疑问是一位禁欲主义者的行径,败是嫌男女之际败坏精神或身体,而不是妻有‘败德’。”①

不管怎样说,荀子认为孟子休妻是确凿的事实。这样,《韩诗外传》卷9说“孟子自责,不敢去妇”,《列女传·母仪传》说“孟子谢,遂留其妇”②,就颠覆了《荀子·解蔽》说的“孟子恶败而出妻,可谓能自强矣”③。韩婴、刘向为什么要给孟子翻案呢?

作为西汉大师级的经学家,韩婴、刘向不会不熟悉《礼记·檀弓》那些“孔氏三世出妻”的记述:孔子休过妻,伯鱼休过妻,子思休过妻。可是,母亲亡故,伯鱼(孔子之子)整整一年后还恸哭不已,子思(伯鱼之子)甚至无视礼法规定哭于家庙,子上(子思之子)同样长久地伤心欲绝④。我相信,正是儿子对于母亲这种割不断的天然情愫,深深地震撼了《韩诗外传》《列女传》的作者。西汉时期,《礼记》成了圣典,韩婴、刘向救不了孔子;但是,汉文帝曾把《孟子》与《论语》《孝经》《尔雅》一起置为传记博士,所以韩婴、刘向决心重新包装孟子。

现在我们真得好好地感谢韩婴、刘向,感谢他们把孟子休妻一事“和解”成了一桩离婚未遂事件,感激他们让孟子离婚未遂事件为普天之下的婆、媳塑造了“知礼而明于姑母之道”的孟母形象!

---

① 郭沫若:《十批判书》,东方出版社1996年版,第147页。

② [汉]韩婴撰,许维遹校释:《韩诗外传集释》,中华书局1980年版,第322页;张涛:《列女传译注》,山东大学出版社1990年版,第39页。

③ [清]王先谦撰,沈啸寰、王星贤点校:《荀子集解》下册,中华书局1988年版,第403页。

④ 参见[清]阮元校刻:《十三经注疏(附校勘记)》上册,中华书局1980年版,第1274,1281,1291,1314页。

附带还要说说，历史上有不少人喜欢谈论邹鲁儒家那些休妻的事情。宋代罗璧的《识遗》卷4《圣贤纲常之变》曾说："夫妇，人道之始，而仲尼、子思、孟子皆出妻。"①晚清宋恕亦云：

> 古人实是如此：故孔子三世出妻，而曾子、孟子之妻亦皆以小故被出，缘其易于改造，故不嫌出之之严。若如今之不能改造，则出之与杀之无异。夫以小故而杀人女，稍有仁心者所不忍为，而况大圣大贤乎！②

这里不讨论其他人，仅就孟子而言：在我们大多数人的印象里面，孟子确实有过休妻的鲁莽，但母亲的严慈让他挽救了家庭。不是《荀子》而是《列女传》及《韩诗外传》定格的这一群体印象，或可算作性善论对于性恶论的一次胜利。蔡尚思有言："孔孟这般圣贤们，简直是不把女子当作人类看待"，孔、孟"是女性的敌人、男性的恩人"③。我觉得，蔡先生至少该把孟子排除在外。

没有孟母，就没有亚圣孟子，只有像张三、李四那样的孟轲。母教一人，厥惟孟母！晋代文豪左思之妹左棻的《孟母赞》写道："邹母善导，三徙成教。邻止庠序，俎豆是效。断机激子，广以坟

---

① ［南宋］罗璧：《识遗》，《景印文渊阁四库全书》第854册，台湾商务印书馆1986年版，第554页上栏。孔氏三世出妻，见《礼记》《家语》；孟子出妻，见《荀子·解蔽》篇。

② 《六字课斋卑议·变通篇·伦始章》，胡珠生编：《宋恕集》上册，中华书局1993年版，第150页。

③ 蔡尚思撰，李妙根导读：《中国传统思想总批判（附补编）》，上海古籍出版社2006年版，第48,39页。

奥。聪达知礼，敷述圣道。”①历史上广为流传的蒙学读本《三字经》说过：“昔孟母，择邻处。子不学，断机杼。”②穿越“孟母教子”的故事丛林，三迁、断机最是意味深长：必须给孩子创造良好的学习环境，“三迁”呈现了孟母平凡而又执着的智商；必须让孩子警醒到学习的重要意义，“断机”敞开了孟母严厉而又慈爱的情商。我们都孩提过，大多数人还有自己的孩子；更重要者，我们每个人都有母亲！所以，每逢孟子诞辰的那个母难日，我们有什么理由不过中国人自己的母亲节？！③

最后，抄下清代人葛金堂的《马鞍山孟母墓》：

马鞍山色里，万树护佳城。
雨过林烟活，秋深野气清。
墓堂余石鼎，村巷有机声。
故里依稀在，三迁仰令名。④

---

① 刘培桂编：《孟子林庙历代题咏集》，齐鲁书社 2001 年版，第 2 页。

② 傅璇琮主编：《三字经》（修订版），人民教育出版社 2008 年版，第 114 页。

③ 全国政协委员、中华母亲节促进会会长李汉秋等人倡议：将孟子出生的四月初二，设立为中华母亲节（姚鹏：《多位学者倡议设立中华母亲节》，《中国妇女报》2006 年 12 月 19 日，第 1 版）。2009 年 4 月中旬，我曾到江苏徐州出席“首届孟学（国学）高层论坛暨中华母亲节促进大会”；2015 年 4 月下旬，又到邹城孟庙参加纪念孟母孟子大典；2016 年 8 月下旬，出席孟子研究院特聘专家 2016 年第一次工作研讨会，王志民院长提出孟母文化研究的学术课题以及进一步切实推动设立中华母亲节的倡议。关于孟子生辰的周历、农历、公历（儒略历、格里高利历），详见本书《皈依立言的境域》一节。

④ 刘培桂编：《孟子林庙历代题咏集》，齐鲁书社 2001 年版，第 251 页。

我们正在与孟子那个“我善养吾浩然之气”的精神世界相逢，“孟母教子”那些传说还会经久不息地召唤并温暖我们的身心。尾随孟子在哲学中跟复杂的政治进行博弈，不是一件轻松的事。马鞍山色里，故里依稀在。如果累了，且让我们朝着长眠于马鞍山下的孟母①遥寄思念，在遥遥的祭奠里，在母亲与哲学那个深层隐喻里，追寻身为人子、俗为世人的我们的真正的心灵故乡……

二　一个义仕派知识分子的淑世情怀

义仕派以孟子为代表

公元前 372 年，孟子出生。“赵以大戊午为相，攻魏（年表作卫），取乡邑七十三。魏败赵于北蔺。”②公元前 289 年，孟子去世。“秦大良造白起、客卿错伐魏至轵，取六十一城。”③读《战国史》的附录《战国大事年表》④，攻城略地、血流漂杵简直就是那时的家常便饭。今天斗，明天打，怪不得孟子那个时代叫作“战国”。

---

① 孟母林位于邹城之北、曲阜之南的马鞍山下，今属曲阜市；孟林位于邹城东北的四基山西麓，今属邹城市。与“三孔”（孔府、孔庙、孔林）相比，当有“四孟”（孟府、孟庙、孟母林、孟林）之称。

② 翦伯赞主编:《中外历史年表（公元前 4500—公元 1918 年）》，中华书局 1961 年新 1 版，第 77 页左栏。

③ 翦伯赞主编:《中外历史年表（公元前 4500—公元 1918 年）》，中华书局 1961 年新 1 版，第 89 页右栏。

④ 参见杨宽:《战国史》，上海人民出版社 1980 年第 2 版，第 553 ~ 584 页。

无论现在还是过去,战争本质上都是参与各方对于资源再分配的博弈过程。黄仁宇的《赫逊河畔谈中国历史》首篇《孔孟》写道:

> 春秋时代的车战,是一种贵族式的战争,有时彼此都以竞技的方式看待,布阵有一定的程序,交战也有公认的原则,也就是仍不离开“礼”的约束。①
>
> 孟子开始游说的时候,也正是商鞅受刑,苏秦、张仪提倡合纵连横之季。战国七雄,已经准备长期间的大厮杀。虽然这时候的战事还没有像战国末季的那样剧烈——凡是年龄十五岁以上的都要向防地报到,降卒四十万或四十五万一起坑埋,所以这时已不再是春秋时代竞技式的战争了。②

这两段话告诉我们:虽然都是为了取代名存实亡的周天子,春秋五霸打仗还玩点艺术,战国七雄斗起来则纯粹血腥了,称霸之心更为急迫;到孟子的时代,士阶层已经成熟并壮大起来,士气高涨,一大批具有雄才大略的知识分子纷纷投身于各路诸侯的称霸大业之中。

学术与政治结合,知识分子与诸侯结盟,情形各有不同。钱穆就把战国时期的士阶层分成五派:一是劳作派,以许行、陈仲为代表,主张“君民并耕”“不恃人而食”,把墨子的苦行教发挥到了极

---

① 黄仁宇:《赫逊河畔谈中国历史》,三联书店1992年版,第3页。

② 黄仁宇:《赫逊河畔谈中国历史》,三联书店1992年版,第4页。

致;二是不仕派,以田骈、淳于髡为代表,贪图享乐,寄生于贵族的卵翼之下,盛唱不仕之高论,显得十分滑头;三是禄仕派,以公孙衍、张仪为代表,外交才能极高,“一怒而诸侯惧,安居而天下熄”,总是以法术保持禄仕;四是义仕派,以孟子为代表,承认政治生活,主张以礼进退,继承了儒家正统的人文精神;五是退隐派,以庄子为代表,彻底反对政治事业和礼乐文化,却不一定主张刻苦劳作,更不愿寄生禄仕,只是向往冥想的生活,自然是道家的正统了①。

仔细推敲“义仕派”一词,“义”是修饰性的,重头戏还是“仕”。后人常说:“学成文武艺,货与帝王家。”义仕派孟子究竟跟多少诸侯有过交往呢?翻遍《孟子》,虚虚实实加起来,竟然只在十人左右。

先看不得而详者。孟子的学生乐正克在鲁国做官,极力怂恿鲁平公见见孟子,鲁平公也答应了,可小人臧仓从中作梗,事情最后泡了汤(2·16)。孟子与鲁平公是否见过面,成为不解之谜。另外,《公孙丑下》说“于宋,馈七十镒而受;于薛,馈五十镒而受”(4·3),《滕文公上》说“滕定公薨”(5·2),但孟子和宋王、薛君、滕定公的具体交往,已不可考。还有,齐宣王公元前319年继位,孟子已过五十。古人四十始仕,有人推测孟子见过齐宣王的父亲齐威王,可《孟子》对此并无记载。

再看一面之缘者。公元前318年,梁襄王继位。孟子见过梁襄王一面之后,出门就对人说:“远看,这人不像个国君的样子;近看,觉察不到他有什么威严。”(1·6)孟子见邹穆公那一次,时值

---

① 参见钱穆:《国史大纲》上册,商务印书馆1996年修订第3版,第107~109页。

邹、鲁冲突(2·12)。孟子劝他行仁政,估计被当成了耳边风。

对于朗现义仕派孟子的经历与理念而言,那些不得而详的交往太虚了,那些一面之缘的交往算不上实在,那些三番五次的交往才有可能起到虚功实做的效果。与孟子三番五次交往过的诸侯,其实只有梁惠王、齐宣王、滕文公三位。他们在《孟子》中是先后出场的,我们的阐释也不妨遵循这一顺序。

与梁惠王交锋

梁惠王本称魏惠王。其祖魏文侯是孔门弟子子夏的学生,在位 50 年,以李悝为相、吴起为将、西门豹为邺令,魏国成为当时最先称雄的国家。公元前 376 年,其父魏武侯与赵国、韩国一起灭掉宗主国晋国,瓜分了晋国三分之一的土地。公元前 369 年,魏惠王继位,正是魏国最强盛的时候。

魏惠王在位长达 51 年,本来有望把文侯、武侯的霸业做得更强、更大。可他一生用人,有过两次重大失策。第一次,公叔痤推荐门客商鞅,并说:“如果不用,就杀掉他!”魏惠王不仅未用,也没有杀,而是让大政治家商鞅跑到了西边的强敌——秦国那里。第二次,庞涓嫉妒同窗孙膑,加以陷害,将孙膑弄成了残疾。魏惠王不明其中的利害关系,把大军事家孙膑拱手让给了东边的对手——齐国。魏惠王一错再错,魏国怎能不由盛而衰?

公元前 361 年,魏国从安邑(今山西夏县西北)迁都大梁(今河南开封①)。从此,魏惠王又称梁惠王。之后,魏国发起过桂陵之战

① 开封建都,始于梁惠王。

(前354)、马陵之战(前341),两度惨败。如今,年迈的梁惠王越来越后悔当年没有重用商鞅、孙膑,越来越感到人才就是第一软实力。

以下这段唱词改编自《梁惠王上》第5章(1·5),写照了梁惠王内外交困、求才若渴的急切心态:

梁惠王两眼泪巴巴,叫一声孟二哥,你上前来,听咱说话。

梁惠王曰:"咱老子当年谁不怕!('晋国天下莫强焉!')

这句话瞒不过你老人家。('叟之所知也。')

到于今,是咱当家。('及寡人之身。')

东边与那山东老儿打一架,('东败于齐。')

就丢了一个大娃娃!('长子死焉!')

西边与那陕西老儿打一架,('西丧地于秦。')

丢了一个咱二百二,又丢了咱一个四百八。('七百里。')

南边与那湖广蛮子打一架,他要咱尊称他声'爸爸',('南辱于楚。')

真羞煞!('寡人耻之!')

咱今要想一个报仇的方法。('愿比死者一洒之。')

孟二哥!你的高才,请你说了吧。"①

① 《优语集》附录二《语比(三十七条)》"新编孟子射时事"条,任二北编著:《优语集》,上海文艺出版社1981年版,第345页。按,引文已做分行处理。

梁惠王希望从孟子那里听到富国强兵、称王称霸的文韬武略。可是,前前后后与孟子谈了5次(1·1~1·5),他每次听到的都是"与民偕乐""仁者无敌"那类空洞的大道理。结果呢?如同《史记·孟子荀卿列传》的描述:"适梁,梁惠王不果所言,则见以为迂远而阔于事情。"①

《孟子》一开篇就是跟梁惠王对话,孟子的迂腐跃然纸上。梁惠王赤裸裸地问:"不远千里而来,亦将有以利吾国乎?"孟子毫不迟疑地回答:"何必曰利?亦有仁义而已矣。"在孟子看来,如果国君只是问怎样才对我的国家有利,大夫只是问怎样才对我的封地有利,士子、老百姓只是问怎样才对我本人有利,那么,上上下下,竞逐私利,这个国家不发生危险才怪呢!万乘之国有很多千乘之家,千乘之国有很多百乘之家。万乘之国,杀掉国君的,一定是千乘之家;千乘之国,杀掉国君的,一定是百乘之家。倘若人人只是轻公义、重私利,人们不把国君的产业全部夺走,就永远不会满足。这次对话的最后,孟子告诫梁惠王:"讲仁的人从来不会遗弃父母,讲义的人从来不会怠慢国君。国君讲仁义就足够了,为什么非得讲利呢?"(1·1)

传统蒙学读本《三字经》以"《孟子》者,七篇止。讲道德,说仁义"概括《孟子》一书的基本思想,国学大师章太炎的《重订三字经》改为"《孟子》者,七篇是。辨王霸,说仁义"②。在孟子思想体

① [汉]司马迁撰:《史记》第7册,中华书局1959年版,第2343页。

② 傅璇琮主编:《三字经》(修订版),人民教育出版社2008年版,第114,121页。

系中,实践伦理学的义利之辨深刻关联着王道政治学的王霸之辨。具体地说,义利之辨在逻辑上优先于王霸之辨,王霸之辨在实践上落实着义利之辨;假如不在义利之辨上截断众流,也就根本无法在王霸之辨上涵盖乾坤。太史公深知孟子这番用意,《孟子荀卿列传》就说:

> 余读《孟子书》,至梁惠王问"何以利吾国",未尝不废书而叹也。曰:嗟乎,利诚乱之始也!夫子罕言利者,常防其原也。故曰"放于利而行,多怨"。自天子至于庶人,好利之弊何以异哉!①

历史上,司马迁第一个为孟、荀立传。但是,《孟子荀卿列传》说孟子"道既通,游事齐宣王,宣王不能用。适梁,梁惠王不果所言,则见以为迂远而阔于事情"②,从史学角度看并不准确,因为梁惠王公元前369—公元前319年在位,而齐宣王公元前319—公元前301年在位。说实话,正是因为连司马迁都弄不清孟子见梁惠王、齐宣王的先后顺序,我才宁愿相信《孟子》的编者。他们先让梁惠王出场,再请齐宣王亮相,这不仅巧合了历史的次序,也让我得以遵循逻辑的承诺,接下来跟着孟子去拷问齐宣王。

① [汉]司马迁撰:《史记》第7册,第2343页。
② [汉]司马迁撰:《史记》第7册,第2343页。

跟齐宣王辩难

齐国是个四塞之国,“南有太山,东有琅邪,西有清河,北有渤海”①,幅员辽阔,实力强盛。称霸诸侯、一统天下,是田氏代齐后的远大抱负。

公元前356年,齐威王执政,文武并用,以邹忌为相,实行变法,国势蒸蒸日上。齐威王执政晚期,孟子很可能去过齐国首府临淄。那时他四十多岁,刚刚出道,名气不会很大,齐威王大概没有接见过他。

某年某月某日,孟子从范邑到达齐都,望见齐王之子,感叹地说:“环境改变气度,奉养改变体质,环境真是重要啊!难道他就不是人之子吗?为什么他如此与众不同呢?”(13·36)范邑是从魏国去齐国的要道,我们不妨推测孟子这时正从“不仁哉梁惠王也”(14·1)那里沮丧地归来,也不妨断定这个齐王之子正是日后即将继位的齐宣王。如果这些推测成立,“居移气,养移体,大哉居乎!夫非尽人之子与”这一高度赞誉,就早已显示孟子对这位齐国储君的由衷期盼。

检索《孟子》,孟子总共和齐宣王进行过13次对话(1·7,2·2～2·11,8·3,10·9)②。要是把它们改编为《孟子见齐宣王》的话剧,你一定觉得台上两个主角充满鲜明的个性:国君年轻有为,

---

① [西汉]刘向集录,范祥雍笺证,范邦瑾协校:《战国策笺证》上册,上海古籍出版社2006年版,第538页。

② 《梁惠王下》第1章只是提到“〔齐〕王”但未明言“齐宣王”(2·1),故排除在外。

敢于在老学究面前承认自己好勇、好货、好色；老学究说起话来，咄咄逼人，盛气凌人，兼以循循善诱。这时，你该想到孟子曾对公孙丑说过："假如齐国要统一天下，那是易如反掌的事！"这是因为在孟子看来，"夏后、殷、周之盛，地未有过千里者也，而齐有其地矣；鸡鸣狗吠相闻，而达乎四境，而齐有其民矣"，所以，土地不必再扩张了，百姓不必再增加了，只要实行仁政，就没有任何力量足以阻挡齐国一统天下（3・1）。可是，孟子在齐宣王那里能够实现这一王道理念吗？

孟子与齐宣王对话，有两次至关重要。一次，在齐宣王毫无心理准备的情况下，孟子盛气凌人地谈起君臣关系："如果国君把臣下视作手足，臣下就会把国君当作腹心；如果国君把臣下视作狗马，臣下就会把国君当作路人；如果国君把臣下视作泥土、草芥，臣下就会把国君当作仇敌。"（8・3）另一次，齐宣王主动问起公卿之事，孟子咄咄逼人地说道："公卿分为两种：一种是同一宗族的贵戚之卿，另一种是不同宗族的异姓之卿。国君犯有大错误，贵戚之卿会加以劝阻；假如反复劝阻还不听，就废弃国君，另立他人。国君犯有错误，异姓之卿也会劝阻；但反复劝阻还不听，则拍拍屁股走人，投奔别的明君去了。"（10・9）

对于孟子的王道政治学来说，国家实行王道还是实行霸道，是王霸之辨中的政治问题；而君民关系、君臣关系、国际关系，则是王霸之辨中的行政问题。政治问题是抽象的，行政问题是具体的；政治是立国之基，行政是强国之路；政治理念必须依靠行政手段来实现，政治难题必须依靠行政措施来解决。综览所有的行政手段、行政措施，君臣关系在意义上比不过君民关系、国际关系，但在操作上更为紧要。国家肯定有很多事,国君能做几件呢?国君必须“善将将”,大臣才会“善将兵”,这就要求君臣关系保持和谐,否则什么事情也干不成。孟子与齐宣王那两次谈话,抓住了王霸之辨的核心与关键,亦即经由行政上的操作,以达成政治上的理想。

为什么是与齐宣王对话,而不是与梁惠王对话,孟子才谈到君臣关系这个关键而又核心的话题呢?绝对的答案肯定不存在,我们不妨相对地猜测:或许是齐宣王比梁惠王年轻,年轻人比较容易接受新观念;也可能是齐国比魏国更有实力,孟子更看好齐国……不管跟齐宣王还是梁惠王谈起这个话题,其实都是偶然的。作为义仕派知识分子,孟子与各路诸侯交往,这个话题是必然会涉及的。而《孟子》的编者把这个机会留给齐宣王,未尝不是有意的设计。因为每当君臣关系说来说去直接指向国君自己的时候,齐宣王的肢体和脸色就会出现重大变化。从“王顾左右而言他”(2·6)到“王勃然变乎色”(10·9),明明白白地告诉我们——孟子的王道理想在齐宣王那里也行不通。

和滕文公论治

直到现在,我愈来愈相信任何一部不朽的经典都有自身言说的逻辑。有的经典甲乙丙丁、一二三四,作者主宰你的阅读,大多数情形下只需启动你的理性就够了;有的经典模糊其辞、云遮雾罩,作者放任你的阅读,你时时刻刻不得不用心灵来跟作者对话。《孟子》不是一部“显性逻辑”的作品,却自有耐人寻味的“隐性逻辑”。这里我要说的是:让滕文公在梁惠王、齐宣王之后接着出场,就是巧妙地隐藏于《孟子》之中的那种逻辑安排。

战国时期，与齐、楚、燕、韩、赵、魏、秦等大国相比，滕国是个小国。它位于今天的山东滕州西南，东北方向不远处就是孟子的故里邹国。东汉的赵岐看过《古纪世本》，写道："《古纪世本》录诸侯之世，滕国有考公麋，与文公之父定公相直；其子元公宏，与文公相直。以后世避讳，改'考公'为'定公'；以元公行文德，故谓之文公也。"①有几个人读过《古纪世本》呢？周文王后裔创立的这个国家以及它的历史，早已湮没在无情的历史风尘中了。查《战国纪年表》，你可以看到齐国、魏国那些大国代有传人，而滕国这类小国则被取消了进入历史的资格②。史学是有点偏爱政治的，但事实上，它偏爱的只是大国而不是小国的政治。

正因孟子曾和滕文公进行过5次直接性对话（2·13～2·15，5·1，5·3）③，滕国这个小国值得我们在思想的视域中深情地祭奠。促行三年之丧（5·2），讲述井田制（5·3），是孟子和滕文公交往中最富有思想意义的两件事。

孟子让滕文公行三年之丧，是通过然友传话的，而不是两人直接对话。话说滕定公过世，滕文公派老师然友去问孟子该如何办丧事。孟子说那就行三年之丧吧，因为"三年之丧，齐疏之服，飦粥之食，自天子达于庶人，三代共之"。不料，这一方案遭到滕国满朝文武的强烈反对。他们说："我们的宗主国鲁国从来没有实行过三

---

①　［清］焦循撰，沈文倬点校：《孟子正义》上册，中华书局1987年版，第315～316页。

②　参见方诗铭编：《中国历史纪年表》，上海辞书出版社1980年新1版，第20～33页。

③　《滕文公上》第2章属于间接性对话（5·2），故排除在外。

年之丧，我们的祖先也从来没有实行过三年之丧，现在您滕文公实行，我们很难接受。还是按祖宗的老规矩料理您父亲的丧事吧，毕竟我们一直是这样做的。”没办法，滕文公只好再派然友来请教。孟子说：“上面的人有什么爱好，下面的人必定爱好得更厉害。君子之德像风一样，小人之德像草一样。风向哪边吹，草就朝哪边倒。行不行三年之丧，完全取决于滕文公。”最终，滕文公接受孟子的建议，专心守丧，“五月居庐，未有命戒。百官族人可，谓曰知。及至葬，四方来观之，颜色之戚，哭泣之哀，吊者大悦”，获得举国上下的一致认可。

某次，滕文公向孟子咨询治国之方。孟子以“民事不可缓也”起兴，谈到要给老百姓稳定的产业收入，谈到夏、商、周三代采取什一税，谈到要建立庠、序、学校进行教育。其间，孟子引了两句《诗经》：一句是“雨我公田，遂及我私”，一句是“周虽旧邦，其命惟新”。这两句诗引起滕文公深深的思索：假如实行公田制度，滕国有可能强大起来吗？于是，大臣毕战受命来向孟子求教。孟子以“夫仁政，必自经界始”破题，给毕战描绘了滕国实行井田制的蓝图：

> 夫滕，壤地褊小，将为君子焉，将为野人焉。无君子，莫治野人；无野人，莫养君子。请野九一而助，国中什一使自赋。卿以下必有圭田，圭田五十亩；余夫二十五亩。死徙无出乡，乡田同井，出入相友，守望相助，疾病相扶持，则百姓亲睦。方里而井，井九百亩，其中为公田。八家皆私百亩，同养公田；公事毕，然后敢治私事，所以别野人也。（5·3）

滕文公守三年之丧,还只是个人的事,所以他做到了;井田制牵涉千家万户,尤其会触及权贵集团的既得利益,所以它在滕国根本不可能推行。这一事实显示了孟子仁政理想的空想色泽,但更写照了孟子王道理念的创造品格。孟子对毕战讲完井田制,曾说:"此其大略也;若夫润泽之,则在君与子矣。"即使只是从理论上大略地知道井田制,还是勉励人们在实践中去润泽它,这个孟子难道不是充满创造精神吗?问井田制,这种精神表现得还算轻微;问三年之丧,就显得相当严重了。与然友对话,孟子明明首先谦逊地说过"诸侯之礼,吾未之学也;虽然,吾尝闻之矣",接着却确凿地断言"三年之丧……三代共之";但是,滕国的父兄百官却搬出自己的传统否认了孟子的观点:"吾宗国鲁先君莫之行,吾先君亦莫之行也……"三年之丧、井田制真的是三代的传统吗?如果仅仅依据《孟子》文本,或许连孟子本人也无法回答这个问题。

三年之丧、井田制本来只是为自己的思想打圆场的传说,孟子为何要把它们说成好像早已安家落户的传统呢?这样做,会给孟子带来什么好处?传统是集体的,思想是自己的。对于思想家来说,自己的思想才是集中意识,集体的传统则是支援意识。集体的传统有助于培育自己的思想,但这需要经由合法化认同;自己的思想要从集体的传统中脱颖而出,则离不开创造性转换。合法化认同集体的传统,才能创造性转换出自己的思想,但集中意识高于支援意识,集体的传统终归要为自己的思想服务。

为了让自己的思想能够在集体的传统中找到坚实的凭据,具有创造品格的思想家往往会在传说、传统、思想之间做些手脚,这在思想史上是常见的事。一旦把子虚乌有的传说变成实实在在的传统,它们就可以为我所用。因此,许多思想家常常拿历史往事为自己的理论主张鸣锣开道。孟子何尝不是这样?即使他深知三年之丧、井田制只是虚无缥缈的空中楼阁,也会把它们说成古已有之的正史传统。因为只有这样做,王道理念才有可能在理论上得以展开,仁政理想才有可能在现实中得以实践。

比帝王将相更永恒的是大地

有些东西,可能适合一切时代,但未必适合具体的时代;可能适合所有人,但未必适合特定的人。作为思想家,孟子的思想充满创造性,同时又是空想的。在《孟子》的编者们看来,理论到什么地步,并不绝对地要求实践到什么地步;当时当地实践固然重要,但更关键的是理论要走在时代的前面。现在我必须重申:他们首先让梁惠王露面,接着要齐宣王出场,最后请滕文公光顾,必有深意存焉。

思想家拥有说的权利,但政治家是听还是做,其间的差别巨大。思想家说过之后,需要政治家听并且做。孟子在开封、临淄说了那么多,梁惠王、齐宣王不过听听而已,但他们比鲁平公有气度多了;孟子在滕州说的话,滕文公照着做过,又比梁惠王、齐宣王有勇气多了。譬如三年之丧,滕文公做得尽心尽力(5·2),齐宣王却一心想着缩短守孝的时间(13·39)。即使只从这件事看,我也觉得,在《孟子》编者们的心中,更受尊重的不会是梁惠王、齐宣王,而是滕文公。

如果不是滕文公,孟子的思想主张,孟子的淑世情怀,在其有生之年,恐怕连一次实践的机会都未必会有;正是因为有了滕文公，孟子的王道理念，孟子的仁政理想，在其有生之年，得以成就一次真正的政治伦理实践。且恕我孤陋寡闻：尽管孟子唯一成功的思想实验跟滕文公密切相关，但即使写得很厚很厚的中国政治史，对此也像犯了健忘症一样。且恕我意气用事：正因那么多中国政治史的高头讲章对于滕文公不屑一顾，所以，让没有做过惊天动地大事业的滕文公在我的笔下复活，就是我义不容辞的责任。

今天，开封依旧，只是与孟子进行过 5 次对话的梁惠王早已作古；临淄依旧，只是与孟子进行过 13 次对话的齐宣王早已作古；滕州依旧，只是与孟子进行过 5 次对话的滕文公早已作古。不错，所有的帝王将相根本不可能像大地那样永恒，真正像大地那样永恒的只有为大地上的人民而生、而死的思想家。那个作为义仕派知识分子的孟子，那个一心想着为老百姓谋福祉的孟子，就是至今让我们心怀敬畏和热爱的这种思想家：

你站在桥上看风景，
看风景人在楼上看你。

明月装饰了你的窗子，
你装饰了别人的梦。①

① 卞之琳：《断章》，氏著：《鱼目集》，人民文学出版社 2000 年版，第 8 页。

三　皈依立言的境域

阴阳家邹衍当年周游列国,最是风光无限。《史记·孟子荀卿列传》描述:

是以驺[①]子重于齐。适梁,惠王郊迎,执宾主之礼。适赵,平原君侧行撇席。如燕,昭王拥彗先驱,请列弟子之座而受业,筑碣石宫,身亲往师之。作《主运》。[②]

胡适的《中国古代哲学史》第12篇指出:

这几句话很不可靠。平原君死于西历前二五一年,梁惠王死于前三一九年(此据《纪年》,若据《史记》,则在前335年),梁惠王死时,平原君还没有生呢。《平原君传》说驺衍过赵在信陵君破秦存赵之后(前257年),那时梁惠王已死六十二年了(若依《史记》,则那时惠王已死了78年),燕昭王已死二十二年了。《史记集解》引刘向《别录》也有驺衍过赵见平原君及公孙龙一段,那一段似乎不是假造的。依此看来,驺衍大概与公孙龙同时……[③]

---

① "邹""驺"通用。本书除直接引文外,统一用"邹"。

② [汉]司马迁撰:《史记》第7册,第2345页。

③ 季羡林主编:《胡适全集》第5卷,安徽教育出版社2003年版,第499页。

这里，我们不纠缠繁琐的考据，只关注那些有趣的比较。南怀瑾的《孟子旁通》专列一节《驺衍和孟子的强烈对比》，其中写道：

我们读了司马迁这几句书，可以看到他用简短的文字，就把战国时期享有盛名的学者之光荣事迹，扎扎实实地记述下来，而且特别只附带写在孟子和荀子的传记里，这岂不是一种极高明的编导手法？拿当时极受尊敬的驺衍，和备受冷落的孟子作强烈的对比，给大家看。这是历史时代的悲剧？还是人生的悲剧？抑或闹剧？或者是现实荣华和千古盛名的对照呢？这就要大家自己去深思，去自我启发了。①

继续阅读《孟子荀卿列传》，司马迁把孟子、邹衍放在一块写，显然是为了紧接下来的这一深长感喟：

其游诸侯见尊礼如此，岂与仲尼菜色陈、蔡，孟轲困于齐、梁同乎哉！故武王以仁义伐纣而王，伯夷饿不食周粟；卫灵公问陈，而孔子不答；梁惠王谋欲攻赵，孟轲称大王去邠。此岂有意阿世俗苟合而已哉！持方枘欲内圜凿，其能入乎？或曰，伊尹负鼎而勉汤而王，百里奚饭牛车下而缪公用霸，作先合，然后引之大道。驺衍其言虽不轨，傥亦有牛鼎之意乎？②

---

① 南怀瑾：《孟子旁通》，国际文化出版公司 1991 年版，第 11 页。
② ［汉］司马迁撰：《史记》第 7 册，第 2345 页。

战国时期,齐有三邹。除了年纪最小的邹奭之外,邹忌、邹衍都是响当当的人物。邹忌比孟子大十多岁,死得比孟子早不少,大致属于同时代的人,但不知他们是否有过交往。邹衍比孟子小六七十岁。据《孟子外书・孝经》记载:"驺衍请受业于孟子。孟子曰:'吾老矣,不能偕子游于九州之外也。'"①此事真伪,难以断定。然而,邹衍的风光与孟子的落寞在司马迁笔下如此强烈的对照,实在让人唏嘘。

《孟子荀卿列传》给孟子制作的悼词,全文如下:

> 孟轲,驺人也。受业子思之门人。道既通,游事齐宣王,宣王不能用。适梁,梁惠王不果所言,则见以为迂远而阔于事情。当是之时,秦用商君,富国强兵;楚、魏用吴起,战胜弱敌;齐威王、宣王用孙子、田忌之徒,而诸侯东面朝齐。天下方务于合从连衡,以攻伐为贤,而孟轲乃述唐、虞、三代之德,是以所如者不合。退而与万章之徒序《诗》《书》,述仲尼之意,作《孟子》七篇。②

在这份悼词中,倘若只让司马迁挑一个字来写照孟子坎坷的一生,我相信它一定是"退"。退,不是倒退,而是皈依;退,是从政治皈依学术,是从立功皈依立言;退,更是"统治阶级中的被统

---

① [宋]熙时子注:《孟子外书》,《续修四库全书》第932册,上海古籍出版社2002年版,第381页下栏。

② [汉]司马迁撰:《史记》第7册,第2343页。

治者"①——知识分子在短暂的人生中追求永恒价值的文化战略。

《礼记·内则》曾说:"四十始仕,方物出谋发虑,道合则服从,不可则去。五十命为大夫,服官政。七十致事。"②据此,孟子40岁后游说诸侯,50岁后当上一官半职。孟子"为卿于齐"(4·6)、"在三卿之中"(12·6),最有可能是齐宣王那时的事。战国官制中的三卿,或指上卿、亚卿、下卿,或指相卿、将卿、客卿。一般认为孟子所处的卿位不会很高,也就是下卿、客卿,相当于今天的省级专职人大、政协常委。下卿、客卿只是异姓之卿,而不是贵戚之卿。贵戚之卿可以世袭,异姓之卿则须退休。何况,贵戚之卿拥有"君有大过则谏;反覆之而不听,则易位"的特权,异姓之卿只有"君有过则谏;反覆之而不听,则去"的自由呢!(10·9)

孟子居齐时间最久,《孟子》就记有他和齐宣王13次直接对话。其实齐宣王还算是不错的国君,比如,正是因为他喜欢交游文学游说之士,稷下学宫才越来越兴旺。但是,国君的称霸欲望和义仕派知识分子的王道理念,说到底是走不到一起的。别瞧齐宣王老是说"愿夫子辅吾志,明以教我。我虽不敏,请尝试之"(1·7),但在孟子看来,他跟那个常常把"寡人愿安承教"(1·4)挂在嘴边的梁惠王并无二样。所以,孟子一直"浩然有归志"(4·12)、"退

---

① 法国当代思想家布尔迪厄1985年曾说:"艺术家和作家,或更笼统地说,知识分子其实是统治阶级中被统治的一部分。"(包亚明译:《文化资本与社会炼金术——布尔迪厄访谈录》,上海人民出版社1997年版,第85页。)

② [清]阮元校刻:《十三经注疏(附校勘记)》下册,中华书局1980年版,第1471页中栏。

而有去志”(4·14),根本不到古人说的“七十致事”,而是60岁以后不久“致为臣而归”(4·10),从政坛退休(古称“致事”“致仕”)了。

历史没有留下孟子致仕的确凿记载,但《公孙丑下》对孟子去齐的描述很生动。孟子辞去齐卿之位,准备回老家。齐王前来挽留,挽留不成,就托大臣时子传话。时子让陈臻转告孟子,说齐王准备在临淄城里盖座大房子,并拿出万钟之粟,供孟门师生生活所用(4·10)。孟子当然希望齐王挽留自己是真心实意的,但归程到了临淄西南的昼县,连住三个晚上,也只有别人来替齐王挽留,而齐王本人没有赶来(4·11~4·12)。离开昼县后,孟子路上露出不高兴的神色,被充虞看了出来。于是充虞问道:“您以前一直教导我们说君子不怨天、不尤人,现在您为什么闷闷不乐呢?”孟子回答:

> 彼一时,此一时也。五百年必有王者兴,其间必有名世者。由周而来,七百有余岁矣。以其数,则过矣;以其时考之,则可矣。夫天未欲平治天下也;如欲平治天下,当今之世,舍我其谁也?吾何为不豫哉?(4·13)

这次去齐,孟子实际上致仕了。话说孟子离开齐国,一路南归。到了滕州以北15里处的休地,公孙丑请教“仕而不受禄,古之道乎”,孟子答曰:“非也;于崇,吾得见王,退而有去志,不欲变,故不受也。继而有师命,不可以请。久于齐,非我志也。”(4·14)意思是说:我在崇地见了齐王以后,就动了退隐的念头,而且越来越想退隐,所以没有接受齐国给的俸禄;不久齐国打仗了,战争期间毕竟不可以申请离职;长久留在齐国,根本不是我的心愿。其中,“继而有师命”这句话很关键。

师命即战事。据《孟子》记述,齐国这一时期讨伐过燕国(2·10~2·11,4·8~4·9)。《战国大事年表》告诉我们:公元前318年,燕王哙把君位禅让给相国子之;公元前315年,燕国内乱,将军市被、太子平进攻子之;公元前314年,子之反攻,杀死将军市被、太子平;同年,齐国派匡章讨伐燕国,五旬攻下;同年,赵国从韩国召回燕公子职,立为燕王(此即后来的燕昭王)①。正是齐人伐燕后的两三年间,61岁左右的孟子决定解甲归田。那句从临淄回邹城路上说的“如欲平治天下,当今之世,舍我其谁也”,可以视作这位义仕派知识分子告别仕途并寄望于来者的人文宣言。

王安石的《上龚舍人书》说过:

> 已而思之,方孟子之时,天下纷乱,诸侯皆欲自以为王,强攻弱,大并小,战伐侵入,无岁无之。此乃存亡得失之秋,所谓得士则兴,失士则亡之时也。故下得以自重,而上不可以不求焉。②

那个时代是知识分子依靠诸侯就可以大展宏图的时代,更是

① 参见杨宽:《战国史》,上海人民出版社1980年第2版,第571页。

② [宋]王安石著,唐武标校:《王文公文集》上册,上海人民出版社1974年版,第30页。

诸侯仰仗知识分子就可以雄霸天下的时代。但是,那个时代的每日新闻不会属于孟子,只会属于邹衍们;常常上头版头条的是禄仕派,义仕派顶多被花边花絮一下。

亚圣的故乡是凫村。孟子从齐国回凫村的路,是林中路,更是还乡路。这个不愿向诸侯讲齐桓、晋文之事的人(1·7),这个既瞧不起管仲、晏婴(3·1)也看不起公孙衍、张仪(6·2)的人,即使标榜"我非尧舜之道,不敢以陈于王前,故齐人莫如我敬王也"(4·2),又有什么用呢?孟子说过:"不是尧舜之道,我是不敢对齐王说的。所以,没有哪个齐国人比得上我对齐王恭敬了。"难道这番话,会让诸侯为你"郊迎执礼""侧行撇席""拥彗先驱""请列弟子"吗?

只要你坚守义仕派的儒家立场,现实中的学术政治化就永远是那条歧路茫茫的林中路。但是,唯有走过这条路,你才会知道这个世界还应当有另外的路需要自己去开辟。现实中的学术政治化行不通,为什么就不能在思想中实现政治学术化呢?这是孔子晚年的选择,也是晚年孟子从林中路脱身而出后必然走向的还乡路。

很多年前,从《左传·襄公二十四年》读到"太上有立德,其次有立功,其次有立言,虽久不废,此之谓不朽"①,我总觉得:虽然同为不朽者,但立言跟立德、立功相比,好像是不得已而为之的事。于是去读《史记·太史公自序》:

---

① [清]阮元校刻:《十三经注疏(附校勘记)》下册,中华书局 1980 年版,第 1979 页中栏。按,"太上有立德"原作"大上有立德"。

> 夫《诗》《书》隐约者，欲遂其志之思也。昔西伯拘羑里，演《周易》；孔子厄陈、蔡，作《春秋》；屈原放逐，著《离骚》；左丘失明，厥有《国语》；孙子膑脚，而论兵法；不韦迁蜀，世传《吕览》；韩非囚秦，《说难》《孤愤》；《诗》三百篇，大抵贤圣发愤之所为作也。此人皆意有所郁结，不得通其道也，故述往事，思来者。①

越是读这段话，越是心有戚戚焉。同样一句话，年龄大的和年龄小的，阅历多的和阅历少的，从中读出的味道总是不同的。随着年龄的增大、阅历的增多，我对古人说的“太上有立德，其次有立功，其次有立言”，也体会得越来越深刻。

孔子说过：“有德者必有言，有言者不必有德。”（《论语》14·4）有道德的人一定有名言，有名言的人未必有道德。立言必须以立德为基础，才会不朽。孟子说过：“以力服人者，非心服也，力不赡也；以德服人者，中心悦而诚服也，如七十子之服孔子也。”（3·3）立功要成为不朽，也必须以立德为前提。无论立功还是立言，都要接受立德的统帅。这显然意味着：儒家的政治必然是道德的政治，它是立德与立功的结合，儒家因而拥有内圣外王的理想；儒家的哲学必然是道德的哲学，它是立德与立言的联盟，儒家因而坚守文以载道的信念。

对于孔、孟来说，立德属于第一义，立功、立言属于第二机。同为第二机，立功、立言在推动第一义的过程中所遭逢的命运并不一

---

① ［汉］司马迁撰：《史记》第10册，第3300页。

样。儒学的立德必须通过立功去展示，但"坐欲持此博轩冕，肯言孔孟犹寒饥"①，内圣外王在现实政治中总是很难落实。与此相比，儒学的立德经由立言去传承，际遇要好得多，文以载道得到一代又一代人的衷心认可。儒家不会放弃内圣外王的理想，因为立功终归是不朽的；但要弘扬这一理想，就须仰仗文以载道的信念，由此立言更是不朽的。

读司马迁写的《孔子世家》《孟子荀卿列传》，你会看到孔子、孟子年富力强的时候积极从政，年老了就潜心著述。轰轰烈烈地立功之后，才回到立言的领域，这真的是迫不得已的选择吗？文以载道要传承的依然是内圣外王，儒学今天的立言是为了明天更好地立功。如果深切地契悟到这一点，我们就会知道：孔、孟从壮年立功到晚岁立言，其实不是倒退，而是皈依。在庙堂上玩弄现实的政治原本就不是儒家的特长，在文化上展望政治的理想才是儒学的使命。"战国纵横际，姬周丧乱余。圣经浑扫地，为著七篇书。"②直到现在，我终于明白孟子何以会在牛山之上对着万章喟叹："太上有立德，其次有立功，其次有立言，此之谓三不朽。"③

作为孟子思想体系形成和发展的内在动力，孟子文化精神包括道德理想主义和文化守成主义两重内涵：置身于礼坏乐崩的社

① 《忆昨诗示诸外弟》，[北宋]王安石著，唐武标校：《王文公文集》下册，上海人民出版社1974年版，第512页。

② [金]赵鼎：《题孟子》，刘培桂编：《孟子林庙历代题咏集》，齐鲁书社2001年版，第9页。

③ [宋]熙时子注：《孟子外书·文说》，《续修四库全书》第932册，第378页下栏。

会生态中，孟子的道德理想主义通过彰显“仁且智”的理想人格、“经而权”的伦理智慧、“士则仕”的政治诉求，旨在恢复并重建礼乐文明传统固有的政治—伦理统制功能；置身于迹熄《诗》亡的文化生态中，孟子的文化守成主义通过强调“学孔子”的儒家一统取向、“距杨墨”的异端批判意识、“尚诗书”的文本解读方法，旨在恢复并重建诗书文化传统固有的思想—文化统制功能。道德理想主义是“道”，文化守成主义是“文”，孟子文化精神就是力图通过文化守成主义达成道德理想主义，所谓“文以载道”也。

历史不是史的历代，而是历代的史。孟子生于“这个”时代，但影响“所有”时代。我们每个人心中都要有个孟子，然后穿越两千多年的时间隧道，以经典诠释智慧，以智慧诠释人生，以人生诠释人性，以人性诠释人心，切身体验《孟子》那些既平凡又不平凡的智慧。

孟子生于周烈王四年（前 372 年），卒于周赧王二十六年（前 289 年），享年 84 岁（古人以虚岁计算）①。都穆写道：

---

①　历史上有关孟子生卒年的说法极多，罗根泽的《孟子传》列举过八种：1. 生于定王三十一年，卒于赧王二十六年；2. 生于烈王四年，卒于赧王二十六年；3. 生于定王三十七年，卒于赧王二十六年；4. 生于安王初年，卒于赧王初年；5. 生于安王十七年，卒于赧王十三年；6. 生于安王二十六年，卒于赧王二十三年；7. 生于安王二十年前，卒于赧王二十年后；8. 生于安王十七年，卒于赧王二十六年（氏著：《诸子考索》，人民出版社 1958 年版，第 319 ~ 329 页）。其中，第二种说法广为接受。有学者甚至把它推算为：孟子生于公历（儒略历）公元前 372 年 3 月 17 日己未，合今公历（格里高利历）公元前 372 年 3 月 12 日己未；卒于公历（儒略历）公元前 290 年 12 月 25 日壬子，合今公历（格里高利历）公元前 290 年 12 月 21 日壬子；共存世 30233 天，82. 77514254 年，即 82 年 283 天（张培瑜：《孟子的生辰卒日及其公历日期》，《孔子研究》2011 年第 1 期）。

《史记·孟子列传》不书其生卒岁月。予尝观《孟氏谱》云:孟子,周烈王之四年四月二日生,即今二月二日;赧王二十六年正月十五日卒,即今之十一月十五日,寿八十四。邹邑里人,至今遇冬至日,废贺节之礼,盖有自来矣。①

民间有“冬至大如年”之说。邹城的父老乡亲不过冬至,就是因为孟子这一天抵达人生大限。每到冬至,阳光直射南回归线,中国的白昼最短;随后,阳光的直射位置北移,我们的白昼越来越长。古人把冬至看作二十四节气的转折点,有“冬至一阳生”之说。既然冬至已经来了,阳光灿烂、生机勃勃的春天离人们也就不远了。“四基山麓仰松楸,泉下声灵万木稠。学陋伯功倾世主,言称王道挽诸侯。鸟飞云乱人千古,地大天空土一丘。传有七篇真治谱,不因秦火断风流。”②长眠于邹城东北四基山西麓的孟子,会年年岁岁、岁岁年年地为“我心是儒心”的华夏子孙而期盼!

四 缅怀孟门弟子

君子有三乐,其一是“得天下英才而教育之”(13·20)。正如孔子一样,孟子一生都没有放弃过教书先生这个职业,所以前前后

① [明]都穆:《听雨纪谈》“孟子”条,《方洲杂言(及其他二种)》(“丛书集成初编”本),中华书局1985年版,第7页。

② [清]娄一均:《谒孟林》,刘培桂编:《孟子林庙历代题咏集》,第207页。

后培养出不少学生。《史记·孔子世家》说:“孔子以诗书礼乐教,弟子盖三千焉,身通六艺者七十有二人。”①司马迁还专门写了“孔氏述文,弟子兴业,咸为师傅,崇仁厉义”②的《仲尼弟子列传》。孟门弟子不会有这么多,也不像孔门弟子那样来自五湖四海。孟子“后车数十乘,从者数百人,以传食于诸侯”(6·4),追随者大多是那些土生土长的齐鲁汉子。

对于孟门弟子,太史公的关注显然不够,因为《孟子荀卿列传》说的“万章之徒”,仅仅点了万章一人的名字。班固的《汉书·古今人表》要好得多,但包括孟子在内,也只分配六个名额:孟子居第二等(上中仁人),公孙丑居第三等(上下智人),万章、告子、乐正子(克)、高子居第四等(中上)③。其他孟门弟子就无关紧要吗?时值我们在阅读中与孟子的世界相逢之际,让所有弟子跟他们敬爱的导师照个合影,也许是富有缅怀意义的一件事。

史称宋徽宗是个旷世无双的艺术天才,独独做不好皇帝④。然而,孟门师生有史以来第一次合影,却得力于徽宗治下那群太常寺官员的精心安排,时间是政和五年(1115),地点是邹城孟庙。《宋

① [汉]司马迁撰:《史记》第6册,第1938页。

② [汉]司马迁撰:《史记》第10册,第3313页。

③ 参见[汉]班固撰:《汉书》第3册,中华书局1962年版,第942,948,947页。按,《古今人表》有居第五等(中中)的徐子(同上书,942页),并非《孟子》中的徐辟(王利器、王贞珉著,乔仁诚索引:《汉书古今人表疏证》,齐鲁书社1988年版,第449页)。

④ 《池北偶谈》卷9《谈献五》“仁宗徽宗”条:“元臣巎巎曰:‘宋徽宗诸事皆能,独不能为君耳。’《炙輠录》记周正夫曰:‘仁宗皇帝百事不会,只会做官家。’此语在巎巎之前,可谓绝对。”([清]王士禛撰,靳斯仁点校:《池北偶谈》上册,中华书局1982年版,第202页。)

史》卷105《礼志·吉礼八》"文宣王庙"条记述：

> 五年，太常寺言："兖州邹县孟子庙，诏以乐正子配享，公孙丑以下从祀，皆拟定其封爵：乐正子克利国侯，公孙丑寿光伯，万章博兴伯，告子不害东阿伯，孟仲子新泰伯，陈臻蓬莱伯，充虞昌乐伯，屋庐连奉符伯，徐辟仙源伯，陈代沂水伯，彭更雷泽伯，公都子平阴伯，咸丘蒙须城伯，高子泗水伯，桃应胶水伯，盆成括莱阳伯，季孙丰城伯，子叔承阳伯。"大晟乐成，诏下国子学选诸生肄习，上丁释奠，奏于堂上，以祀先圣。①

1115年下距靖康之耻、宋祚南移的1126—1127年，只有短暂的十多个年头。假如孟门师生这次合影不成，又会等到何时？真险！真得再次感谢独独做不好皇帝的宋徽宗，以及那几位不知姓名的太常寺官员！

为了缅怀得更彻底些，且让我对孟门弟子再做些介绍，具体统计一下他们出现在《孟子》书中的章数：

1. 乐正子克（亦即乐正子），封利国侯，见《孟子》2·16，7·24～7·25，12·13，14·25，共5章；

2. 公孙丑，封寿光伯，见《孟子》3·1～3·2，4·2，4·6，4·14，6·7，7·18，12·3，12·13，13·31～13·32，13·39，13·41，14·1，14·36，共15章；

---

① ［元］脱脱等：《宋史》第8册，中华书局1977年版，第2551页。

3. 万章，封博兴伯，见《孟子》6·5，9·1～9·3，9·5～9·9，10·3～10·4，10·6～10·8，14·37，共15章；

4. 告子不害（亦即告子），封东阿伯，见《孟子》11·1～11·4，11·6，共5章；

5. 孟仲子，封新泰伯，见《孟子》4·2，共1章；

6. 陈臻（又称陈子），封蓬莱伯，见《孟子》4·3，4·10，12·14，14·23，共4章；

7. 充虞，封昌乐伯，见《孟子》4·7，4·13，共2章；

8. 屋庐连（亦即屋庐子），封奉符伯，见《孟子》12·1，12·5，共2章；

9. 徐辟（又称徐子），封仙源伯，见《孟子》5·5，8·18，共2章；

10. 陈代，封沂水伯，见《孟子》6·1，共1章；

11. 彭更，封雷泽伯，见《孟子》6·4，共1章；

12. 公都子，封平阴伯，见《孟子》4·5，6·9，8·30，11·5～11·6，11·15，13·43，共7章；

13. 咸丘蒙，封须城伯，见《孟子》9·4，共1章；

14. 高子，封泗水伯，见《孟子》4·12，14·21～14·22，共3章；

15. 桃应，封胶水伯，见《孟子》13·35，共1章；

16. 盆成括，封莱阳伯，见《孟子》14·29，共1章；

17. 季孙，封丰城伯，见《孟子》4·10，共1章；

18. 子叔，封承阳伯，见《孟子》4·10，共1章。

孟门究竟有多少弟子呢？《孟子正义》卷30云："孟子弟子，赵氏注十五人:乐正子、公孙丑、陈臻、公都子、充虞、季孙、子叔、高子、徐辟、咸丘蒙、陈代、彭更、万章、屋庐子、桃应。学于孟子四人:孟仲子、告子、滕更、盆成括。”①换句话说,《孟子》对谁是及门弟子、谁只是跟着学过并无明确说明,而是最先由赵岐的《孟子章句》注明的。政和五年太常寺提交的封爵名单,用的就是赵岐注;但不知何种原因,滕更没有入选,于是赵岐裁定的19人变成了18人。从学理的角度看,这份名单中有三个人值得商榷。

譬如,封爵名单中的告子不害,不是指“告子先我不动心”的告子(3·2),而是指跟孟子论人性的告子(11·1~11·4)。赵岐注《告子章句上》这一篇名:“告子者,告,姓也。子,男子之通称也。名不害。兼治儒墨之道者。尝学于孟子,而不能纯彻性命之理。《论语》曰‘子罕言命’,谓性命之难言也。以告子能执弟子之问,故以题篇。”②这位告子怎么可能是孟子的学生呢?更何况,《孟子》从未说过他姓告,名不害。以不害为名的,《尽心下》倒是有个跟孟子讨论乐正子为人的浩生不害(14·25)。赵岐注:“浩生,姓。不害,名。齐人也。”③至少,这里没有直截地说浩生不害是孟子弟子。

---

① [清]焦循撰,沈文倬点校:《孟子正义》下册,中华书局1987年版,第1048页。按,焦循紧接上文指出:“宋政和五年从祀孟庙,去盆成括,详《宋史·礼志》。”事实上只是滕更未入选。

② [清]焦循撰,沈文倬点校:《孟子正义》下册,中华书局1987年版,第731页。

③ [清]焦循撰,沈文倬点校:《孟子正义》下册,中华书局1987年版,第994页。

所以，焦循说“赵氏以告子名不害，盖以为即浩生不害也”[1]，显然不是赵岐的本意。

最让人疑惑的还是封爵名单中的季孙、子叔。这两个人同时出现于《公孙丑下》，而且《孟子》全书仅此一见，加上他们还不像别人那样向老师问这问那的，真不知道赵岐凭什么列其为孟门弟子。考诸《孟子外书》，《文说》记有子叔与孟子的一段对话，熙时子注：“子叔，孟子门人。”《孝经》提到孟门弟子季孙郊：“孟母之丧，门弟子各治其事：陈臻治货，季孙郊治车，咸丘蒙治器，万章治缞，充虞治椁，公都彧治馔，陈代治牲，乐正克治仪，公孙丑治宾客。”[2]难道这就是赵岐的凭据？朱熹的《孟子集注》卷 4 断以“不知何时人”[3]，可能是比较明智的做法。

告子、季孙、子叔被朝廷封爵为伯，得以在孟庙享受吃冷猪头肉的待遇，这大概是 1115 年那次孟门合影没有被官方邀请到的陈良（5・4）、滕更（13・43）所不同意的。对于陈良，孟子曾说：“陈良，楚产也，悦周公、仲尼之道，北学于中国。北方之学者，未能或之先也。彼所谓豪杰之士也。”（5・4）对于滕更，赵岐注云：“滕君之弟，来学于孟子者也。”[4]要让陈良、滕更满意，事情得交给光绪十三年（1887）刻本《重纂三迁志》来办。该书认为孟庙应拟祀四人，

① ［清］焦循撰，沈文倬点校：《孟子正义》下册，中华书局 1987 年版，第 731 页。

② ［宋］熙时子注：《孟子外书》，《续修四库全书》第 932 册，第 379 页上栏，380 页下栏。

③ ［宋］朱熹：《四书章句集注》，中华书局 1983 年版，第 248 页。

④ ［清］焦循撰，沈文倬点校：《孟子正义》下册，中华书局 1987 年版，第 946 页。

陈良、滕更位列其间，另有为《孟子》的传播做出过巨大历史贡献的学者赵岐、孙奭①。

我为什么要在这里给孟门弟子这么多篇幅？原因很简单：从林中路迈向还乡路，或许只是晚年孟子一个人的抉择；但孟子晚年如何在立言的境域中“序《诗》《书》，述仲尼之意，作《孟子》七篇”，则离不开他的学生们。

如同孟子的师承问题一样，《孟子》的作者问题亦是众说纷纭。司马迁写《孟子荀卿列传》，尚未真正关心这个问题。后来，学者们较起真来，形成了孟子自著、弟子追著、师生共著三种不同的观点。

第一种观点是孟子自著说，东汉赵岐的《孟子题辞》有云：

> 此书，孟子之所作也，故总谓之《孟子》。②

第二种观点是弟子追著说，唐代韩愈的《答张籍书》指出：

> 孟轲之书，非轲自著，轲既殁，其徒万章、公孙丑相与记轲所言焉耳。③

---

① 参见［清］孟广均原纂，陈锦、孙葆田重纂：《重纂三迁志》，山东友谊书社 1989 年版，第 284 ~ 295 页。

② ［清］焦循撰，沈文倬点校：《孟子正义》上册，中华书局 1987 年版，第 3 页。

③ ［唐］韩愈著，钱仲联、马茂元校点：《韩愈全集》，上海古籍出版社 1997 年版，第 162 页。

第三种观点是师生共著说，清代魏源的《孟子年表考第五（生卒著书）》认为：

> 至七篇中无述孟子容貌言动，与《论语》为弟子记其师者不类，当为手著无疑。又公都子、屋庐子、乐正子、徐子皆不书名，而万章、公孙丑独名，《史记》谓“退而与万章之徒作七篇者”，其为二人亲承口授而笔之书甚明。（咸丘蒙、浩生不害、陈臻等偶见，或亦得预记述之列。）与《论语》成于有子、曾子门人故独称子者，殆同一间，此其可知者三。①

如果说孟子长达 84 年的人生旅程只做过三件事，它们就是：培养学生，属于教育；游说诸侯，属于政治；创作《孟子》，属于学术。孟子一生坚守教育事业，长期从事政治实践，《孟子》就此进行了历史回顾和理性提升。在这一意义上，我们必须断定孟子绝对地拥有《孟子》的思想性版权。孟门弟子为《孟子》的创作做了哪些工作呢？把老师重要的言谈举止及时地记下来，此其一；按照一定的规矩把零零散散的各种记录系统地编起来，此其二。在这一意义上，孟门弟子可以合法地占有《孟子》的编辑性版权。因此，与孟子自著说、弟子追著说相比，师生共著说更有说服力，并被大多数学者认可。

俗话说：“好酒不怕巷子深。”又说：“会哭的孩子有奶吃。”前者讲思想原创，后者讲文化传播，两者是什么关系？要是孟子那些人

---

① ［清］魏源：《魏源集》上册，中华书局 1976 年版，第 313 ~ 314 页。

生经历、思想言论没有被学生们及时地记下来、合理地编起来、不懈地传开来，他在思想史上的地位又将如何？会跟许行（5·4）、淳于髡（7·17，12·6）、宋牼（12·4）、白圭（12·10～12·11）的命运一样吗？这些人没有著作传世，思想史影响远远不及孟子。为什么？他们自身缺乏足够的思想力，乃其根本原因；另外，他们是不是教过学生，那些学生是不是具备坚强的传播力，难道不值得考虑吗？

先秦时期，书写手段还很原始，刻印技术还很落后。那时候，传播上的小细节可以改变甚至决定思想的大历史。所以，孟子应当由衷地感激那些不计名利、任劳任怨的学生们，尤其是为创作《孟子》付出过艰辛劳作的公孙丑、万章；尽管政和五年官方首次诏封孟门弟子，乐正克被封为侯、正殿配享，而公孙丑、万章只是被封为伯、从祀两庑。

把师生共著说加以具体化，意思就是以公孙丑、万章为主力，学生们协助孟子写作了《孟子》。《孟子》第 2 篇叫《公孙丑》、第 5 篇叫《万章》，而其他弟子并未获得这一名垂青史的命名权；公孙丑、万章在《孟子》中出现的章数都是 15 章，而其他弟子并不拥有这一频频露面的上镜率。最简单的东西往往最真实，因此，我一直认为公孙丑、万章在《孟子》的编辑性版权中是绝对控股的。

另外，作为一名在职编辑，我收集过不少名叫《中国编辑学史》的读物，可公孙丑、万章从未进入它们的视野，令人倍感遗憾。难道公孙丑—万章组合不是编纂《孟子》一书的最佳搭配吗？难道这一搭配在中国古代编辑学史上不具备典型意义吗？借此机会，我觉得我有必要——以同行的名义、以后生的名义——向两位老前辈表达最诚挚的敬意。

对于公孙丑的敬意，得从我一个独特的阅读体会说起。

读经典，有时需要咬文嚼字。譬如，齐宣王在《孟子》中一般表述为“齐宣王”“宣王”或“齐王”，但你是否注意过很多时候也被表述为“王”呢？读经典，有时更需以意逆志。例如，《公孙丑下》共16章，其中有9章（4·2，4·4～4·6，4·9～4·12，4·14）涉及齐宣王，但都不称“齐宣王”，只是称“王”，这说明了什么？坦率地说，如果不是因为这次在阅读中与孟子的世界相逢，我也读不出这一体会。我已经提出问题了，我也深知答案不妨到公孙丑身上去找。可是，即使假定《公孙丑下》的责任编辑就是公孙丑，他在字里行间也根本没有给我们提供现成的答案。怎么办？

所有不朽的经典其实从来不给人们提供现成的答案，所有不朽的经典为人们提供的答案其实都是未完成的。一旦明白这个道理，我们就需咀嚼《太史公自序》引的孔子一句话：“我欲载之空言，不如见之于行事之深切著明也。”①此亦孔子笔削《春秋》的理由。孟子洞悉这一大义：历史有许多惊人的相似，孔子这里改动一个字、那里删去几句话，并不只是要你懂得春秋那段历史的典型性，而是要你意识到春秋那段历史的原型性；唯有把握了整体历史演变中的原型，无论个别历史发展中的典型多么复杂，你都能应对自如。

晚清经学家皮锡瑞曾对孟子的《春秋》学功底给予充分肯定，还说：“惜孟子《春秋》之学不传。《群辅录》云乐正氏传《春秋》，不

---

① ［汉］司马迁撰：《史记》第10册，第3297页。

知即孟子弟子乐正克否。其学亦无可考。”①事实不然！王道之为王“道”，一定要经由“王”来实践，这是孟子王道政治学的母题或原型；王道之为“王”道，可能经由“这个”齐宣王来实践，也可能经由“那个”齐宣王来实践，则是孟子王道政治学的子题或典型。在孟子看来，母题决定子题，原型驾驭典型，子题被母题决定，典型被原型驾驭。公孙丑做责任编辑的《公孙丑下》不书“齐宣王”、只书“王”，何尝不是这一《春秋》笔法的具体运用呢？

有一次，孟子同样以生病为由，拒绝齐王的召见。第二天，他去东郭大夫家参加丧礼。没想到齐王派人来探望孟子的病情，孟子只好躲到景丑氏家里过夜。这是《公孙丑下》第2章的记载（4·2）。阳货想让孔子拜会他，孔子不去；于是趁孔子不在家，送来烤乳猪，看你孔子去不去道谢。孔子当然去了，也是趁阳货不在家时去的。这是《论语·阳货》第1章的记载（17·1）。孟子这么做，多多少少是在模仿孔子。因为公孙丑问“不见诸侯何义”，他详细复述过孔子见阳货的故事（6·7）。

只是“孟子将朝王”与“阳货欲见孔子”，依然有着让人伤怀的差别：过去，阳货首先想让孔子见他，孔子是被动的，可见阳货有求于孔子；现在，孟子首先想见齐王，孟子是主动的，可见孟子有求于齐王。孔子与阳货后来不期而遇，经过阳货一番劝说，孔子决定出来做官；孟子对景丑氏说了一通长篇大论，比如爵位、年纪、道德是三达尊，比如曾子以德抗位，比如商汤对伊尹“学焉而后臣之”，但

① ［清］皮锡瑞著，周予同注释：《经学历史》，中华书局1959年版，第55页。

齐王后来是否召见了孟子,却不得而知。

公孙丑知道孔子的故事,熟悉孟子的经历,更洞察两者背后的微言大义。所以,他明明清楚孟子见的是齐王,但编辑这段文本,用的却是“王”,而不是“齐王”。孟子那个时代,不只是齐王一个人不拿义仕派当回事,而是所有的王皆如此。这难道不是公孙丑要彰显的《春秋》笔法吗?古往今来,人们对公孙丑深得孟子《春秋》学真传总是视而不见,殊为可惜。正因此故,为了祭奠精通《春秋》笔法的公孙丑,我统计孟子与齐宣王直接对话的次数,完全排除了那些以“王”而非“齐宣王”或“宣王”为称谓的篇章。王道政治学在根本意义上是永远不会过时的议题!

对于万章的敬意,得从两个神奇的民间故事说起①。

第一个故事叫“万章得靴”。万章白天要赶来邹国研读《诗》《书》,晚上得回到齐国侍奉双亲,十分辛苦。自古峄山一条道,只有南路,没有北路。有一天放学后,孟子要万章从北路回家。万章感到纳闷,但还是来到满山巨石的峄山北坡。早已等候在那里的老者,送给万章一双登云靴。万章穿上它,顿觉脚下生风,迈开第二步,已经站在齐国老家的门口。从此,万章求学、尽孝两不耽搁,其乐无穷。

第二个故事叫“万章之死”。孟子晚年,只有万章、公孙丑细心照料他的日常生活,认真协助他编《孟子》。几度春秋,七篇杀青。万章、公孙丑高兴得借酒抒怀,好不快活,不知不觉醉意朦胧,一起

---

①　参见汪林搜集整理:《孟子的传说》,甘肃少年儿童出版社 1992 年版,第 63 ~ 66,67 ~ 69 页。

躺在公孙丑的床上睡着了。半夜时分,公孙丑不小心将万章踢下了床。万章睁眼一看,四周黑咕隆咚,心想坏事了,今晚忘了回家服侍双亲,于是抓住靴子就往脚上套。慌乱之中,他一脚穿了自己的登云靴,一脚穿了公孙丑的普通靴。抬起穿登云靴的那只脚,他一下子登上了云端;接着迈开穿普通靴的那只脚,他从半空中摔了下来……

万章死后,孟子伤心地回到邹城家中,推门一看,最后几页书稿被雨水淋湿了,万章那清秀方正的字迹变得模模糊糊。见此情景,公孙丑打算重抄一遍,孟子拦住他说:"话不能说尽,书也不一定写完,最后几页就让它们空着吧。"古籍的书尾要留几页空白,据说就是由此而来。还有人说:因为万章之死,孟子太悲痛了,以致《孟子》一书确实没有写完。

说公孙丑践履了孟子的《春秋》学,这只是我的猜测;说万章因《孟子》献出了宝贵的生命,这只是老百姓的传闻。即使普通读者的浮想联翩再合理、老百姓的街谈巷议再感人,许多史家往往会在所谓严谨的名义下充耳不闻。今天,我们在阅读中与孟子的世界相逢,这种局面难道不该改一改吗?!另外,真想有机会到邹城西南的万村,给万章墓献上一束鲜花;然后到山东寿光早已湮没了的公孙丑墓遗址上,倾诉一缕脉脉的哀思。

五 《孟子》的篇名未尝没有意义

把《孟子》分成七篇,亦即《梁惠王》《公孙丑》《滕文公》《离娄》《万章》《告子》《尽心》,我猜测这是公孙丑、万章的功劳。各篇又分上下,肇始于赵岐。《孟子题辞》说:“……为之章句,具载本文,章别其旨,分为上下,凡十四卷。”①篇名乃文眼,为文章起题目是门学问,很有讲究。《孟子》的篇名是否也是如此呢?

先看两段话:

> 先秦时代比较早的著作,没有单独有意义的题目,都是用篇首的两三个字作为题目。时代较晚的著作,才有单独有意义的题目。(冯友兰:《中国哲学史史料学》第5章)②
>
> 每篇都没有中心意思,不但各篇之间没有逻辑联系,即一篇之内,各章之间也很少联系。每篇题目只是摘取开头两三个字为之。(杨伯峻:《〈论语〉和〈孟子〉》)③

客观地看,冯友兰、杨伯峻说得没错;主观地看,我觉得《孟子》的篇名未尝没有意义。

从《梁惠王上》到《尽心下》,各个单篇确实不存在所谓的中心意思。但是,整本《孟子》有其一以贯之的基本精神:孟子率领弟子,一面游说诸侯、推行仁政,一面探究人心、弘扬性善,为的是让整个社会看到光明的前景。把七个篇名嵌入这段话,一种情理之中、意料之外的组合效应就会朗现于你的心头:《孟子》率领弟子

① ［清］焦循撰,沈文倬点校:《孟子正义》上册,中华书局1987年版,第26页。

② 冯友兰:《三松堂全集》第6卷,河南人民出版社2000年第2版,第342页。

③ 杨伯峻:《杨伯峻治学论稿》,岳麓书社1992年版,第134页。

《公孙丑》《万章》，一面劝说《梁惠王》《滕文公》实施王道，一面对话《告子》辨析人性。孟门师生太《尽心》了，他们多么期望《离娄》之明能够普照这个世界上所有的人！

《孟子》书下分篇，篇下分卷，卷下分章；而且，不同学者分章，大同之外，尚有小异。历史上有四个经典的《孟子》版本：1. 东汉赵岐注、北宋孙奭疏《孟子》，收入《十三经注疏》；2. 南宋朱熹的《孟子集注》，系《四书章句集注》之一；3. 清焦循的《孟子正义》；4. 杨伯峻的《孟子译注》。它们于各卷题下，均有章数说明。

把题下注的章数加起来，《孟子注疏》为 259 章，《孟子集注》《孟子译注》为 260 章，《孟子正义》为 261 章。其间还有不为人知的玄机吗？《孟子正义》把《尽心上》第 36 章（13・36）分成两章①，于是比朱熹本、杨伯峻本多出一章。相比之下，《孟子注疏》的章数统计极成问题，你甚至发现孙奭那样的经学家不会做加减运算。《孟子题辞》说过《孟子》有 261 章。《孟子注疏》用的是赵岐注，总章数怎么不一样呢？第一，《离娄下》题下注为 32 章，实际上是 33 章；《尽心下》题下注为 39 章，实际上是 38 章②。第二，《尽心上》第 36 章（13・36），被一分为二③；该卷实际上是 47 章，而不是题下注所说的 45 章。附带说一句，《孟子注疏》各章正文、注文之后紧

---

①　参见［清］焦循撰，沈文倬点校：《孟子正义》下册，中华书局 1987 年版，第 933 ~ 936 页。

②　参见［清］阮元校刻：《十三经注疏（附校勘记）》下册，中华书局 1980 年版，第 2725 ~ 2733，2773 ~ 2782 页。

③　参见［清］阮元校刻：《十三经注疏（附校勘记）》下册，中华书局 1980 年版，第 2769 ~ 2770 页。

接圈起来的大“疏”字，而且每章只有一个，所以数出实际的章数，并不是难事。有多少个大“疏”字，就是多少章。总之，切记《孟子注疏》的总章数是 261 章，而不是把题下注简单相加得出的 259 章。

赵岐的《孟子章句》，堪称汉代章句学的典范之作。可他为《孟子》各章写章指，既是创新，同时充满风险。因其风险，唐、宋注家陆善经、孙奭不喜欢这些章指，竟然全部删掉了。《孟子正义》卷 1 引《崇文总目》：“陆善经删去赵岐《章指》，邵武士人作疏，依用陆本。《章指》既删，章数遂不可定。”①因其创新，焦循写《孟子正义》，予以召回，但被复原的章指仅有 258 章。

赵岐为《孟子》首章、末章写的章指分别是：

治国之道明，当以仁义为名，然后上下和亲，君臣集穆。天经地义，不易之道，故以建篇立始也。②

天地剖判，开元建始，三皇以来，人伦攸叙。宏析道德，班垂文采，莫贵乎圣人。圣人不出，名世承间，虽有此限，盖有遇有不遇焉。是以仲尼至“获麟”而止笔，孟子以“无有乎尔”终其篇章，斯亦一契之趣也。③

---

① ［清］焦循撰，沈文倬点校：《孟子正义》上册，中华书局 1987 年版，第 12 页。

② ［清］焦循撰，沈文倬点校：《孟子正义》上册，中华书局 1987 年版，第 43 页。

③ ［清］焦循撰，沈文倬点校：《孟子正义》下册，中华书局 1987 年版，第 1039 页。

即使只是读了这两条章指，赵岐对孟子的理解亦称得上前无古人、后启来者。否则，由刘向、扬雄、程曾、赵岐、郑玄、高诱、刘熙组成的汉代《孟子注》队伍，何以只有赵岐的作品完整地传诸后世呢？

人们也习惯给《孟子》各章起个名字。其中，一种命名方式是文字式的。温晋城选注的《孟子会笺》，就用文字对《孟子》各章进行命名，如首章名为“何必曰利”，末章名为“由尧舜至于汤”①。杨伯峻的《孟子导读》以每章起首的几个字命名，如首章名为“孟子见梁惠王”，末章名为“由尧舜至于汤”②。

另一种命名方式是数字式的。杨伯峻广为流传的《孟子译注》（也包括《论语译注》），就以“篇（卷）数＋章数”的数字来命名。例如，“孟子见梁惠王”章被命名为 1 · 1，间隔号前的“1”表示《孟子》第 1 卷《梁惠王上》篇，间隔号后的“1”表示第 1 章，合起来意即《梁惠王上》篇第 1 章；“由尧舜至于汤”章被命名为 14 · 38，间隔号前的“14”表示《孟子》第 14 卷《尽心下》篇，间隔号后的“38”表示第 38 章，合起来意即《尽心下》篇第 38 章。依次类推，《孟子》260 章都有自己的数字式编号。民国时期，哈佛燕京学社引得编纂处编印过不少引得（索引），其中有《孟子引得》③。杨伯峻的《孟子译注》与此一脉相承，且更简明实用。

---

① 参见温晋城选注：《孟子会笺》，正中书局 1946 年沪版，第 2，372 页。

② 参见杨伯峻：《孟子导读》，巴蜀书社 1987 年版，第 37，231 页。按，“由尧舜至于汤”章，《目录》误作“由尧至于汤”，漏“舜”字。

③ 参见《孟子引得（附标校经文）》（《引得》特刊第 17 号），哈佛燕京学社 1941 年版；洪业等编纂：《论语引得 孟子引得》，上海古籍出版社 1986 年版。

与文字式命名相比，数字式命名更适合我们。尤其是引《孟子》，用数字式编号做注释，至少有两个好处：一是按图索骥，能够快速地找到原文，毕竟我们这代人没有几个能把《孟子》记到烂熟于心的地步；二是节省篇幅，毕竟 1·1 与 14·38 比《梁惠王上》第 1 章、《尽心下》第 38 章所占的版面要少得多。所以，从方便读者出发，从节省资源出发，我们这本小书一如既往地用《孟子译注》的数字式编号做注释。

跟章数统计一样，《孟子》的字数统计也因人而异。赵岐说是 34685 字，焦循说是 35226 字①，为什么后来多出 541 字？邓文孚曾问："《孟子》书中有不是处否？"小程回答："只是门人录时，错一两字。"②我觉得，后人抄《孟子》，所谓"错"不外三种情形：第一，把原文抄成别的字；第二，把原文抄漏了；第三，不小心增加了原文中没有的字。

第三种情形最有意思。我当年一字一句打印《孟子》，曾突发奇想：古人会把某些注文抄成正文吗？比如，"洚水者，洪水也"两见于《孟子》。第一次也许只是对原文"《书》曰'洚水警余'"的训诂(6·9)，却被抄进正文。第二次倒是必要的："水逆行谓之洚水——洚水者，洪水也——仁人之所恶也。"(12·11)又如，"巡狩者，巡所守也"之于"天子适诸侯曰巡狩"，"述职者，述所职也"之于"诸侯朝于天子曰述职"，"畜君者，好君也"之于"其诗曰'畜君

① 参见[清]焦循撰，沈文倬点校：《孟子正义》下册，中华书局 1987 年版，第 1044 页。

② 《河南程氏遗书》卷 19《伊川先生语五》，[宋]程颢、程颐著，王孝鱼点校：《二程集》第 1 册，中华书局 1981 年版，第 255 页。

何尤'"(2·4),"泄泄犹沓沓也"之于"《诗》曰'天之方蹶,无然泄泄'"(7·1),前句很可能只是注文,后来均被抄入正文。

以上三种情形,或许就是《孟子》的字数变来变去乃至越来越多的具体原因。此时此刻,我最想抒发的感受,则是博尔赫斯的《读者对伦理的迷信》说过的一句话:

> 具有不朽的禀赋的作品却经得起印刷错误的考验,经得起近似的译本的考验,也经得起漫不经心地阅读及不理解,它不会失去其实质精神。①

从这一角度看,即便同一章出现"方圆""方员"两种写法(7·1),同一个古公亶父写成"太王"(2·3,2·5)、"大王"(2·14,2·15),又怎么样?即便这里写"泰山"(13·24),那里写"太山"(1·7,3·2);这里写"仁义礼智"(3·6,11·6),那里写"仁义礼知"(14·24),又怎么样?所有这些,影响过你对《孟子》的阅读与理解吗?还有,虽然内城三里,外城只能五里,但《孟子》写成"三里之城,七里之郭"(4·1),这对我们的阅读与理解同样不会产生什么大问题。

对于孟门弟子,我特别表彰过公孙丑、万章;对于汉代注《孟子》的学者,我要高度褒扬赵岐。让我们选择今天这个"刚日",读一读《后汉书》第8册第2121～2124页,这是范晔为赵岐写的

---

① 〔阿根廷〕豪·路·博尔赫斯著,倪华迪译:《作家们的作家》,云南人民出版社1995年版,第13页。

传记。

赵岐是京兆长陵（今陕西咸阳）人，原名赵嘉，因生于御史台，故字台卿。赵嘉“少明经，有才艺”，娶了马融的侄女做妻子。马融是东汉著名经学家，培养了卢植、郑玄等高足。《后汉书·马融列传》说马融“善鼓琴，好吹笛，达生任性，不拘儒者之节”①，可见是个有情趣的读书人。我对马融肃然起敬，还因为他的《长笛赋》写道：“温直扰毅，孔孟之方也。”②“孔孟”成为固定词组，这是有史以来第一次！换句话说，孔孟并称，始于马融。但是，马融迫于权势，为大将军梁冀写《西第颂》，颇为正直所羞。赵嘉也很鄙弃马融的节操，所以，虽为亲戚，从不往来。这种耿介的个性贯穿赵嘉的一生，并且为此付出过惨重的代价。

事情得从唐玹说起。唐玹做京兆虎牙都尉，进不由德，口碑极差。赵嘉和从兄赵袭多次贬抑唐玹，唐玹怀恨在心。延熹元年（158 年），唐玹升京兆尹，执掌京畿的生杀大权，报复的机会终于来了。如果赵嘉不事先逃跑，生死极难预料。赵嘉不得不逃难于江、淮、海、岱，并改名为赵岐，改字为邠卿，为的是永远不忘自己的故乡：一个是血缘的——京兆长陵；另一个是文化的——“昔者大王居邠，狄人侵之，去之岐山之下居焉”，这是孟子对滕文公多次讲过的往事（2·14，另见 2·15）。

赵岐避难最后的落脚点是北海（郡治在今山东寿光），最有思

① ［宋］范晔撰：《后汉书》第 7 册，中华书局 1965 年版，第 1972 页。
② ［梁］萧统编，［唐］李善注：《文选》第 2 册，上海古籍出版社 1986 年版，第 817 页。

想史意义。有一天，孙嵩（字宾石）上街，看见卖饼为生的赵岐，觉得他不是平常之辈，于是停下来，叫赵岐上车聊聊。从此，二十多岁的孙嵩与知命之际的赵岐结成忘年之交。从思想史角度看，《颜氏家训·省事》说的"孙嵩之匿赵岐"①，真正的关键在于：孙嵩收留了赵岐，把赵岐藏在家中的复壁；蛰居复壁的几年里，赵岐写出了名垂千古的《孟子章句》。范晔只说赵岐在复壁写了《厄屯歌》23章，没有提《孟子章句》。我则以为，四库馆臣说的"是注即岐避难北海时，在孙宾家夹柱中所作"②，可谓合乎情理的判断。

赵岐的《孟子题辞》对自己坎坷的个人身世，尤其是写《孟子章句》的独特感受，有过比较详细的交代，值得我们好好读读：

> 余生西京，世寻丕祚，有自来矣。少蒙义方，训涉典文。知命之际，婴戚于天，遘屯离蹇，诡姓遁身，经营八纮之内，十有余年，心剿形瘵，何勤如焉！尝息肩弛担于济、岱之间，或有温故知新，雅德君子，矜我劬瘁，眷我皓首，访论稽古，慰以大道。余困吝之中，精神遐漂，靡所济集，聊欲系志于翰墨，得以乱思遗老也。惟六籍之学，先觉之士，释之辩之者既已详矣。儒家惟有《孟子》，闳远微妙，缊奥难见，宜在条理之科。于是乃述已所闻，证以经传，为之章句，具载本文，章别其旨，分为上下，凡十四卷。究而言之，不敢以当达者；施于新学，可以寤

---

① 王利器：《颜氏家训集解》（增补本），中华书局1993年版，第338页。

② ［清］永瑢等：《四库全书总目》上册，中华书局1965年版，第289页下栏。

疑辨惑;愚亦未能审于是非,后之明者,见其违阙,傥改而正诸,不亦宜乎!①

汉桓帝时期,赵岐因避难唐玹,逃离四方多年。之后,他还经历过另一次劫难,就是汉灵帝时期被党锢十多个春秋。幸好赵岐活了九十多岁,一生的大部分时光还算顺利,官运也不错,先后做过并州刺史、议郎、敦煌太守、太仆、太常。那个时代的风云人物袁绍、曹操、刘表,亦对他另眼相看。建安六年(201),赵岐客死异乡,墓冢现在荆州的古郢城中。事先他为自己设计坟墓,墓碑上画了五张像,自己的像居于主位,季札、子产、晏婴、叔向四个人的像居于宾位。范晔给赵岐的赞辞是:“邠卿出疆,专命朝威。”②东汉末年,豪强并起,政治局面复杂,赵岐倒不失为经世致用的儒家型官员。

赵岐一生勤于著述,《后汉书》记载有《厄屯歌》《御寇论》《孟子章句》《三辅决录》等四种,最重要的当然是《孟子章句》。《孟子章句》又称《孟子注》,前有《孟子题辞》,后有《孟子篇叙》,是汉代多种《孟子》注中唯一传世者。收入《十三经注疏》的《孟子注疏》以及焦循的《孟子正义》,用的都是赵岐注。

古人对于《孟子章句》,有弹,有赞。弹者,陆九渊说:“然古注惟赵岐解《孟子》,文义多略。”③朱熹说:“赵岐《孟子》,拙而不明;

---

① ［清］焦循撰,沈文倬点校:《孟子正义》上册,中华书局1987年版,第23～27页。

② ［宋］范晔撰:《后汉书》第8册,第2125页。

③ ［宋］陆九渊著,钟哲点校:《陆九渊集》,中华书局1980年版,第409页。

王弼《周易》，巧而不明。”①赞者，四库馆臣说：“盖其说虽不及后来之精密，而开辟荒芜，俾后来得循途而深造，其功要不可泯也。”②阮元说：“赵岐之学，以较马、郑、许、服诸儒稍为固陋，然属书、离辞、指事、类情于诂训无所戾，七篇之微言大义藉是可推，且章别为指，令学者可分章寻求，于汉传注别开一例，功亦勤矣。”③不管怎么说，赵岐的《孟子章句》无愧为孟学史上的大经典！

合上《后汉书》卷64的赵岐本传，让我们选择现在这个“柔日”，再次慎重地追问：难道《孟子》的篇名真的没有实际意义么？在《孟子篇叙》看来，《孟子》七篇的排列次序分明充满微言大义：

孟子以为圣王之盛，惟有尧、舜，尧舜之道，仁义为上，故以梁惠王问利国，对以仁义，为首篇也。

仁义根心，然后可以大行其政，故次之以公孙丑问管、晏之政，答以曾西之所羞也。

政莫美于反古之道，滕文公乐反古，故次以文公为世子，始有从善思礼之心也。

奉礼之谓明，明莫甚于离娄，故次之以离娄之明也。

---

① ［宋］黎靖德编，王星贤点校：《朱子语类》第4册，中华书局1994年版，第1218页。

② ［清］永瑢等：《四库全书总目》上册，中华书局1965年版，第289页下栏。

③ 《孟子注疏校勘记序》，［清］阮元校刻：《十三经注疏（附校勘记）》下册，中华书局1980年版，第2664页。

明者当明其行，行莫大于孝，故次以[万章]问舜往于田号泣也。

孝道之本，在于情性，故次以[告子]论情性也。

情性在内而主于心，故次以[尽心]也。

尽己之心，与天道通，道之极者也。是以终于尽心也。①

刚日读史，柔日读经；现代抱负，古典情怀。章学诚的《文史通义·匡谬》曾说："赵岐《孟子篇序》，尤为穿凿无取。"②但是，当我对《孟子篇叙》涉及《孟子》篇名的地方加上七个边框时，我顿悟：包括《孟子》在内，所有不朽的经典本质上都是因信称义的，一切意义来自于你与经典合作式、同谋式的真诚对视之中……

与此同时，我也想起《孟子题辞》说过的一段话：

于是退而论集所与高第弟子公孙丑、万章之徒疑难答问，又自撰其法度之言，著书七篇，二百六十一章，三万四千六百八十五字。包罗天地，揆叙万类，仁义道德，性命祸福，粲然靡所不载。帝王公侯遵之，则可以致隆平，颂清庙；卿大夫士蹈之，则可以尊君父，立忠信；守志厉操者仪之，则可以崇高节，抗浮云。有风人之托物，《二雅》之正言，可谓直而不倨，曲而

---

① ［清］焦循撰，沈文倬点校：《孟子正义》下册，中华书局 1987 年版，第 1041～1042 页。

② ［清］章学诚著，叶瑛校注：《文史通义校注》上册，中华书局 1994 年版，第 404 页。按，《孟子篇序》当作《孟子篇叙》。

不屈,命世亚圣之大才者也。①

我们不是帝王公侯,不是卿大夫士,然而,在道德理想主义的熏陶下,在文化守成主义的润泽下,我们必须守志厉操!我们今天为什么还要读《孟子》这部古老的经典?人文上的理由就在于此。

六 《孟子外书》真是孟子的著述吗?

一直以来,我喜欢从“道在史中”的角度,观察孟子和他的思想是如何“文以载道”的。因此,凡是跟《孟子》有关的著述与事件,总会勾起我无限的遐思。读赵岐的《孟子题辞》,我就十分关注其中两段话:

汉兴,除秦虐禁,开延道德,孝文皇帝欲广游学之路,《论语》《孝经》《孟子》《尔雅》皆置博士。后罢传记博士,独立“五经”而已。②

又有《外书》四篇:《性善》《辩文》《说孝经》《为政》。其文不能宏深,不与内篇相似,似非孟子本真,后世依放而托之

① [清]焦循撰,沈文倬点校:《孟子正义》上册,中华书局 1987 年版,第 11 ~ 13 页。

② [清]焦循撰,沈文倬点校:《孟子正义》上册,中华书局 1987 年版,第 17 页。

者也。①

汉文帝时期是否设立过《孟子》传记博士，这事孟子管不着；但是，自己有没有写过《孟子外书》，孟子能不清楚吗？

很多时候，历史仿佛是在人们毫无防备的情况下层累地递增的。司马迁当年写《史记·孟子荀卿列传》，只是说"作《孟子》七篇"。到了东汉，先是班固的《汉书·艺文志》说"《孟子》十一篇"②，后是应劭的《风俗通义·穷通》说"作书中、外十一篇"③。《孟子》为何变厚了？关键在于七篇之外，冒出《孟子外书》四篇。与班固相比，应劭认为《孟子》包括中、外两部分，四篇之意呼之欲出。与应劭相比，赵岐知道四篇的具体篇名。毫无疑问，班固、应劭、赵岐见过《孟子外书》。只是班固、应劭一笔带过，觉得它的真实性不成问题；赵岐则郑重其事，明显怀疑起来。

从孟学史角度看，赵岐实则把《孟子外书》及其思想价值一棍子打死了。赵岐之后，将近千年，极少有人提起这段公案。随着北宋中后期孟子地位的提升，它才重新引起南宋学者的兴趣，譬如孙奕、刘昌诗：

> 《前汉·艺文志》曰：儒家有《孟子》十一篇。以今考之，篇

① ［清］焦循撰，沈文倬点校：《孟子正义》上册，中华书局 1987 年版，第 15 页。

② ［汉］班固撰：《汉书》第 6 册，中华书局 1962 年版，第 1725 页。

③ ［汉］应劭撰，王利器校注：《风俗通义校注》下册，中华书局 2010 年第 2 版，第 319 页。

目少于前，何也？曰：合今之七篇与《外书》四篇，即十一篇矣。昔尝闻前辈有曰：亲见馆阁中有《外书》四篇，曰《性善辩》，曰《文说》，曰《孝经》，曰《为政》。则时人以性善、辩文为一句，说孝经、为正为一句，甚乖旨趣。古文辨①辩、正政通用。（孙奕《示儿编》卷6“《孟子》篇目”条）②

《孟子题辞》，又有外书四篇，《性善辨》《文说》《孝经》《为正》。予乡新喻谢氏，多藏古书，有《性善辨》一帙，则知与《文说》《孝经》《为正》，是谓四篇。（刘昌诗《芦浦笔记》卷2“性善辨”条）③

据以上笔记，《孟子外书》四篇依次为《性善辨》《文说》《孝经》《为正》；其中，《性善辨》又作《性善辩》，《为正》又作《为政》。这与赵岐讲的篇名并不一样。王充也是东汉人，其《论衡·本性》提到“孟子作《性善》之篇”④。可见，汉代的《孟子外书》以《性善》《辩文》《说孝经》《为政》为篇名。

赵岐并不以为《孟子外书》真是孟子的作品。在这一意义上，如果说赵岐见到的是第一个伪本，孙奕、刘昌诗听说的就是第二个伪本。在怀疑派看来，孟子道性善，还需要对它辩解吗？《孝经》相

---

① “辨”字原阙，据文意补。

② ［宋］孙奕：《示儿编》，《景印文渊阁四库全书》第864册，第452页上栏。

③ ［宋］刘昌诗撰，张荣铮、秦呈瑞点校：《芦浦笔记》，中华书局1986年版，第15页。

④ 黄晖：《论衡校释（附刘盼遂集解）》第1册，中华书局1990年版，第133页。

传为曾子之作，孟子会跟他争论吗？所以，孙、刘二人说的《孟子外书》显系后人伪造。不错，这两条笔记的作者，一个只是听前辈说他见过《孟子外书》，一个只是说同乡藏有《性善辨》，但并没有说他们自己见过《孟子外书》。耳闻终归是不可靠的。

南宋时期，还有两位比孙奕、刘昌诗更晚的学者值得注意。一位是史绳祖，他说："《孟子序》谓有《外书》四篇，《性善辩》居其一，惜其不传。"①另一位是大著作家王应麟。其《困学纪闻》谈《庄子逸篇》，顺便说道："汉《七略》所录，若《齐论》之《问王》、《知道》，《孟子》之《外书》四篇，今皆亡传。"②其《汉艺文志考证》先引《孟子题辞》，接着说："《志》云十一篇，并外书也。外书今不传。"③"惜其不传""今皆亡传"这些话，表明史绳祖、王应麟没有读过孙奕、刘昌诗的笔记。换句话说，他们只知《孟子外书》有汉代版本，不知有所谓的宋代版本。

说《孟子外书》存在汉、宋两个版本，这是怀疑派的概念。在肯定派看来，《孟子外书》既不存在宋代版本，也不存在汉代版本，只有先秦版本。先秦、两汉不少典籍分为内、外篇，内篇论己之道，外篇叙人之说。刘鄂培认为："《孟子》七篇，主要作者是孟子，而且是经过孟子亲自修改、润色、审定过的；而外书四篇可能是孟门弟子

---

① ［宋］史绳祖：《学斋占毕》卷1"孟荀扬言性之所本"条，《景印文渊阁四库全书》第854册，第14页上栏。

② ［宋］王应麟著，［清］翁元圻等注，栾保群、田松青、吕宗力校点：《困学纪闻》中册，上海古籍出版社2008年版，第1257页。

③ 《汉艺文志考证》卷5"《孟子》十一篇"条，［宋］王应麟著，张三夕、杨毅点校：《汉制考　汉艺文志考证》，中华书局2011年版，第200页。

与孟子在‘疑难答问’(见《孟子题辞》)时整理出来的素材,它是未经孟子亲自修改、润色、审定过的。”①所以,人们把孟子的思想放进内篇,把后学的阐发置于外篇。我不知道这一解释是否会被肯定派接受,但他们一以贯之的学术立场则是:即便《孟子外书》不是孟子自著,它也是孟子思想的体现。施彦士的《孟子外书集证自叙》就说:“纵非孟子手定,要亦门弟子不忍微言之遽轶,而裒辑成书。”②

与作者问题相比,《孟子外书》的注者问题为清代乾嘉读书界津津乐道。周广业的《孟子四考·逸文考》指出:“近有姚士粦等所传《孟子外书》四篇,云是熙时子注,则显属伪托也。”③焦循也说:“按熙时子相传以为刘贡父,此书前有马廷鸾叙。夫《外书》四篇,赵氏斥为依托,其亡已久;孙奭所闻,新喻所藏,已难信据,况此又赝之尤者乎。”④

《孟子外书》是如何与熙时子乃至刘攽挂上钩的?这得提到与王应麟同时的马廷鸾。他为《孟子外书》写的《序》,全文如下:

坊间有《四家孟子注》,曰扬子云也,韩文公也,李习之也,熙时子也。《中兴史志》以为依托,信也。然三家者依托,而熙

① 刘鄂培:《孟子大传》,清华大学出版社1998年版,第95页。

② [清]施彦士:《孟子外书集证》,《四库未收书辑刊》第6辑第12册,北京出版社1997—2000年版,第74页上栏。

③ [清]周广业:《孟子四考》,《续修四库全书》第158册,第76页上栏。

④ [清]焦循撰,沈文倬点校:《孟子正义》上册,中华书局1987年版,第16页。

时子非依托也，乃熙时子依托三家也。熙时子者谁？相传即公非先生刘贡父也。贡父因李泰伯不喜《孟子》，为此以示之也，注中往往用泰伯语也。熙时者，晓然也，谂也，《越绝》《参同契》之流也。《孟子外书》四篇，赵台卿不取也，故不显于世。赖四家注附刊于后，而熙时子且注之也，是以传也，则熙时子之功不浅也。四家注依托不足传，而《孟子外书》四篇不可不传也，遂序而存之也。碧梧老人马廷鸾书。①

熙时子何许人也？相传为刘攽。刘攽生活于北宋初期，字贡父，号公非，乃原父刘敞之弟，著有《公非集》60 卷，本传见《宋史》卷 319。刘敞、刘攽兄弟的经学造诣极高，时有"国朝'六经'之学，自贾文元倡之，而原父兄弟为最高"之评②。

如果熙时子真是刘攽，在我看来，以下四点或许就是马廷鸾促成"熙时子 = 刘攽"以及"刘攽 =《孟子外书》注者"的理由：第一，刘攽祖籍临江新喻，而藏有《性善辨》的谢氏也是新喻人；第二，在司马光领导的《资治通鉴》编纂班子里，刘攽专职汉史，写过为人称颂的《东汉刊误》；第三，《宋史·艺文志》著录的《四注孟子》指扬雄、韩愈、李翱、熙时子四家注③，可惜该书已佚；第四，李觏（泰伯）不喜欢《孟子》，刘攽为此写了《孟子注》，并给他看过。籍贯有巧

① ［宋］熙时子注：《孟子外书》，《续修四库全书》第 932 册，第 375 页下栏。

② ［清］永瑢等：《四库全书总目》下册，中华书局 1965 年版，第 1317 页上栏。

③ 参见［元］脱脱等：《宋史》第 15 册，第 5172 页。

合,专业攻汉史,注疏过《孟子》,信仰孟子学,所有这些使得熙时子变成了刘攽,刘攽变成了《孟子外书》的注者。

熙时子是否就是刘攽,暂且存而不论。今天流传的熙时子注《孟子外书》共4篇60章,其中《性善辨第一》15章、《文说第二》17章、《孝经第三》20章、《为正第四》8章,全书不到5000字。为了让一般读者有个基本印象,我们从各篇分别抄录一段(括号内的文字系熙时子注):

> 孙卿子自楚至齐,见孟子而论性。(荀卿,名况,楚人。避汉讳,易荀为孙。见,奚遍反。)孟子曰:"有善无恶,天也;有善有恶,人也。"(言天之赋性,但有善而无恶;其有善恶,乃人后起之私。)孙卿子曰:"有善有恶,天也;有善无恶,人也。"(言性本有善恶,圣人以学胜之,方能有善无恶。)孟子曰:"率天下之人而迷性本者,必自子始矣!"①
>
> 孟子曰:"文其说,不若文其心。文胜者不陋,不若质胜者可久。"(言人徒骋才辨而文其说,不若笃实好学而文其心。不陋,文采可观也;可久,经久不敝也。)②
>
> 孟子曰:"天子之孝,文王也。诸侯之孝,鲁釐公也。卿大夫之孝,孟庄子也。士之孝,曾子舆也。庶人之孝,大连、少连也。"(鲁釐公之孝,无考。岂以《诗》有寿母之文而称之欤?

① [宋]熙时子注:《孟子外书·性善辨》,《续修四库全书》第932册,第376页上栏。

② [宋]熙时子注:《孟子外书·文说》,《续修四库全书》第932册,第378页上栏。

耋、僖同。少，去声。）①

邾娄缪公问政于孟子，曰："为政之道，奚先？"孟子曰："省刑罚，薄税敛，爱民之政也。非是，则无所为政也。君其勿信幸臣之言。"②

始于乾隆后期，《孟子外书》广为流传。国家图书馆（原北京图书馆）藏有三个善本：一是乾隆吴氏拜经楼刻本《孟子外书》四篇四卷，宋刘攽注，清吴骞校并跋；一是清抄本《孟子外书》四篇四卷，宋刘攽注，清吴骞校注；一是稿本《孟子外书附订》四卷，清吴骞撰③。吴骞生活于乾嘉时期，既是有眼光的版本学家、校勘学者，还是刻印公司——拜经楼的老板。跟宋代的熙时子（刘攽）、马廷鸾与明代的姚士粦、胡震亨一样，吴骞以及函海本的出品人李调元（雨邨）对《孟子外书》的传播亦功不可没。

对于《孟子外书》的流传，人们的说法不尽相同。周中孚为函海本《孟子外书》写的提要，说得较为清晰：

自赵氏斥之，书遂不显。隋、唐、宋《志》俱弗另为著录。朱子作《集注》，亦仍赵氏之旧，不取此四篇。然《太平御览》诸

① ［宋］熙时子注：《孟子外书·孝经》，《续修四库全书》第932册，第380页上栏。

② ［宋］熙时子注：《孟子外书·为正》，《续修四库全书》第932册，第382页下栏。

③ 参见中国古籍善本书目编辑委员会编：《中国古籍善本书目（经部）》，上海古籍出版社1989年版，第310～311页。

书，时引及之。而贡父且为之注，盖原书具在也。明姚叔祥（士麟）曾得麻沙本于济南，以寄胡孝辕（震亨）。其书凡《性善辨》《文说》《孝经》《为正》四篇，而第四篇已残阙不全，孝辕《跋》甚惜之。今崇明施氏作《集证》，始得别本补足。叔祥、孝辕俱得之而未及重刊，故传本仍少。李雨邨始为刊刻，而吴氏《艺海珠尘》中亦刻入之，乃如珠光宝气，不能掩覆矣。至《孟子》伪四家之注，见于《宋志》，今已佚，独此贡父之注与《外书》俱存。是《外书》初因贡父注而得传，今贡父之注赖《外书》而得传矣。然按《汇刻书目》载海宁拜经楼吴氏刊书四种，有晋綦母邃注《外书》一卷，则尚未购致，未由考见云。①

清代为《孟子外书》做的疏证，《续修四库全书总目提要（经部）》著录三种：一是施彦士撰《孟子外书集证》五卷，嘉庆二十一年（1816）自刻本；二是林春溥撰《孟子外书补证》一卷，道光间竹柏山房刊本；三是陈矩撰《孟子外书补注》四卷，光绪十七年（1891）灵峰草堂刊本②。我对《孟子外书》以及各家疏证缺乏足够深入的学理研究，所以暂时做不出理性评判。有份感受倒是不吐不快：为什么研究《孟子》的大家，包括东汉的赵岐与清代的周广业、焦循，并不相信《孟子外书》是孟子的作品呢？七篇之外，多上四篇，就水火不容吗？因故，施彦士、林春溥、陈矩作《孟子外书》疏证，让我心生

---

① 《郑堂读书记补逸》卷20“《孟子外书》四卷（函海本）”条，[清]周中孚：《郑堂读书记》下册，北京图书馆出版社2007年版，第502～503页。

② 参见中国科学院图书馆整理：《续修四库全书总目提要（经部）》下册，中华书局1993年版，第926，929，932页。

敬意!

总的说来,清代学术史对《孟子外书》是否真是孟子的著述,怀疑派占据上风,肯定派处于弱势。怀疑派后来也有力地左右了晚清民国知识界的观念,梁启超的《〈汉书·艺文志·诸子略〉考释》就说:

> 今所传赵岐注本,即司马迁所见者。外书四篇,经岐鉴别为伪,后无传者,遂亡佚。(隋志尚有郑玄、刘熙注《孟子》各七卷,则郑、刘亦皆认外书为伪矣。)其佚文见于《法言》《盐铁论》《颜氏家训》《文选注》有若干条,清末林春溥曾辑出,信乎"不能宏深"矣。至明季姚士粦所传《孟子》外书四篇,则又伪中出伪,并非汉时之旧,更不足道。①

所谓"伪中出伪",意思就是:东汉赵岐所见的汉代版是第一个伪本,明清时代所传的宋代版是第二个伪本。至于两个版本有哪些相同、不同,似乎很难考证。人们只见过宋代版本,从未见过汉代版本,怎么考证呢?正因这个事实,怀疑派时常质问肯定派:你们传的《孟子外书》,不就只是把散见于各种典籍的《孟子》逸文汇聚在一起吗?顾炎武不算标准型的怀疑派,但《日知录》抄了10条逸文之后亦云:"今《孟子》书皆无其文,岂所谓'外篇'者邪?"②举

---

① 梁启超:《清代学术概论》,东方出版社1996年版,第193页。按,标点符号略有校改。

② [清]顾炎武著,[清]黄汝成集释,栾保群、吕宗力校点:《日知录集释》上册,上海古籍出版社2006年版,第442页。

个典型的例子:熙时子注的《为正》,只有8章;施彦士用《孟子》逸文,增补了6章[①]。这种不为人知的小加法还好做,但把《孟子外书》当作孟子著述的大加法就难做得多,至少现在尚未成功。

对于《孟子外书》,我想说:既然它已成为孟子学术思想发展史的有机组成部分,我们就该从文献、思想两方面入手,考镜源流,探赜索隐,尤其不能让思想方面的研究老是处于空白状态!我还想说:从思想史角度看,《孟子》的生命活力和精神魅力,深深地隐藏在同情地理解《孟子》的加法运算之中,无论是小加法还是大加法;深深地隐藏在理性地批评《孟子》的减法运算之中,无论是大减法还是小减法。凡是参与过《孟子外书》工作的人们,肯定派也罢,怀疑派也罢,都值得我们今天深情地怀想。

---

① 参见[清]施彦士:《孟子外书集证》,《四库未收书辑刊》第6辑第12册,第88~89页。

第二章

道德理想主义的心田守望

氣育希聖

哲学家，就是喜欢把简单问题复杂化的那类人。你看孟子：人禽之辨明明是要凸显人为万物之灵的绝对优越性，可偏偏又说人之所以异于禽兽的关键性东西既稀少又隐蔽。如此隐蔽，如此稀少，岂不意味着张扬人相对于禽兽而言的绝对优越性相当艰巨呢？文学家，大概属于喜欢把复杂问题简单化的那类人。你看周作人：既然仿佛只是窗户里外隔着一张纸，但人家为什么要用这张纸把窗户里外的两个世界隔开来呢？

——《在人禽异类的临界点上》

稷下先生正是“处士”：他们自我标榜为“不仕派”，却在齐国政府的卵翼之下，享受高门大屋、禄养千钟的奢靡生活。孟子正是“仕士”：他属于“义仕派”，本来可以安富尊荣，但为了推行王道，却不断跋山涉水，游说诸侯，四处碰壁，凄凄惶惶。在这一对照的背后，更本质的区别在于：孟子“平治天下”(4・13,7・1)的义仕派立场，岂能容忍稷下先生“不治而议论”的游戏人生呢？

——《孟子是稷下先生吗？》

现在，我尤其愿意跟随峨冠博带的孟老先生和他那群意气风发的弟子，朝着稷下学宫前行——这座城市的人民早已得到确切的消息,孟子即将跟稷下知名学者告子就这个时代中最具哲学意味的人性问题接连进行四场辩论。被我盛情邀请同行的是李卓吾先生,他会对孟子、告子的辩论做出让你倍感精彩的点评,这些点评后来收入《四书评·孟子卷之六》。至于主持辩论的是不是那个收人钱财、替人办事的稷下耆老淳于髡,大概并不重要。

——《到稷下听辩论去》

小孩即将跌入井里,你怎么办?大嫂已经掉进水里,你怎么办?你心地善良但别人却对你不好,你怎么办?读《孟子》,不是要你做吃饭秀才,而是期望你成为性情中人。从社会学角度看,那个小孩与我没有任何利害关系,嫂子与我的利害关系比较明显,同父异母之弟与我的利害关系异常复杂。救不救小孩、救不救嫂子是假设性的,帮不帮同父异母之弟是事实性的。故事越真实、复杂,于人的意义越大。所以,舜成了我们传统中的大圣人,舜的所作所为今天还能引起我们无穷无尽的反思。故事越抽象、简单,于哲学的作用越大。所以,是否救小孩,是否救嫂子,足以证明我们究竟是"人"还是"非人"。

——《性善论为何如此鞭辟有力?》

不论性,孟子在哲学上走不进他那个时代;不谈心,孟子在哲学上走不出他那个时代。孟子既是与众不同的性学家,更是前无古人的心学家。性有性之情,心有心之情,性、心在孟子那里是水乳交融的,孟子是个至情的人,孟子的哲学是至情的哲学。

——《以心善言性善》

同为孟子心中的理想人格，不妨说“大丈夫”是社会学的定义，“仁且智”是哲学的定义。毫无疑问，“富贵不能淫，贫贱不能移，威武不能屈，此之谓大丈夫”这句铿锵有力的格言，千百年来一直鼓舞着无数在苦难中挣扎、在逆境中奋进的人们。然而，“仁且智”更能从哲学上呈现并敞开理想人格的深度与高度。

——《“仁且智”：理想人格的哲学定义》

从自己的近事中，孟子体味到“吾之不遇鲁侯，天也”(2·16)；从孔子的往事中，孟子觉察到“孔子进以礼，退以义，得之不得曰‘有命’”(9·8)。死生有命，富贵在天。“莫之为而为者，天也；莫之致而至者，命也。”(9·6)没有人叫它做，而它竟然做了，这是天意；没有人叫它来，而它竟然来了，这是命运。凡夫俗子琢磨不透强悍的命运，却被它牵着鼻子走在漫长的人生道路上。这个道理放之四海而皆准，也是孟子要对我们讲的心里话。

——《直面强悍的命运》

至此，我终于醒悟：从哲学味、故事性看，我钟情于激进权智；从时代感、社会化看，我服膺于温和权慧。如果让我回到孔孟那个时代，又只能做出唯一抉择，那么，我要选择的不是激进权智，而是温和权慧。在使用的范围与频率上，激进权智极其有限，而温和权慧极其无限；激进权智只是醒目的标志，温和权慧却是普遍的风格——埃菲尔铁塔只供人参观，四合院则是给人住的。

——《有一种人生智慧叫权变》

对于孟子来说，瞽瞍底豫是事实性的，窃负而逃是假设性的。在此，事实性同时是普遍性，假设性只是特殊性。有了这番思辨，我们需要做出以下判断：在普遍情形下，舜于礼、于法都是内在观点的实践者；唯有在父亲杀了人的特殊情形下，舜于法才抱持外在观点，但于礼依然坚守内在观点。我挚信这些判断是成立的，所以，总体地看，窃负而逃不属于法学的案例，而是纯粹的伦理学例证。

——《父亲杀了人，儿子怎么办？》

“五谷者，种之美者也”（11·19），朗现了孟子对于农业的爱；“牛山之木尝美矣”（11·8），显露了孟子对于农村的爱；“五谷熟而民人育”（5·4），昭示了孟子对于农民的爱。如果你承认三农问题像经济学上的二八定律那样亘古未变，请允许我如此评判孟子的穷人经济学：它是为所有穷人而战的，它尤其要为占人口总数绝大部分的农民以及他们生存于其间的农村、耕耘于其上的农业而战！

——《王道“下乡”：重读孟子的“穷人经济学”》

陈相、彭更、公孙丑从是否像劳动人民那样直接从事体力劳动出发，指责知识分子无事而食、不耕而食。这种声讨，在孟子看来，情理上说得过去，事理上却是偏颇的。治国、平天下，光讲情理不行，不明事理更不行。社会有分工，劳动人民与知识分子不能相互替代，这是事理，一种社会分工论的事理。知识分子在劳心者队伍中起着独特的作用，不仅有助于君主安富尊荣，而且有助于老百姓孝悌忠信，这还是事理，一种知识分子作用观的事理。

——《知识分子凭什么可以“不耕而食”？》

官难做，做官难，难做官。面对“学而优则仕”这本难念的经，古往今来，千千万万知识分子无数次地从《孟子》这里掂量过三个字眼沉甸甸的分量：师——君主能把几个知识分子当作老师来敬奉呢？友——君主何时、何地会跟知识分子交朋友呢？事——这不难，因为君主从来就认为做了官的知识分子不是奴才，便是仆人。

——《“学而优则仕”：一本难念的经》

擴充仁心

一　在人禽异类的临界点上

人们日常对话,往往把“禽兽”当作贬义词。《辞海》举的例子,是《西厢记》第四本第二折那句“红娘,书房里唤将那禽兽来”①。孟子用这个词,有三类情形:在关乎国计民生的朴素经济学中,它是中性的——“鸡豚狗彘之畜,无失其时,七十者可以食肉矣”(1·7);在倡导恻隐之心的随机指点中,它甚至以褒义出场——齐宣王以羊易牛,孟子曾说“君子之于禽兽也,见其生,不忍见其死;闻其声,不忍食其肉”(1·7);在道德理想主义的人禽之辨中,它是贬义的。贬义用得最多,可见禽兽古往今来不被人类当成好东西。

我们祖先的生存状况极其恶劣。他们既要直面客观自然性的生存困境,又要面对政治经济性的生存困境。越是接近人类童年时期,客观自然性的生存困境越突出。孟子心中的人类史始于帝尧,那是一个“禽兽逼人”的时代:“当尧之时,天下犹未平,洪水横流,泛滥于天下,草木畅茂,禽兽繁殖,五谷不登,禽兽逼人,兽蹄鸟迹之道交于中国。”(5·4)越是远离人类童年时期,政治经济性的生存困境越严重。孟子生活在天子虚位、诸侯争霸之时,那是一个

① 《辞海·语词分册》上册,上海人民出版社1977年版,第307页左栏。

“率兽食人”的时代:“庖有肥肉,厩有肥马,民有饥色,野有饿莩,此率兽而食人也。”(1·4,6·9)孟子认为以上两种人类生存困境都跟禽兽密切相关,这一现象耐人寻味。

战国时期,一面是生产力水平低下,一面是狼烟四起。前者属于客观自然性的生存困境,后者属于政治经济性的生存困境。此外,孟子还得拷问那个时代愈来愈剧烈的礼坏乐崩,注意的焦点不能不转向伦理道德性的生存困境。且读孟子说的四段话:

> 梏之反覆,则其夜气不足以存;夜气不足以存,则其违禽兽不远矣。(11·8)
>
> 杨氏为我,是无君也;墨氏兼爱,是无父也。无父无君,是禽兽也。(6·9)
>
> 嫂溺不援,是豺狼也。(7·17)
>
> 自反而忠矣,其横逆由是也,君子曰:“此亦妄人也已矣。如此,则与禽兽奚择哉?于禽兽又何难焉?”(8·28)

人生在世,内得修身养性、三省吾身,外得遵法守纪、通权达变。如果你不这样做,你跟禽兽又有什么区别?人沦落为禽兽,这种伦理道德性的生存困境难道不值得忧患吗?

在孟子看来,为了防止人类“近于禽兽”,圣人采取的基本措施是“教以人伦”。《滕文公上》指出:

> 人之有道也,饱①食、暖衣、逸居而无教,则近于禽兽。圣

① “饱”,中华书局2010年版误作“鲍”。

> 人有忧之,使契为司徒,教以人伦——父子有亲,君臣有义,夫妇有别,长幼有叙,朋友有信。放勋曰:“劳之来之,匡之直之,辅之翼之,使自得之,又从而振德之。”(5·4)

人类先民置身于禽兽逼人的巨大生存困境之中。在帝尧(放勋)的领导下,他们走出了客观自然性的生存困境,过上了饱食、暖衣、逸居的生活。这种生活够好了吧?可圣人认为它还不是真正的人道,因为人之所以为人,必须教以人伦,否则就近于禽兽。既然人类早在帝尧统帅的童年时期就已开始教以人伦的艰巨工程,孟子何以还要重提人禽之辨呢?

按照儒家的说法,历史上有德有位的圣人塑造了和同别异、蔚为大观的礼乐文明,但到春秋战国时期,具有政治—伦理统制功能的礼乐文明土崩瓦解了,整个社会陷入伦理道德性的生存困境。究其原因,孟子认为:最重要的是“率兽而食人也”的诸侯暴政,在此,政治经济性的生存困境和伦理道德性的生存困境互为表里;另外还有“无父无君,是禽兽也”的杨墨显学,在此,伦理道德性的生存困境和思想—文化统制功能的缺失紧密相连。因为诸侯暴政,孟子倡仁政;因为杨墨显学,孟子距杨墨。孟子深知:要消解伦理道德性的生存困境,倡仁政、距杨墨仅是治标;唯有洞悉人之所以为人的所在,才能治本。治本是天底下最大的哲学论题,人禽之辨是思想家朝向这个议题不断前行的第一个驿站。在这个驿站上,孟子到底说了些什么?

《告子上》第8章指出:

牛山之木尝美矣，以其郊于大国也，斧斤伐之，可以为美乎？是其日夜之所息，雨露之所润，非无萌蘖之生焉，牛羊又从而牧之，是以若彼濯濯也。人见其濯濯也，以为未尝有材焉，此岂山之性也哉？虽存乎人者，岂无仁义之心哉？其所以放其良心者，亦犹斧斤之于木也，旦旦而伐之，可以为美乎？其日夜之所息，平旦之气，其好恶与人相近也者几希，则其旦昼之所为，有梏亡之矣。梏之反覆，则其夜气不足以存；夜气不足以存，则其违禽兽不远矣。人见其禽兽也，而以为未尝有才焉者，是岂人之情也哉？故苟得其养，无物不长；苟失其养，无物不消。孔子曰："操则存，舍则亡；出入无时，莫知其乡。"惟心之谓与？（11·8）

孟子对气的阐释如此独到，体会如此深刻，以致我喜欢把他想象成道行高深的气功大师。跟我的这一无稽之谈相比，李贽的读后感充盈着智性。古籍从右往左竖排，上有天头，下有地脚。于"牛山之木尝美矣"章的天头，李贽激情澎湃地写道："正意尽见于客，故到主处，不费一毫气力，而道理跃然，文字至此，神哉！""无限叮咛，无限嘱付，看他是恁么心肠。"于这段文字的末尾，卓吾先生意犹未尽地评述："此篇文字，大奇处在劈头一节，大妙处在临了两节。而其描写放心处，亦咄咄如画。神品，神品。此等文章，真足唤回醉梦。"①

在人禽之辨中，孟子无限叮咛的是"人禽异类"。牛山本来林

① ［明］李贽：《四书评》，上海人民出版社1975年版，第257页。

木茂盛。要不是人们砍个不停，接着又放牛、又牧羊，牛山会变得光秃秃吗？看见牛山光秃秃的，就以为它寸草不生，这哪里是牛山的本性呢？人也是这样。“夜气不足以存”，这个人自然“违禽兽不远矣”，但是，“人见其禽兽也，而以为未尝有才焉者，是岂人之情也哉？”(11·8)即使你根本就不自我修养，变得像禽兽一样，也不能说你的本来面目就是禽兽。为什么？因为“犬马之与我不同类”(11·7)，犬之性不等于牛之性，牛之性更不是人之性(11·3)，这才是“人之情”。看他是恁么心肠？孟子就是要标举“人禽异类”，凸显人为万物之灵的绝对优越性。

在人禽之辨中，孟子无限嘱咐的是“异者几希”。把人视作万物之灵，不是孟子独特的智慧。早于孟子，《老子》第25章说过：“故‘道’大，天大，地大，人亦大。域中有四大，而人居其一焉。”①晚于孟子，《荀子·王制》也说：“水火有气而无生，草木有生而无知，禽兽有知而无义，人有气、有生、有知，亦且有义，故最为天下贵也。”②与先驱者、后继者相比，孟子指出：“人之所以异于禽兽者几希，庶民去之，君子存之。”(8·19)在孟子看来，“人异于禽兽者”是说人与禽兽在现象上的差别，这类差别极多，而且是已然性的东西；“人之所以异于禽兽者”是说人与禽兽在本质上的不同，这种不同很少，而且是隐蔽性的东西。“异者几希”——决定人禽异类的关键性东西既稀少、又隐蔽，真足唤回醉梦！

---

① 陈鼓应：《老子注译及评介》，中华书局1984年版，第163页。

② [清]王先谦撰，沈啸寰、王星贤点校：《荀子集解》上册，中华书局1988年版，第164页。

这个“几希”究竟是什么呢？倾听孟子的回答之前，且看看三位尊孟派的说法：

> 天下有三门：由于情欲，入自禽门；由于礼义，入自人门；由于独智，入自圣门。（扬雄《法言·修身》）①
>
> 夫狙猿之形非不若人也，欲绳之以尊卑而节之以揖让，则彼有趋于深山大麓而走耳，虽畏之以威而驯之以化，其可服邪？以谓天性无是而可以化之使伪耶，则狙猿亦可使为礼矣。故曰礼始于天而成于人。天而无是，则人欲为之者，举天下之物，吾盖未之见也。（王安石《礼论》）②
>
> 夫人之异于物者，人能明于必然，百物之生各遂其自然也。（戴震《孟子字义疏证》卷上《理》）③

扬雄认为人有礼义，能够超越兽欲，可谓凸显了“仁”；戴震认为人能明于必然，禽兽只能遂其自然，可谓彰显了“智”。但是，对于人禽异类的临界点究竟何在，他们的揭示却不是根本性的。王安石认为：既然狙猿缺乏天性，根本不可能使之为礼，那么，人能践履礼义，就是因为人具有狙猿所缺的天性。“天性”二字触及问题的实质了，可惜并不彻底。你看王安石写的《原性》一文，居然认为

---

① ［汉］扬雄撰，韩敬注：《法言注》，中华书局1992年版，第67页。

② ［宋］王安石著，唐武标校：《王文公文集》上册，上海人民出版社1974年版，第338页。

③ ［清］戴震撰，汤志钧校点：《戴震集》，上海古籍出版社1980年版，第282页。

“性不可以善恶言”，扬雄的性善恶混之说比孟子的性善论更有道理①。因此，即便据出了“天性”二字，王安石也是虎头蛇尾，让人倍感遗憾。

任何原创的哲学命题，都不存在一劳永逸的标准答案。1582年来华的意大利传教士利玛窦就说：“吾观儒书，尝论性情，而未见定论之诀，故一门之中，恒出异说。”②针对儒学学者说的“虽吾国有谓鸟兽之性同乎人，但鸟兽性偏，而人得其正。虽谓鸟兽有灵，然其灵微渺，人则得灵之广大也。是以其类异也”，利玛窦认为：程度性概念只能用来说明同类事物内部的差异，不足以论证不同类事物的本质区别；儒家学者以正偏、大小等程度性概念讨论灵性，进而区分人与鸟兽，就犯了混淆类别、概念不清的逻辑错误；人之所以与禽兽不同类，在于人的生命活动本质上与禽兽不同，在于人能够“用其所本有之灵志”而“自立主张”③。正因其他生物都不具备人的这一本质，利玛窦的《天主实义》鲜明地指出：“人所异于禽兽者非几希也。”④

---

① 参见[宋]王安石著，唐武标校：《王文公文集》上册，上海人民出版社1974年版，第316～317页。

② 《天主实义》下卷第七篇《论人性本善，而述天主门士正学》，朱维铮主编，邓志峰、张完芳、刘文楠、姜鹏编校：《利玛窦中文著译集》，复旦大学出版社2007年版，第72页。

③ 《天主实义》上卷第四篇《辩释鬼神及人魂异论，而解天下万物不可谓之一体》，朱维铮主编，邓志峰、张完芳、刘文楠、姜鹏编校：《利玛窦中文著译集》，复旦大学出版社2007年版，第38～39页。

④ 《天主实义》上卷第三篇《论人魂不灭大异禽兽》，朱维铮主编，邓志峰、张完芳、刘文楠、姜鹏编校：《利玛窦中文著译集》，复旦大学出版社2007年版，第32页。

孟子说是“几希”，利玛窦却说“非几希”——很惭愧，如果不是做了知名学者许苏民一篇论文①的责任编辑，我还真不知道两种文化视野下的人禽之辨如此针锋相对。这段有点偶然的读书经历，再次印证了我们在阅读中与《孟子》相逢是永无止境的。我知道另一位意大利传教士龙华民同样以“非几希”反对传统儒家的“几希”，亦得益于许苏民这篇文章。

利玛窦之后，龙华民接任耶稣会中国传教区会长。在龙华民看来，道体是中国传统哲学的核心，此乃注重物化的哲学；灵魂本体是基督教哲学的主旨，此乃追求精神的哲学。他用汉语写的中西哲学比较著作叫《灵魂道体说》，其中的《论二者所异》一节说：“道体冥冥，块然物耳，无有明悟，不能通达。灵魂则有明悟，而能通达天下之理，追究吾人自何处来，向何处去，并能识我性命根本之根本。以殚力昭事之，必敬必爱，罔或厌斁。此人之所繇，大异禽兽者也。”②原来，龙华民跟利玛窦一样认为：人之所以异于禽兽者，不是几希，而是大异！如果只讲存在很小、微妙的差异，虽然主观上可以警醒人们致察于纤毫微末，但客观上挺立不起人的道德主体性。

当局者迷，旁观者就一定清吗？可利玛窦在华28年，龙华民在华58年，算得上货真价实的中国通。笔墨官司哪里打得完啊！还是

---

①　许苏民：《灵光烛照下的中西哲学比较研究——利玛窦〈天主实义〉、龙华民〈灵魂道体说〉、马勒伯朗士〈对话〉解析》，《中山大学学报》（社会科学版）2007年第2期。

②　钟鸣旦、杜鼎克、蒙曦主编：《法国国家图书馆明清天主教文献》第2册，台北利氏学社2009年版，第360～361页。

让我们暂时轻松一点，读一读周作人《梦想之一》文中的一段话：

我很喜欢《孟子》里的一句话，即是，人之所以异于禽兽者几希。这一句话向来也为道学家们所传道，可是解说截不相同。他们以为人禽之辨只在一点儿上，但是二者之间距离极远，人若逾此一线堕入禽界，有如从三十三天落到十八层地狱，这远才真叫得是远。我也承认人禽之辨只在一点儿上，不过二者之间距离却很近，仿佛是窗户里外只隔着一张纸，实在乃是近似远也。①

说远就远，说近就近，远、近总是相对而言的。人禽异类的那个临界点，何尝不是如此？恰如顾城 1980 年 6 月那首短诗《远和近》的朦胧言说：

你
一会看我
一会看云

我觉得
你看我时很远
你看云时很近②

---

① 周作人著，止庵校订：《苦口甘口》，河北教育出版社 2002 年版，第 15 页。
② 顾城：《顾城的诗》，人民文学出版社 1998 年版，第 70 页。

哲学家,就是喜欢把简单问题复杂化的那类人。你看孟子:人禽之辨明明是要凸显人为万物之灵的绝对优越性,可偏偏又说人之所以异于禽兽的关键性东西既稀少又隐蔽。如此隐蔽,如此稀少,岂不意味着张扬人相对于禽兽而言的绝对优越性相当艰巨呢?文学家,大概属于喜欢把复杂问题简单化的那类人。你看周作人:既然仿佛只是窗户里外隔着一张纸,但人家为什么要用这张纸把窗户里外的两个世界隔开来呢?

咀嚼前面剪裁的几个孟学史片段,我们不妨说:扬雄以其"仁",戴震以其"智",跨进了孟子的"心";王安石以其"天性",碰到了孟子的"性"。把仁、智、天性结合起来,如何?换句话说,要寻找人禽异类那个既稀少又隐蔽的临界点,我们不能在一棵树上吊死,应当到另外的地方试试,说不定真会柳暗花明的!

二　孟子是稷下先生吗?

《孟子》书里有两个告子:一是孟子说"先我不动心"的告子(3·2),二是同孟子进行人性之辨的告子(11·1～11·4)。孟子说"告子未尝知义,以其外之也"(3·2),与告子宣称"仁内义外"(11·4)相一致,可断他们是同一个人。告子在先秦学术史上扮演过什么角色呢?《论衡·本性》说:"告子与孟生同时,其论性无善恶之分,譬之湍水,决之东则东,决之西则西。夫水无分于东西,犹人[性]无分于善恶也。"①这话只是对《孟子》的重复。赵岐说跟孟

① 黄晖:《论衡校释(附刘盼遂集解)》第1册,中华书局1990年版,第136页。

子论人性的告子兼治儒墨之道[①],也有人说他是道家[②],说他是儒家[③],我觉得不妨把这个告子当作稷下先生——此亦学术界早已有之的共识。

与此相比,孟子是不是稷下先生,学术界的看法不尽相同。持否定意见的主要代表是钱穆,他的《先秦诸子系年》有篇《孟子不列稷下考》;白奚的《稷下学研究》深受钱穆影响,有一节题为《孟子非稷下先生辨》[④]。但是,白奚的书有两个让我不解的疑点:其一,既然钱穆否定孟子为稷下先生的三点理由,你都赞成并且做了引申,为什么书的附录《稷下诸子生卒约数年表》不把孟子一笔勾销呢?其二,《史记·孟子荀卿列传》并没有说邹忌是稷下先生,你为什么说“可见在司马迁眼里,是把邹忌看成是稷下先生出身的”,而孟子享受不了类似的待遇呢?[⑤] 正因这两个疑点,我们还得追根究底:孟子是稷下先生吗?

一般认为,《史记》涉及稷下先生的经典材料有两条:

---

① 参见[清]焦循撰,沈文倬点校:《孟子正义》下册,中华书局 1987 年版,第 731 页。

② 参见庞朴:《告子小探》,刘贻群编:《庞朴文集》第 1 卷《六家浅说》,山东大学出版社 2005 年版,第 160 页。

③ 参见陆建华:《告子哲学的儒家归属》,氏著:《先秦诸子礼学研究》,人民出版社 2008 年版,第 270 页。

④ 参见钱穆:《先秦诸子系年》,商务印书馆 2001 年版,第 272 ~ 274 页;白奚:《稷下学研究——中国古代的思想自由与百家争鸣》,三联书店 1998 年版,第 154 ~ 161 页。

⑤ 参见白奚:《稷下学研究——中国古代的思想自由与百家争鸣》,三联书店 1998 年版,第 304,45 页。

> 宣王喜文学游说之士，自如驺衍、淳于髡、田骈、接予、慎到、环渊之徒七十六人，皆赐列第，为上大夫，不治而议论。是以齐稷下学士复盛，且数百千人。（《田敬仲完世家》）①
>
> 自驺衍与齐之稷下先生，如淳于髡、慎到、环渊、接子、田骈、驺奭之徒，各著书言治乱之事，以干世主，岂可胜道哉！……于是齐王嘉之，自如淳于髡以下，皆命曰列大夫，为开第康庄之衢，高门大屋，尊宠之。览天下诸侯宾客，言齐能致天下贤士也。（《孟子荀卿列传》）②

很明显，邹衍、淳于髡、田骈、接予、慎到、环渊、邹奭进了稷下先生的花名册，而孟子未获司马迁的提名。

司马迁之后，有两条史料说孟子是稷下先生：

> 齐宣王褒儒尊学，孟轲、淳于髡之徒，受上大夫之禄，不任职而论国事，盖齐稷下先生千有余人。（《盐铁论·论儒》）③
>
> 昔齐桓公立稷下之官，设大夫之号，招致贤人而尊宠之，自孟轲之徒，皆游于齐。（《中论·亡国》）④

《盐铁论》的作者桓宽是西汉中叶人，《中论》的作者徐幹是东汉末期人。他们为何反司马迁之道而行，把孟子当作稷下先生呢？

---

① ［汉］司马迁撰：《史记》第6册，第1895页。

② ［汉］司马迁撰：《史记》第7册，第2346～2348页。

③ 王利器：《盐铁论校注》上册，中华书局1992年版，第149页。

④ 徐湘霖：《中论校注》，巴蜀书社2000年版，第272页。

晚出史料在细节上比先出史料详细一些，这是常识。譬如，《史记》没有说孟子是稷下先生，《盐铁论》《中论》就加上了。先出史料的可信度一般高于晚出史料，但谁也不敢说晚出史料就完全是伪造的。具体到我们正在讨论的话题：如果你相信《盐铁论》《中论》，你自然以为孟子是稷下先生；假如你认定《史记》把话都说完了，你当然不会让孟子成为稷下学宫的一员。以钱穆为代表的否定派，说得最多的还是：如果孟子是稷下先生，那他就该是“列大夫”，就该“不治而议论”，否则我们就不能断定他是稷下先生。

“不治而议论”这句话好理解，就是不从事具体行政工作，但要对国家大事发表意见。《田敬仲完世家》说的“上大夫”和《孟子荀卿列传》说的“列大夫”是两个不同的官职名称，史家们大多认为前者乃后者之误。原因在于：大夫分上、中、下三等，上大夫是个实的官职；而列大夫是个虚的官职，意思就是“位在大夫之列，不入大夫之等”。换句话说，列大夫并不隶属“天子→诸侯→卿→大夫→士”的职官系列，只是齐王为了笼络人才，专为稷下先生临时设的。

总之，“高门大屋”是齐国政府为稷下先生提供的物质享受，“列大夫”是齐国政府给予稷下先生的政治待遇，“不治而议论”是齐国政府希望稷下先生履行的职务行为。生活条件如此优越，政治地位如此尊宠，不要做任何具体的事情，只需写写东西、发发议论，难怪那么多人争着做稷下先生，稷下学宫那么吸引战国时期的知识界！

不管怎么说，我们还得仔细谈谈孟子在齐国政府的任职情况。孟子“为卿于齐”（4·6）、“在三卿之中”（12·6），《孟子》有确切的记载。虽然公孙丑说过“齐卿之位，不为小矣”（4·6），但孟子出任的卿位是级别最低的下卿或客卿，正如《孟子外书·性善辨》所言“孟子处齐为客卿”①。孟子肯定没有在齐国任过要职，因为公孙丑说的“夫子当路于齐，管仲、晏子之功，可复许乎”（3·1）、“夫子加齐之卿相，得行道焉，虽由此霸王，不异矣”（3·2），其实只是假设。意思是说：您如果在齐国当权，管仲、晏子那样的功业可以再度复兴起来吗？您如果做了齐国的卿相，能实现自己的主张，小则可以成就霸业，大则可以成就王道，那是不足为奇的。

孟子在齐卿之位上也做过一些具体事情，譬如，“孟子为卿于齐，出吊于滕，王使盖大夫王驩为辅行”（4·6）。另外，魏源的《孟子年表》说孟子做齐卿，整个地“仕而不受禄”（4·14）②。我想这是夸张之词，因为“辞十万而受万”（4·10）中的“十万”，历来有注家说是孟子在齐国多年俸禄的总数。如何对孟子“为卿于齐”进行总体的政绩评估？孟子离开齐国回归故里之际，稷下先生淳于髡曾说：“夫子在三卿之中，名实未加于上下而去之，仁者固如此乎？”（12·6）意思是说：你孟子身为三卿，上辅君王、下济臣民的功名都没有建立起来，就决定离开齐国——难道仁者就是这个样子吗？那个时代的齐国，禄仕派掌握实权，不仕派操纵舆论，义仕派孟子又能如何呢？

读《孟子》，我们很容易知道孟子做过齐卿，但未必清楚他还做过齐大夫。鲁国打算让乐正克治理国政（12·13）。估计就是这个

---

① ［宋］熙时子注：《孟子外书》，《续修四库全书》第932册，第377页上栏。

② 参见［清］魏源：《魏源集》上册，中华书局1976年版，第288页。

时候,乐正克想让孟子跟鲁平公见上一面。鲁平公却因听信小人臧仓说孟子“后丧逾前丧”的谗言,最终没有见孟子。后来,乐正克有点愤慨地追问鲁平公:“何哉,君所谓逾者?前以士,后以大夫;前以三鼎,而后以五鼎与?”(2·16)依此,我们可知孟子办父亲的丧事,用三个鼎摆设供品的士礼;而办母亲的丧事,用五个鼎摆设供品的大夫礼。

尽管“后丧逾前丧”表明孟父并未早故,有可能颠覆那些耳熟能详的民间传说,但孟子究竟在哪个政府中做大夫,是我们这里要关心的。答案其实仍在《孟子》之中:“孟子自齐葬于鲁,反于齐,止于嬴。”(4·7)把这段话跟《列女传·母仪传》说的“孟子处齐,而有忧色。孟母见之曰……”[①]链接起来,我们不难知道:孟子正因做过齐国大夫,才会用大夫之礼办母亲的丧事。顾炎武甚至推测:孟子把母亲葬回老家之后,“即出赴齐卿之位”[②]。

孟子身为齐卿,算不上稷下先生;此前做齐国大夫,也进不了稷下先生那串长长的名单。你不能拿孟子说过“我无官守,我无言责也,则吾进退,岂不绰绰然有余裕哉”(4·5)来反驳,因为稷下先生虽无官守、却有言责。我倾向于不把孟子当作稷下先生,可问题在于:“方齐宣王、威王之时,聚天下贤士于稷下,尊宠之。若邹衍、

① 张涛:《列女传译注》,山东大学出版社1990年版,第39页。

② 《日知录》卷7“孟子自齐葬于鲁”条,[清]顾炎武著,[清]黄汝成集释,栾保群、吕宗力校点:《日知录集释》上册,上海古籍出版社2006年版,第427页。

田骈、淳于髡之属甚众,号曰列大夫,皆世所称,咸作书刺世。"[1]稷下学宫的盛名如此之大,稷下先生的人数如此之多,何以独独孟子与此无缘呢?

有学者指出,齐王一度想让孟子做稷下先生。话说孟子辞去齐国的职务,准备回归故乡,齐王当面挽留。为了显示诚意,齐王后来还让大臣时子传话给孟子:"我欲中国而授孟子室,养弟子以万钟,使诸大夫国人皆有所矜式。子盍为我言之!"(4·10)这句话的意思是:我想在临淄城里给孟子盖栋房子,给他的学生提供万钟之粟,好让我们齐国的官员、老百姓有所效法,你替我跟孟子谈谈。齐国政府养稷下先生,物质待遇在所不惜。就此而言,齐王给孟子开的物质条件,类似甚至高于稷下先生,"养弟子以万钟"就没有给过稷下先生;但齐王对孟子"有所矜式"的政治理想期待和对稷下先生"不治而议论"的行政决策要求,终归是不同的。

许多稷下元老的为人也不值得称道。譬如淳于髡,只因收了魏国人送的"宝璧二双,文马二驷",就劝齐王不要打魏国(《战国策·魏三》);只因收了燕国使者苏代送的"白璧一双,黄金千(十)镒",就让齐王见了他(《战国策·燕二》)[2]。《新序·杂事》说淳于髡对当朝首相邹忌前倨后恭[3],《史记》把他放到《滑稽列传》[4]。

---

① 《荀卿新书三十二篇》,[清]王先谦撰,沈啸寰、王星贤点校:《荀子集解》下册,中华书局1988年版,第557页。

② 参见[汉]刘向集录,范祥雍笺证,范邦瑾协校:《战国策笺证》下册,上海古籍出版社2006年版,第1382~1383,1731~1732页。

③ 参见[汉]刘向编著,石光瑛校释,陈新整理:《新序校释》上册,中华书局2001年版,第205~209页。

④ 参见[汉]司马迁撰:《史记》第10册,第3197~3199页。

我知道这些掌故后，禁不住质疑：光靠伶牙俐齿“不治而议论”甚至贪污受贿的稷下先生，怎能在伦理道德上为举国上下起到“有所矜式”的榜样作用呢？

自从接受中国哲学的科班训练以来，我一直坚信稷下学是一笔让我们受用无穷的宝贵思想财富。此时此刻，我却不得不引用郭沫若《稷下黄老学派的批判》中的一段话：

> 齐国为什么要那样扶植道家呢？这很明显，完全是一种高级的文化政策。所谓“窃钩者诛，窃国者为诸侯”，自从齐威王袭田氏的遗烈，篡取了齐国之后，由向来养士的习惯，要有一批文化人来做装饰品，固然是一种动机，而更主要的还是不愿意在自己的肘翼之下又孵化出新的“窃国者”来，所以要预为之防，非化除人民的这种异志不可。在这个目标上，杨、老学说是最为适用的武器。可知齐威王与齐宣王也实在聪明，他们认准确了这一点，所以也就加意的来培植了。这些学者们得到了这样温暖的保护，也真好象在春雨中的蘑菇一样，尽量地簇生了起来。①

稷下学名曰百家争鸣，主流却是黄老，这是发人深思的。《稷下钩沉》从 50 种古籍中勾出 19 位稷下先生，除了孟子在此存而不论，让我们看看其他 18 人的学派属性：

不拘一家之言或学派不详者，前者是鲁仲连，后者是王斗，共

---

① 郭沫若：《十批判书》，东方出版社 1996 年版，第 163 ~ 164 页。

2 人；

名家者，儿说、田巴，共 2 人；

阴阳家者，邹衍、邹奭，共 2 人；

儒家者，徐劫（鲁仲连的老师），共 1 人；

儒法合流者，荀况，共 1 人；

道家者，彭蒙、季真、接予、环渊，共 4 人；

道法兼综者，淳于髡、尹文、田骈、慎到，共 4 人；

以道为主、兼采儒墨者，宋钘、告子，共 2 人。①

蒙文通的《略论黄老学（节录）》一文说过："百家盛于战国，但后来却是黄老独盛，压倒百家……"②我不知道拿《稷下钩沉》做的统计能否证实蒙文通的判断，但我相信，既然稷下学宫的黄老学那么强势，孟子以拒诐、淫、邪、遁为己任，能不高度关注吗？

如果扯得远一点，这个问题关联着孟子"距杨墨"的异端批判意识。公都子问："外人皆称夫子好辩，敢问何也？"孟子回答："圣王不作，诸侯放恣，处士横议，杨朱、墨翟之言盈天下。"（6·9）何谓"处士横议"？就是没有做官的那些人在胡说八道。"处士横议"何以可能？政治原因是"诸侯放恣"，道统原因是"圣王不作"。看过这番解说，你就该跟随孟子的思路，联想到那些"命曰列大夫"但又"不治而议论"的稷下先生。

稷下先生正是"处士"：他们自我标榜为"不仕派"，却在齐国政

---

① 以上统计来源于张秉楠辑注《稷下钩沉》（上海古籍出版社 1991 年版）第 2 编《人物》为传主写的小传。

② 蒙文通：《蒙文通文集》第 1 卷《古学甄微》，巴蜀书社 1987 年版，第 276 页。

府的卵翼之下,享受高门大屋、禄养千钟的奢靡生活。孟子正是"仕士":他属于"义仕派",本来可以安富尊荣,但为了推行王道,却不断跋山涉水,游说诸侯,四处碰壁,凄凄惶惶。在这一对照的背后,更本质的区别在于:孟子"平治天下"(4·13,7·1)的义仕派立场,岂能容忍稷下先生"不治而议论"的游戏人生呢?

直到现在,我才真正觉得钱穆、白奚不把孟子当作稷下先生是对的。你可以说稷下学是我们祖先留下的宝贵思想财富,但你未必能够说稷下先生的道德人格足以彪炳千秋。在阅读中与孟子"我善养吾浩然之气"的精神世界相逢,只看一个人的文章是远远不够的,你更应该探寻这个人的道德。道德文章,文以载道,这才是真正的中国话语,这才是真正的中国心灵,这才是真正的中国气派!至少于我而言,我宁愿尾随孟子风餐露宿地"平治天下"——即使那片大地上充满无穷无尽的苦难,它也是属于人民的,属于我们自己的;而不愿躺在舒适的稷下学宫"不治而议论"——那个沙龙再高雅,却是对于道义担当的亵渎!

我们不把孟子视作稷下先生,并不是说孟子跟稷下诸子没有过交流。孟子曾和三位稷下先生有过直接对话,它们涵盖了孟子思想体系的三个组成部分——道德形上学、实践伦理学、王道政治学,写照了孟子道德理想主义的文化精神。例如,孟子与淳于髡有过两次对话:第一次对话凸显了实践伦理学中一般道德实践主体的经权问题(7·17),第二次对话触及了王道政治学中义仕派知识分子的进退问题(12·6)。孟子与宋牼(又名宋钘、宋荣)有过一次对话,它把实践伦理学的义利之辨与王道政治学的王霸之辨结合了起来(12·4)。

跟淳于髡、宋牼相比，更值得我们穿越时空隧道，到两千多年前的稷下观摩的还是——孟子与告子以道德形上学的心性之辨为主题的四次对话（11·1～11·4），那也是中国哲学史上最精彩绝伦的四场辩论大赛。

三　到稷下听辩论去

我没有到过山东淄博，不知道当地政府是否已经拿稷下学宫做文化搭台、经济唱戏的文章。我宁愿在文字的视界中，想象多少个世纪之前那座人才荟萃、高谈阔论的古老学府：

> 稷门。刘向《别录》云："齐有稷门，齐之城西门也。"外有学堂，即齐宣王立学所也，故称为稷下之学。（《太平寰宇记》卷18《河南道·青州》"益都县"条）①
>
> 稷山馆一名讲堂，《郡国志》云："齐桓公宫城西门外有讲堂，齐宣王立此学也，故称为'稷下学'。"即稷山馆也。（《七国考》卷4《田齐宫室》"稷山馆"条）②

现在，我尤其愿意跟随峨冠博带的孟老先生和他那群意气风发的弟子，朝着稷下学宫前行——这座城市的人民早已得到确切

---

① ［宋］乐史撰，王文楚等点校：《太平寰宇记》第1册，中华书局2007年版，第353页。

② ［明］董说：《七国考》，中华书局1956年版，第157页。

的消息，孟子即将跟稷下知名学者告子就这个时代中最具哲学意味的人性问题接连进行四场辩论。被我盛情邀请同行的是李卓吾先生，他会对孟子、告子的辩论做出让你倍感精彩的点评，这些点评后来收入《四书评·孟子卷之六》。至于主持辩论的是不是那个收人钱财、替人办事的稷下耆老淳于髡，大概并不重要。

第一场辩论的主题：杞柳之喻 PK 戕贼之喻（11·1）。

告子首先抛出自己的核心论点："本性好比杞柳，义理好比杯盘。我们把人的本性纳入义理，正好比用杞柳制作杯盘。"然后是孟子的反驳："告子呀，你这个比喻哪里站得住脚呢？究竟是顺着杞柳的本性来制作杯盘，还是靠戕贼杞柳的本性来制作杯盘，这个问题你想过吗？假如靠戕贼杞柳的本性才能做出杯盘，那不等于说，先要毁坏人的本性，才能纳入仁义之中吗？告子呀，引领天下之人来损害仁义的，正是你这种观点，你知道吗？"

《孟子》对这场辩论记载得很简略。被我诚邀前来点评的李卓吾先生，只看重辩论是否充满哲学意味。听到告子说"义犹杯棬"，他冷冷一笑，笑告子"不敢说仁字"；听到孟子说"亦将戕贼人以为仁义与""率天下之人而祸仁义者"，他为之一动，觉得孟子用"戕贼"一词用得狠，用"祸"一字也用得狠；听完整个辩论，他点评："'必子之言夫。'言字最有味，见他心亦不如此也。以'戕贼'代他为字，亦孟子杀人手段处。"①

第二场辩论的主题是：湍水之喻 PK 博激之喻（11·2）。

与孟子挚信"性善"相比，告子认为"性无善无不善"，水最能形

---

① ［明］李贽：《四书评》，上海人民出版社 1975 年版，第 253 页。

象地论述这一观点:“孟子阁下,既然你认为不能拿杞柳比喻本性,那我就用急流之水来比喻。我觉得,本性好比急流之水:你在东边打开缺口,它就朝着东边流;你在西边打开缺口,它就朝着西边流。这个事实你总得承认吧?人的本性并不存在一定要善或者一定不善的定向,难道跟水的本性不一定非得向东流或者非得向西流,不是同一个道理吗?”

接过告子的话茬,孟子指出:“我同意你说的——水诚然没有非得向东流或者非得向西流的定向,但我要问你——难道水没有向上流或者向下流的定向吗?我说人性是善良的,正好比水性是向下流的。我说人没有不善良的,正好比水没有不向下流的。水也可以向上流:你使劲地拍水,水会溅过你的额头;你用戽斗汲水,还能把水引上高山。难道这是水的本性吗?我说不是,因为它们是外力作用下的结果。至于人为什么会做坏事,同样是因为本性被改变了。”卓吾先生说得完全对:这场辩论,“告子自然说他不过”①,孟子仍然占了上风。

第三场辩论的主题是:生之谓性 PK 犬牛之喻(11·3)。

告子以“生之谓性”进入辩论,孟子反问:“你说天生的资质叫作性,是否好比一切白色的东西叫作白呢?”得到告子的肯定后,孟子继续反问:“你是说白羽毛的白犹如白雪的白,白雪的白犹如白玉的白吗?”告子同样表示同意,孟子终于发起了反击:“既然如此,难道狗性犹如牛性,牛性犹如人性吗?”

在这场辩论中,告子肯定想象不到,对手竟然利用自己的命题

---

① [明]李贽:《四书评》,上海人民出版社1975年版,第254页。

一再地设下让人不得不跳进去的陷阱。对于孟子设下的第一个陷阱，也就是“生之谓性也，犹白之谓白与”，告子并没有真切地意识到危险，所以说“然”这个字的时候，信心还挺足。告子没想到孟子马上又设下第二个陷阱：“白羽之白也，犹白雪之白；白雪之白犹白玉之白与？”这时，为孟子喝彩的掌声响起来了，告子极不情愿地又从嘴里迸出一个“然”字，卓吾先生不失时机地说：告子说“然”字，说得很“勉强”。话音刚落，全场听众就听到孟子无比精彩的反驳：“然则犬之性犹牛之性，牛之性犹人之性与？”在雷鸣般的掌声中，卓吾先生悄悄地对告子说：老先生，您“竟入孟子圈套而不知”，我深表遗憾①。

第四场辩论的主题是：仁内义外 PK 耆炙之喻（11・4）。

没有跟孟子面对面交锋以前，告子一直以为，有了“性犹杞柳”“性犹湍水”“生之谓性”三个子命题，足以替“性无善无不善”这个母命题自圆其说。但是，自从与孟子辩论并接连输了三场后，告子终于觉得人性论问题不能孤立地谈。本着这一认识，他为最后一场辩论设计的基本论点是：“食色，性也。仁，内也，非外也；义，外也，非内也。”意思是说：饮食、男女，这是本性；仁是内在的而不是外在的，义是外在的而不是内在的。第一场辩论，告子只是相信把人性纳入仁义之中，就好比用杞柳制作杯盘。现在，他相信仁是内在的、义是外在的。这不能不说是明显的进步。

告子已经有点自相矛盾了，可孟子还要请君入瓮！面对孟子“何以谓仁内义外也”的质疑，告子回答：“彼长而我长之，非有长于

① ［明］李贽：《四书评》，上海人民出版社 1975 年版，第 254 页。

我也；犹彼白而我白之，从其白于外也，故谓之外也。”意思是说：某人年纪大，我才对他恭敬，但恭敬之心不是我固有的；好比有个东西是白色的，我才认为它是白色之物，这是我根据外物之白加以认识的过程，所以说是外在的东西。对于这一回答，卓吾先生的点评是“痴绝”①。

告子用“白”这个意象，其实又陷入了孟子预设的语言圈套。还记得第三场辩论，这个“白”让孟子出奇制胜吗？此时此刻，孟子会把同样的困局抛给告子：“白马的白和白人的白也许没有差别，但你对老马的怜悯之心和对老人的恭敬之心，是不是也没有不同呢？如果你承认有所不同，我希望你告诉我：你说义是外在的，这个义到底是在老人身上，还是在对老人恭敬的你身上呢？”

告子回答：“吾弟则爱之，秦人之弟则不爱也，是以我为悦者也，故谓之内。长楚人之长，亦长吾之长，是以长为悦者也，故谓之外也。”译成白话文，告子要说的是：“现在有个人，如果他是我的弟弟，我就爱他；如果他是秦国人的弟弟，我就不爱他。这种区别来自于我本身，所以仁是内在的。楚国的长者，我会恭敬他；我们自己的长者，我也会恭敬他。这种相同来自于长者本身，所以义是外在的。”卓吾先生如何点评告子这番“仁内义外”的辩白？依然是前面那两个字——“痴绝”②。

聆听孟子的回应之前，我们不妨反思一下告子的观点。在告子看来，我既恭敬楚国的长者，也恭敬自家的长者，是由长者这个

---

① ［明］李贽：《四书评》，上海人民出版社 1975 年版，第 254 页。

② ［明］李贽：《四书评》，上海人民出版社 1975 年版，第 254 页。

客观事实决定的,因此义是外在的;我不爱秦国人的弟弟,但爱自己的弟弟,是由我的主观情感决定的,因此仁是内在的。问题在于,你顺着告子的思路演绎,同样可以说:我既恭敬楚国的长者,也恭敬自家的长者,是由我恭敬长者这一主观情感决定的,从而义是内在的;我不爱秦国人的弟弟,但爱自己的弟弟,是由是不是我的弟弟这一客观事实决定的,从而仁是外在的。告子的“仁内义外”这个核心命题经不住推敲,坚信“仁义内在”的孟子会怎样反击呢?

大概连卓吾先生都没有料到,孟子最后使用的“杀人手段”居然跟“吃饭哲学”紧密相关:“告子呀,喜欢吃秦国人做的烧肉,跟喜欢吃自己家里做的烧肉,是否没有区别呢?世界上的万事万物,均存在类似的情形。既然这样,难道你喜欢吃烧肉的心也是外在的吗?如果你承认这是外在的,岂不跟你刚才说饮食是人的本性互相矛盾吗?”听完孟子“耆秦人之炙,无以异于耆吾炙,夫物则亦有然者也,然则耆炙亦有外与”的反驳,卓吾先生点评:“告子说话,句句痴绝,不是孟子会辨。”①

如果说“句句痴绝”深切地刻画了告子在四场辩论中的尴尬局面,那么,“杀人手段”就不仅仅是要高度评价孟子的辩论技巧,更是要对方法背后的真理进行心灵上的认同。稷下学宫举办的四场辩论大赛已经落下帷幕,且让我们先将卓吾先生送回属于他的那个晚明时代,然后再邀请清代学者胡煦进行小结。

胡煦的《篝灯约旨·孟子》指出:

① ［明］李贽:《四书评》,上海人民出版社1975年版,第254页。

> 今观其立言之序，其始杞柳之喻，疑性善为矫揉，此即性伪之说也。得戕贼之喻，知非矫揉矣，则性中有善可知矣。然又疑性中兼有善恶，而为湍水之喻，此即善恶混之说也。得搏激之说，知性本无恶矣。则又疑生之谓性，此则佛氏之见也。得犬牛之喻，知性本善矣。则又内仁而外义，及得耆炙之喻，然后知性中之善，如是其确而切、美且备也。此皆一节节打通，一步步入奥者也。①

这个小结更加清楚地告诉我们：第一场辩论，孟子以“戕贼之喻”击破了告子的“杞柳之喻”；第二场辩论，孟子以“博激之喻”战胜了告子的“湍水之喻”；第三场辩论，孟子以“犬牛之喻”摧毁了告子的“生之谓性”；第四场辩论，孟子以“耆炙之喻”打败了告子的“仁内义外”。双方都有备而来，最后则是孟子破除了告子的“性无善无不善”，证立了自己的“性善”。胡煦概括得好：孟子在辩论过程中逐渐揭示了性善论层层递进的具体内涵——“性中有善”“性本无恶”“性本善”“性中之善，如是其确而切、美且备”。

孟子那个时代，人性论是知识界最关注的话题：除了孟子的“性善”、告子的“性无善无不善”之外，还有学者主张“性可以为善，可以为不善”和“有性善，有性不善”（11·6）。孟子也许跟后面两派辩论过，但《孟子》一书没有记载。这四种人性论，真正构成激烈对峙的只是告子的“性无善无不善”与孟子的“性善”。如果

① ［清］胡煦：《周易函书别集》卷10，《景印文渊阁四库全书》第48册，第983～984页。

《孟子》绘声绘色地讲完孟告四辩之后，再去着墨其他的东西，是不是有点画蛇添足呢？

《告子上》前面八章，都是谈人性论。例如，公都子问："今曰'性善'，然则彼皆非与？"孟子说："乃若其情，则可以为善矣，乃所谓善也。若夫为不善，非才之罪也。"（11·6）从天生的资质看，每个人都可以为善，此乃"性向善"；至于有些人不善良，不能归罪于天生资质，此乃"性本善"。一旦挺立性本善的本体设定，每个人就可以在活生生的生命实践中履行性向善的道德承诺。由此，人们才能从"犬马之与我不同类也"（11·7）的感性区别中，真正体察到"人之所以异于禽兽者几希"（8·19）的德性原则。

挥手告别稷下学宫之际，让我们重温孟告四辩中短兵相接得最惊心动魄的那场辩论：

> 告子曰："生之谓性。"
>
> 孟子曰："生之谓性也，犹白之谓白与？"
>
> 曰："然。"
>
> "白羽之白也，犹白雪之白；白雪之白犹白玉之白与？"
>
> 曰："然。"
>
> "然则犬之性犹牛之性，牛之性犹人之性与？"（11·3）

然后，从多少个世纪之前的稷下返回到多少个世纪之后的今天，我在路上还要反复咀嚼孟子的一句话："理义之悦我心，犹刍豢之悦我口。"（11·7）理义愉悦着我的心灵，好比美食快乐着我的口味。程子说“此语亲切有味”①,我真敬佩孟子能把复杂的道理讲得这么平实。其实你也该明白:经典并不让人望而生畏,因为一种为人类而思索的哲学,总是会不断地鼓励孱弱的心灵在现实的生活中变得坚强起来……

四 性善论为何如此鞭辟有力?

我们都知道《三字经》的开头几句话是“人之初,性本善。性相近,习相远”②,对“性善”这个词并不陌生。可我们的人性究竟是善良的,还是邪恶的呢?这是个哲学问题,而且是个真正的哲学问题——真切地关联着你我他的身心性命。从孔子开始,无数有智慧的头脑都思考过这个大问题。比如先秦两汉时期,孔子认为“性相近”,孟子提倡“性善”,荀子主张“性恶”,董仲舒强调“性三品”,扬雄相信“性善恶混”。一想起这个事实,我们的内心也许顿时就会变得哲学起来。

孟子如何思考这个问题?为什么他对这个问题的提问方式和解答策略,直到今天还遗存在我们的思维世界之中,深邃地影响着我们追问人生、拷问人生?很显然,孟子怎样证明性善论,是关键中的关键、问题中的问题。但是,具体讨论之前,我想提醒大家注意:古代哲学家的思考方式跟我们现在的思考方式并不一样,我们

---

① 《孟子集注》卷11引,[宋]朱熹:《四书章句集注》,中华书局1983年版,第330页。

② 傅璇琮主编:《三字经》(修订版),人民教育出版社2008年版,第114页。

不同于他们,他们不同于我们,两者甚至有着某种本质上的差异。

我们现代人运用的是逻辑性的思考方式。意思是说,我们思考某个问题,总是首先尽力寻找支撑这个问题之所以成立的论据,然后恪守逻辑规则,把自己的思考写成论文。古人不是这样!他们的心头有那么多哲学问题,可你在纸上看不到他们一二三四环环相扣的逻辑论证。他们省略了论证过程,但逻辑论证就从未在他们的思维世界里出场过吗?他们只是给出了问题的答案,但为何又要点缀许多具体事例呢?

胡适的《五十年来中国之文学》有个观点:"……这两千年中只有七八部精心结构,可以称作'著作'的书,——如《文心雕龙》《史通》《文史通义》等,——其余的只是结集,只是语录,只是稿本,但不是著作。"①我一直以为古人的言辞是诗化编码,而我们的言说是逻辑编码。原来胡适早已有此看法!最近读瑞士汉学家耿宁讲阳明学的一本大书,他说中、西文化有个显著的区别:"他们恨不得将上百个概念浓缩到一句话中,而我们却恨不得用上百句话来解释一个概念。"②真是信服了《荀子·劝学》开篇说的"学不可以已"③。

古人漫不经心地把思考的答案讲出来,此乃诗化编码;我们有

---

① 郑大华整理:《胡适文存二集》,季羡林主编:《胡适全集》第2卷,安徽教育出版社2003年版,第297页。

② 〔瑞士〕耿宁著,倪梁康译:《人生第一等事——王阳明及其后学论"致良知"》上册,商务印书馆2014年版,第12页。

③ [清]王先谦撰,沈啸寰、王星贤点校:《荀子集解》上册,中华书局1988年版,第1页。

条不紊地把思考的过程写出来,此乃逻辑编码。下面,我们从《孟子》书里选出三个例子,看一看孟子如何用诗化编码来证明性善,看一看孟子怎样让性善论在我们的心灵世界中变得如此鞭辟有力。

例一　孺子将入于井

读《公孙丑上》第6章(3·6),孟子为这个故事设定的问题情境是:当你突然看见一个小孩就要跌进井里的时候,你该怎么办?"突然看见",《孟子》用的是"乍见",古文太传神了。比它更传神的,还是孟子的提问本身。现在,我得像孟子那样问问:当你们乍见一个小孩正在——慢慢地、慢慢地——爬向井口,即将跌落时,你们会怎么做?

设身处地,回答这个问题,根本不需要逻辑的指挥。更坦率地说,这绝对不是需要你去回答的问题,它只需要你去行动!在"我"看来,在"真正"的人看来,"乍见孺子将入于井",你只能也必须想怎么办就怎么办——这是最好的也是唯一的回答。你救人还是不救人,最能体现人之为人的至根至本。

还是让我们看看孟子的回答。他的结论是"我一定要把小孩救起来",然后他又追问:"我为什么要救这个小孩呢?"这种追问当然是事后的,决然不是当时的。孟子说:首先,即使这个小孩的父母腰缠万贯,我也不是为了讨好他们,才去救人的;第二,我也不是因为救了小孩之后,我就可以在老乡朋友那里立刻得到好名声;第三,我也不是因为厌恶听到小孩即将掉到井里的嚎啕大哭,就去救他的。"内交于孺子之父母""要誉于乡党朋友""恶其声而然"这三点都是很世俗的由头，它们根本不是我之所以去救小孩的理由，所以孟子以“非……也”的否定性方式来列举它们。

以上三点只是举例说明，孟子并没有穷尽所有的“救小孩不是为了……”的可能性。他也毫无必要这样做，因为他要证明的仅仅是：当你突然看到一个小孩即将跌进井里的时候，你别无选择，你必须去救这个小孩！缘由在于：恻隐之心是我们每个人内心深处都有的，羞恶之心是我们每个人内心深处都有的，辞让之心是我们每个人内心深处都有的，是非之心是我们每个人内心深处都有的。这里的“有”是本有，它需要呈现出来。本有而能呈现，就是“人”；本有却不去呈现，就是“非人”。你不救这个小孩，你就不是人；你救这个小孩，你才是人！人禽异类那个既稀少又隐蔽的临界点，才会朝着我们丰盈地敞开。

简单地说，孟子通过“孺子将入于井”这个叙事结构异常简朴的例子，鞭辟有力地证明了我们每个人的内心深处都有着善良的种子。“恻隐之心，仁之端也”，你明明已经看见小孩即将跌进井里却不去救他，你还是人吗？“无恻隐之心，非人也”，不去救小孩的人就是禽兽，就是“非人”。正因如此，《心灵之邀——中国古典哲学漫笔》对“孺子将入于井”这个故事的终极意味，才会这样写道：

> 你可能并不知道决定救孩子的那一刻你是一个什么样的人，但孟子，在沉思中证明了你：在一个孩子的生死关头，你的心性豁然开悟了，你无条件地接受了一颗怵惕恻隐之心的命令，把手伸给了这个孩子；而这颗怵惕恻隐之心是你天生就固有的，它也是你有可能沦为禽兽以前的最后一道防线；正因为

你固守了这道防线，所以，你在终极的意义上超越了禽兽，也不再是茫茫人海中一个匆匆的过客，你是一个大写的人。①

通过这个例子，我们完全可以想象：很多时候，甚至在大多数场合下，中国古典哲学的神奇力量并非来自于缜密的逻辑，而是源于简洁的故事。孟子就是其中最杰出的代表，因为他只用救不救小孩这个故事，就把我们人性深处最根本的东西逼了出来。李贽的《四书评·孟子卷之二》说得好："此等文字，真如慈父母之为子，大有功于世教。孟子，大圣人也！"②

例二 嫂溺援之以手

诗化编码离不开讲故事，但你们可能会问：孟子就凭"孺子将入于井"这个例子证明性善，是不是太简而化之？因此，这里还要强调：虽然在中国古代哲学家以及他们的思想经典那里，"问题意识鲜明，论证方式简略"是个普遍的特点，但这种"思维经济原则"的贯彻落实，并不像人们所理解的那么简单。你可以说《孟子》的逻辑性不强，但你不能说《孟子》没有逻辑。毕竟，当哲学依赖于故事而挺进时，故事的编排就不能不仰仗逻辑而呈现出技巧的复杂性。

刚才讲了小孩落井的故事，现在我们要问那个小孩是什么样

---

① 杨海文：《心灵之邀——中国古典哲学漫笔》，安徽文艺出版社 2000 年版，第 49 页。

② ［明］李贽：《四书评》，上海人民出版社 1975 年版，第 189 页。

的人。毫无疑问,那个小孩是没有成长起来的人,是抽象的人。我们救他,事实上就是完成对自己内心深处的善良本性的承诺和推定,并在此承诺和推定中实现了我们自己。尽管如此,跟一个人数十年蹉跎岁月密切相关的性善,终究不能老是与这类抽象的小孩打交道。"艰难困苦,玉汝而成。"只有跟更复杂、更具体的社会生活交手,性善论才能被一般人接受。有感于此,孟子举了"嫂溺援之以手"这个例子,试图用更复杂、更具体的叙事语境,验证我们何以是性善的。

跟在独白中沉思"孺子将入于井"相比,"嫂溺援之以手"是通过对话来讲述的。这段对话十分经典,值得我们细细品读:

> 淳于髡曰:"男女授受不亲,礼与?"
>
> 孟子曰:"礼也。"
>
> 曰:"嫂溺,则援之以手乎?"
>
> 曰:"嫂溺不援,是豺狼也。男女授受不亲,礼也;嫂溺,援之以手者,权也。"
>
> 曰:"今天下溺矣,夫子之不援,何也?"
>
> 曰:"天下溺,援之以道;嫂溺,援之以手——子欲手援天下乎?"(7·17)

因为这段对话还关联着实践伦理学中的经权之辨,我们这里不做太多枝蔓性的铺垫,只是从道德形上学的心性之辨来追问:现在你已经看到大嫂掉进水里,你是不是应该去救她?这在今天不是什么问题,但在中国古代社会却是个大问题。大家不是从电影、电视里经常听到一句叫“男女授受不亲”的格言吗？它正是中国古代社会必须遵守的国法家规。依照这个游戏规则，因为嫂子是女的，小叔子是男的，即使小叔子看见嫂子掉进水里，也不能去救她。可是，眼睁睁地看着嫂子被水无情地吞噬，你心安理得吗？于外在的礼而言，不能救；于内在的心而言，必须救。每一个活生生的人，如何承受这个两难并走出来呢？救不救嫂子，比起救不救小孩，更为复杂。

怎么办？孟子的回答是：嫂子掉进水里了，你不救她，你就是豺狼；你救她，你才是人！你救她，根本没有违背“男女授受不亲”之礼，因为国法家规不是死的，它们在特殊情形下必须听从权变的号令。自从揣摩了孟子这一回答之后，我相信孟子的解决方式在所有的做法中最为符合我们的人性本身。姑且不谈“道援天下”与“手援天下”的区别，我们每个人都有两只手，我不可能用一只手救天下，难道我不能用一只手救我的大嫂吗？

“男女授受不亲”后来得到适当的修订，因为大家都觉得它很不合理：难道母亲掉进了水里，你也竟因“男女授受不亲”不去救吗？李贽的《四书评·孟子卷之四》指出：“老孟日日以道援天下，而淳于不知，是必手援天下而后知也。故曰：‘子欲手援天下乎？’”①我总觉得，稷下耆老淳于髡还是值得我们记住的。因为正是淳于髡善于提问，孟子才有此让人折服的回答：救不救嫂子，足以印证性善是不是我们内心深处固有的。

---

① ［明］李贽：《四书评》，上海人民出版社1975年版，第220页。

例三　舜封象为诸侯

我们都知道尧、舜、禹是上古时代的圣王，但未必知道舜的人生经历特别坎坷。说来也怪，舜居然有个不怎么道义的父亲。父亲后来讨了继室，继室生了儿子象，象成了舜同父异母的弟弟。舜的父亲、继母，还有同父异母的弟弟，对舜都不好。他们设计过很多法子折磨舜，企图置舜于死地。尤其是象，按照《万章上》的说法是——“象日以杀舜为事”（9・3），成天想着如何干掉舜。但是，舜接替尧做了帝王后，流放、发配、驱逐、充军了很多人，却派这个同父异母的弟弟到洞庭湖边做了地方行政首长。

不管父亲过去对我怎么样，继母过去对我怎么样，甚至不管象过去对我怎么样，但我做了帝王后，还是要一如既往地爱他们，对他们好。正如孟子的阐释：“仁人之于弟也，不藏怒焉，不宿怨焉，亲爱之而已矣。亲之，欲其贵也；爱之，欲其富也。封之有庳，富贵之也。身为天子，弟为匹夫，可谓亲爱之乎？”（9・3）一旦明白这一点，我们就会清楚：在以性善论为主干的文化传统中，如果舜不是圣人，谁能成为圣人呢？透过这段话，你会对孟子坚信的“仁义内在”有更深一层的体认。

对于封象为诸侯这件事，有人认为这是舜道德高尚的体现，有人以为这是舜以权谋私的表征。刘清平认为：你既然知道同父异母的弟弟没有什么才能，心地又这么差，为什么当了帝王后，还给他安排职位呢？这难道不是腐败吗？[①] 刘清平所称的“《孟子》腐

---

① 参见刘清平：《美德还是腐败？——析〈孟子〉中有关舜的两个案例》，《哲学研究》2002 年第 2 期。

败事件”,哲学界后来讨论得很热烈。朋友们如果有兴趣,不妨再读读郭齐勇主编、湖北教育出版社2004年出版的《儒家伦理争鸣集——以“亲亲互隐”为中心》。“《孟子》腐败事件”是这本论文集的导火索,我们从中或可深切体会到伦理亲情与法律规范之间的融合与冲突。

谁能把是非问题说尽呢?这里,我更愿抄下李贽《四书评·孟子卷之五》对“象日以杀舜为事”章做的点评。卓吾先生盛赞它是“绝世奇文”,还说:“此等文字,都有关于国是,天下万世之所赖也。特借舜与象做个题目耳。若认是真说舜、象,便是个吃饭秀才。”①

小孩即将跌入井里,你怎么办?大嫂已经掉进水里,你怎么办?你心地善良但别人却对你不好,你怎么办?读《孟子》,不是要你做吃饭秀才,而是期望你成为性情中人。从社会学角度看,那个小孩与我没有任何利害关系,嫂子与我的利害关系比较明显,同父异母之弟与我的利害关系异常复杂。救不救小孩、救不救嫂子是假设性的,帮不帮同父异母之弟是事实性的。故事越真实、复杂,于人的意义越大。所以,舜成了我们传统中的大圣人,舜的所作所为今天还能引起我们无穷无尽的反思。故事越抽象、简单,于哲学的作用越大。所以,是否救小孩,是否救嫂子,足以证明我们究竟是“人”还是“非人”。

性善论既是属于哲学的,更是属于人的,抽象、简单的哲学最终指向真实、复杂的人。有人曾把《三字经》中的“人之初,性本善”断句为“人之初,性,本善”,并且译为:“对于情窦初开的大姑娘、小

---

① [明]李贽:《四书评》,上海人民出版社1975年版,第239页。

伙子们来说,性爱,本该是多么美好的事情啊!”记得很多年前从中山大学校园报刊《研究生报》第10期(1998年9月28日出版)看到这一别出心裁的断句和翻译时,我会心地笑了;同时想到孟子有次与齐宣王对话,也承认太王好色符合王道政治学,因为连《诗经》都说“古公亶父,来朝走马,率西水浒,至于岐下,爰及姜女,聿来胥宇”(2·5)。

如今,面对古老的《孟子》以及孟子高扬的性善论,我将依然保持微笑。这一微笑是善意的,更是善良的。以善意而且善良的微笑,直面真实的人生,应对复杂的生活,也是性情中人会做的选择。越是微笑地生存,善意地生存,善良地生存,我们的心灵越会鞭辟有力。

五 以心善言性善

读《孟子》,你千万不要以为孟子只是性学家,其实他更是心学家。所以,我为《孟子心性论的逻辑架构》一文写的摘要是:

> 在战国中期的人性论思潮中,不同于告子,孟子认为,完整的人性结构包括义理当然性之性、生物性之性两个部分,其中前者居于关键地位。通常所说的“性善论”,实际说的就是义理当然性之性是善的。性善论也具体地展开为两个方面:“性本善”涉及了本体问题,解答了道德实践所以可能的超越客观的根据;“性向善”涉及了工夫问题,解答了道德实践所以可能的内在主观的根据。为了进一步彰显性善论的道德激励

功能，孟子继而原创性地开启了“以心善言性善”的基本思路，并揭示了“四心”与“四德”的微妙关联，最后把“本心”既解释为本体论的实在，又解释为存在的过程。①

为什么说以心善言性善由孟子原创性地开启？张岱年曾说：“孔、墨、老都没有论心的话；第一个注重心的哲学家，当说是孟子。”②记得最初读到这段话，我不是特别理解，因为无论《滕文公上》(5·1)还是《孟子外书·为正》都是说“孟子道性善”③，而没有说“孟子道心善”。后来从蒙文通的《儒家哲学思想之发展》一文中，看到一段让我涣然冰释的精彩论述：

故孟子虽以“性善”为说，而言“性”之说少，言“心”之事多。正以济说“性”之难而易之以“本心”也。殆亦有所困而不得不然者也。由是世硕、告子以来之争言“性”，变而为《管书》、荀卿以后之争言“心”，此孟子之所以截然划分时代者也。④

《孟子》书里，“性”出现37次，而“心”多出两倍，高达117次，

---

① 杨海文：《孟子心性论的逻辑架构》，《南昌大学学报》(人文社会科学版)2002年第3期。

② 张岱年：《中国哲学大纲》，中国社会科学出版社1982年版，第233页。

③ [宋]熙时子注：《孟子外书》，《续修四库全书》第932册，第382页下栏。

④ 蒙文通：《儒学五论》，广西师范大学出版社2007年版，第8~9页。

平均每千字迸出三个“心”字。可孟子以心善言性善，零零散散，我们如何用逻辑编码剪裁那些诗化编码呢？

如果你与孟子谈“心”，他首先会引孔子说的“操则存，舍则亡；出入无时，莫知其乡”，然后盯着你问：“惟心之谓与？”（11 · 8）扪心自问，人心出出进进，既没有预定的时刻表，也不知道它何去何从。得到你的首肯之后，孟子会接着告诉你：除了耳目之官，我们还有心之官，“耳目之官不思，而蔽于物。物交物，则引之而已矣。心之官则思，思则得之，不思则不得也。此天之所与我者”（11 · 15）。意思是说：耳目之官不会思考，只是一物而已，所以，它跟外物接触，很容易被引向迷途；心之官是上天特意给予我们的，它会思考——你用它思考，才会有所收获，否则一无所得。

确定“出入无时，莫知其乡”是人心的存在状态、“心之官则思”是人心的认知功能之后，就该听听齐宣王以羊易牛那个故事：

> 王坐于堂上，有牵牛而过堂下者，王见之，曰：“牛何之？”对曰：“将以衅钟。”王曰：“舍之！吾不忍其觳觫，若无罪而就死地。”对曰：“然则废衅钟与？”曰：“何可废也？以羊易之！”（1 · 7）

齐宣王看见有人牵着牛从门前经过，就问牵牛去干什么。人们说准备宰了牛祭钟，齐宣王说：放了它吧！看它可怜兮兮的样子，毫无罪过，却被送进屠场，我实在不忍。人们就问钟还祭不祭，齐宣王说：岂能不祭，换成羊不就行了吗？孟子从大臣胡龁那里听来这个故事，然后对齐宣王说：“是心足以王矣。百姓皆以王为爱也，臣固知王之不忍也。”虽然老百姓觉得以羊易牛有点吝啬、小气，但孟子却看出齐宣王有颗不忍之心。这次长聊，孟子反问喜欢笑来笑去的齐宣王：“今恩足以及禽兽，而功不至于百姓者，独何与？”

清代学者魏禧的《孟子牵牛章》说过：“此章是古今进言妙用第一篇文字。”①于我，每次读这个故事，总会联想到“先王有不忍人之心，斯有不忍人之政矣。以不忍人之心，行不忍人之政，治天下可运之掌上”(3·6)那句名言。儒家的政治必然是道德的政治，儒家的哲学必然是道德的哲学。这里我要重申：齐宣王胸怀“莅中国而抚四夷”的大欲，显然做不到孟子所期盼的“推恩足以保四海”(1·7)，因为他的不忍之心，只是手段上的而不是修养上的，只是对物的而不是对人的。正因如此，孟子还得在以心善言性善的道路上继续前进。

现在，只要你认为“不忍人之心”是个重要的关键词，你就得又一次直面“孺子将入于井”那个事故：“所以谓人皆有不忍人之心者，今人乍见孺子将入于井，皆有怵惕恻隐之心——非所以内交于孺子之父母也，非所以要誉于乡党朋友也，非恶其声而然也。”(3·6)哲学中的事故，往往比生活中的故事沉重得多。所以，不是齐宣王以羊易牛，而是你毫不犹豫地救起即将跌落井里的小孩，最能验证“人之所以异于禽兽者”(8·19)那个既隐蔽又稀少的临界点，它甚至无异于人之所以为人必须坚守的最后一道防线。何怀宏说得

---

① ［清］魏禧著，胡守仁、姚品文、王能宪校点：《魏叔子文集》下册，中华书局2003年版，第1035页。

好:“不管这一恻隐之心是多么微弱,多么‘几希’,如‘火之始然,泉之始达’,‘苟不充之,不足以事父母’,但他的产生及其纯洁性却是毫无疑义的,从此一善念即可证出人性善。”①

“孺子将入于井”,在形上目标上证实了性本善,在路径依赖上敞开了以心善言性善。顺着《孟子》读下来,我们才清楚孟子对于“心”,原来有那么多“心里话”要说:

> 由是观之,无恻隐之心,非人也;无羞恶之心,非人也;无辞让之心,非人也;无是非之心,非人也。恻隐之心,仁之端也;羞恶之心,义之端也;辞让之心,礼之端也;是非之心,智之端也。人之有是四端也,犹其有四体也。有是四端而自谓不能者,自贼者也;谓其君不能者,贼其君者也。凡有四端于我者,知皆扩而充之矣,若火之始然,泉之始达。苟能充之,足以保四海;苟不充之,不足以事父母。(3·6)

孟子与告子进行过四场人性之辨(11·1~11·4),但对“心”只字未提,让我一直感到奇怪。在稷下学宫的辩论赛中,孟子为何不鲜明地亮出自己的心学旗帜呢?因故,我宁愿相信讲四种人性论的那次对话,发生在孟告四辩之后不久,而且是孟子特意做出的更正。原因在于,借由这次对话,孟子对公都子再次陈述了自己划时代的心学之思:

---

① 何怀宏:《良心论——传统良知的社会转化》,上海三联书店 1994 年版,第 92 页。

> 乃若其情,则可以为善矣,乃所谓善也。若夫为不善,非才之罪也。恻隐之心,人皆有之;羞恶之心,人皆有之;恭敬之心,人皆有之;是非之心,人皆有之。恻隐之心,仁也;羞恶之心,义也;恭敬之心,礼也;是非之心,智也。仁义礼智,非由外铄我也,我固有之也,弗思耳矣。故曰:"求则得之,舍则失之。"或相倍蓰而无算者,不能尽其才者也。(11·6)

要领略孟子独特的心学之思,你务必慧心体察以上引的两章(3·6,11·6)。至少,你必须知道恻隐之心、羞恶之心、辞让之心(恭敬之心)、是非之心是孟子说的四心,仁、义、礼、智是孟子说的四德。孟子何以一面说"恻隐之心,仁之端也;羞恶之心,义之端也;辞让之心,礼之端也;是非之心,智之端也",一面又说"恻隐之心,仁也;羞恶之心,义也;恭敬之心,礼也;是非之心,智也"呢?这看起来不够周延,可孟子的心学之思难道不是逐步完善的吗?我觉得,孟子最初认为四心只是四德的萌芽,最后认为四心就是四德本身,显示了他对"心之德"越来越充满强烈的自信,正如他挚信"性之善"一样。

对于《孟子》这类诗化编码而非逻辑编码的古老经典,有时候我们需要把其中几句格言并列在一起,方能意识到经典本有的逻辑品格。譬如,读"君子所性,仁义礼智根于心,其生色也睟然,见于面,盎于背,施于四体,四体不言而喻"(13·21),你不妨先记住"仁义礼智根于心";读"心之官则思,思则得之,不思则不得也。此天之所与我者"(11·15),你不妨先记住"此天之所与我者"。然后,你可以集成一副不太对仗但别有哲趣的对联:上联是"仁义礼智根于心”，下联是“此天之所与我者”；至于横批，最好是《孟子》书里仅仅出现过一次的那两个字——“本心”。

说到本心，孟子认为“操则存，舍则亡；出入无时，莫知其乡”这句话正是“惟心之谓”（11·8）。就像性一样，心也很复杂。性包括义理当然性之性、生物性之性两个方面，心同样有两个组成部分：一是本心，一是自然生命欲望之心。理解了这一点，你才会真切地走进“本心”一词出现的那个语境：

> 孟子曰：“鱼，我所欲也，熊掌亦我所欲也；二者不可得兼，舍鱼而取熊掌者也。生亦我所欲也，义亦我所欲也；二者不可得兼，舍生而取义者也。生亦我所欲，所欲有甚于生者，故不为苟得也；死亦我所恶，所恶有甚于死者，故患有所不辟也。如使人之所欲莫甚于生，则凡可以得生者，何不用也？使人之所恶莫甚于死者，则凡可以辟患者，何不为也？由是则生而有不用也，由是则可以辟患而有不为也，是故所欲有甚于生者，所恶有甚于死者。非独贤者有是心也，人皆有之，贤者能勿丧耳。一箪食，一豆羹，得之则生，弗得则死，呼尔而与之，行道之人弗受；蹴尔而与之，乞人不屑也。万钟则不辩礼义而受之。万钟于我何加焉？为宫室之美、妻妾之奉、所识穷乏者得我与？乡为身死而不受，今为宫室之美为之；乡为身死而不受，今为妻妾之奉为之；乡为身死而不受，今为所识穷乏者得我而为之，是亦不可以已乎？此之谓失其本心。”（11·10）

在孟子看来，欲望有大、小之分，“为宫室之美、妻妾之奉、所识穷乏者得我与”（11·10）只是小的欲望，“欲辟土地，朝秦、楚，莅中国而抚四夷”(1·7)是大的欲望。无论小欲望还是大欲望，只要你一味地追求自己的欲望，你的欲望又跟全体人民的需求相背离，你就等于把幸福建立在他人的痛苦之上。从心学之思看，你就失其本心了。而且，恰恰是成年人在欲望的汪洋大海中驾驭不了本心这叶小舟！

在最简单的意义上，孟子的心学之思包括三个环节：首先是对本心的本体论设定——“本心”之为“本”，说的是它原本就存在于人身之上，绝非外物强加的；其次是对本心的存在论担忧——“失其本心”之“失”，说的是原本存在于人身之中的本心，却在生命过程里被外物引向了歧途；最后是对本心的形上学企盼——“求其放心”之“求”，说的是要把原本固有但又一度流失的本心找回来，让本心主宰人们的道德人生。

杨伯峻没有把“本心”收进《孟子词典》，《孟子》却精心安排了“求其放心”在“失其本心”之后的迅速出场：

> 孟子曰：“仁，人心也；义，人路也。舍其路而弗由，放其心而不知求，哀哉！人有鸡犬放，则知求之；有放心而不知求。学问之道无他，求其放心而已矣。”(11·11)

一讲完“失其本心”，马上推出“求其放心”，这给予读者的视觉刺激十分强劲。当然，“文其说，不若文其心”①。既然家里的鸡、犬走丢了，你知道把它们找回家，为什么善良之心丧失了，你不晓

① [宋]熙时子注：《孟子外书》，《续修四库全书》第932册，第378页上栏。

得把它寻回来呢？“人皆知粪其田，莫知粪其心。”①你明白要给自家的土地施肥，为何却不知自己的心灵同样需要浇灌呢？孟子会告诉你：儒家修身养性的学问之道，说到底很简单，卑之无甚高论，就是要把我们丧失掉了的本心找回来！

从“本心”的本体论设定，到“失其本心”的存在论担忧，再到“求其放心”的形上学企盼，这个心路历程一波三折，有点类似现代西方逻辑中的正—反—合。清代学者毛奇龄的《四书剩言》卷4曾说：“解经最忌添出。添出则反窜圣经，而曲就己说。”②我期望我的这一阐释是正当而不是过度的。唯其如此，我们才能让以心善言性善在孟子道性善的宏大叙事中最后栖居：

> 尽其心者，知其性也。知其性，则知天矣。存其心，养其性，所以事天也。夭寿不贰，修身以俟之，所以立命也。(13·1)

只有竭尽自己的本心，才能懂得人的本性；只有懂得人的本性，才能契悟庄严的天命。保存自己的本心，培育自己的本性，你才能正视天命。无论短命还是长寿，你都不能三心二意，因为你安身立命的根本方法正是在身心的不断磨炼之中等待天命的莅临。撇开命定论不谈，孟子别具一格的心性论在此得到充分的展露：尽心知性，就是以心的本体设定言说“性本善”；存心养性，就是以心

---

① ［宋］熙时子注：《孟子外书》，《续修四库全书》第932册，第377页上栏。

② ［清］毛奇龄：《四书剩言》，《景印文渊阁四库全书》第210册，第240页上栏。

的存在过程言说“性向善”。

在孟子的心性论中，义理当然性之性是“性体”，本心是“心体”。“盖以心为官，出孔子之后，以性为善，自孟子始。”①性体流露出浓郁的客观味道，人性之辨又是孟子那个时代的热门话题，所以，孟子试图以性体凸显“性之善”。“古之圣贤无独指心者。至孟子，始有尽心知性、心官贱耳目之说。然则辩士素隐之流，固多论心，而孟、荀为甚焉。”②心体更多的是主观气息，心学之思是孟子独出己意的思辨智慧，所以，孟子期待以心体彰显“心之德”。

孟子思想具有“点线面”的特征：从点看，是性善论；从线看，是心学；从面看，是儒家哲学。打个比方，孟子所属的一级学科是儒家哲学，二级学科是心学，三级学科是性善论。儒家哲学家很多，所以，心学是孟子的特色，性善论是孟子的独创。谈心学，绕不过孟子；谈性善论，更绕不过孟子。

不论性，孟子在哲学上走不进他那个时代；不谈心，孟子在哲学上走不出他那个时代。孟子既是与众不同的性学家，更是前无古人的心学家。性有性之情，心有心之情，性、心在孟子那里是水乳交融的，孟子是个至情的人，孟子的哲学是至情的哲学。

谈心论性，以情为归。我们在关爱中让友情更深一些，在牵挂中让亲情更暖一些，在诚实中让感情更真一些，何尝不是以心善言性善呢？至情之心、至情之性始终激越着我们平凡而又复杂的人生，“问世间情为何物”难道不值得我们“直教人以身相

---

① ［宋］叶适：《习学记言序目》上册，中华书局 1977 年版，第 207 页。

② ［宋］叶适：《习学记言序目》下册，中华书局 1977 年版，第 652 页。

许”吗？

六　“仁且智”：理想人格的哲学定义

读《论语》，我们知道教学相长离不开师生间的问答与唱和。譬如，子贡曾问：“如有博施于民而能济众，何如？可谓仁乎？”孔子答曰：“何事于仁！必也圣乎！尧、舜其犹病诸！夫仁者，己欲立而立人，己欲达而达人。能近取譬，可谓仁之方也已。”（《论语》6·30）又如，孔子曾说：“若圣与仁，则吾岂敢？抑为之不厌，诲人不倦，则可谓云尔已矣。”公西华附和：“正唯弟子不能学也。”（《论语》7·34）

以上两段对话，最能写照儒学创始人孔子的圣人观：圣人既存在，又不存在。“圣人，吾不得而见之矣；得见君子者，斯可矣”（《论语》7·26），这句独白显示了孔子同样的态度：圣人只存在于理念之中，现实之中并不存在。所以，圣人——连尧、舜都“其犹病诸”，孔子本人更是“则吾岂敢”。孔子对圣、仁有着清晰的区分：“博施于民而能济众”算得上圣，“己欲立而立人，己欲达而达人”算得上仁，圣在价值序列上高于仁。道德实践主体“为之不厌，诲人不倦”，就是朝着仁的精神境域不断前行；但不管怎么走，这个人永远走不到圣那个目的地。

像孔子一样，孟子也把圣人看得极高：“圣人，人伦之至也。”（7·2）“圣人，百世之师也。”（14·15）人伦在空间中展开，百世在时间中流淌，“之至”“之师”意味着有限的人生在浩大的空间、连绵的时间中达到了极限。圣人崇高、伟大，是孔、孟那个时代的共识。顾颉刚曾说："春秋、战国时代，人们心目中的'圣人'既然是开创历史新局面的伟人，所以他们总觉得'圣人'应该是一个特异的人，和普通人不一样，因而赋予了种种神秘的色彩。"①

既然圣人如此崇高、伟大，孟子是否也像孔子那样认为现实之中没有人可以承当这一盛誉呢？接着"圣人，人伦之至也"读下来，孟子举的例证是尧、舜："欲为君，尽君道；欲为臣，尽臣道。二者皆法尧、舜而已矣。不以舜之所以事尧事君，不敬其君者也；不以尧之所以治民治民，贼其民者也。"（7·2）接着"圣人，百世之师也"读下来，孟子举的例证是伯夷、柳下惠："故②闻伯夷之风者，顽夫廉，懦夫有立志；闻柳下惠之风者，薄夫敦，鄙夫宽。奋乎百世之上，百世之下，闻者莫不兴起也。非圣人而能若是乎？——而况于亲炙之者乎？"（14·15）

当孟子把尧、舜、伯夷、柳下惠填上圣人花名册的时候，他肯定记起了孔子对公西华说过："若圣与仁，则吾岂敢？"这里有个玄机，或如牟宗三所说：

> 仁与圣是人生的最高境界。在现实世界里，是不可能有圣人的，因为某人纵使在现实世界里最受尊崇，一旦他自称为圣人，自命到达最高境界，那么他的境界便不是最高的，所以已不可算是圣人了。圣人的产生，必由于后人的推崇，便是这

---

① 顾颉刚：《"圣"、"贤"观念和字义的演变》，《中国哲学》第1辑，三联书店1979年版，第89~90页。

② "故"，中华书局2010年版误作"放"。

个道理。①

这个玄机亦是亘古不变的常识。公孙丑就直言不讳地问孟子:“宰我、子贡善为说辞,冉牛、闵子、颜渊善言德行。孔子兼有两长,却说自己还不擅长辞令。您善于分析别人的言辞,又善于养浩然之气,言语、道德兼而有之。那么,您已经是圣人吗?”孟子的回答自然有些愤慨:“公孙丑,你这说的是什么话呢?圣人,连孔子都不敢自居,你却加在我的头上。你这说的是什么话呢?”(3・2)

孔子谦逊,孟子同样谦逊。可是,孟子把尧、舜、伯夷、柳下惠当作圣人,显然遗忘了孔子对子贡说过:“何事于仁!必也圣乎!尧、舜其犹病诸!”且看,孟子在独白中沉思:舜是古代的圣人,文王是后世的圣人,虽然“地之相去也,千有余里;世之相后也,千有余岁”,然而“得志行乎中国,若合符节,前圣后圣,其揆一也”(8・1)。曹交问:“人皆可以为尧、舜,有诸?”孟子以“然”答之(12・2)。李贽说曹交“问得有根气”②,孟子答得更是理直气壮、荡气回肠!

让我们再次翻开《论语》,看看孔子对尧、舜、禹的高度赞美:

巍巍乎,舜、禹之有天下也而不与焉!(《论语》8・18)

大哉尧之为君也!巍巍乎!唯天为大,唯尧则之。荡荡

---

① 牟宗三:《中国哲学的特质》,上海古籍出版社1997年版,第26～27页。

② [明]李贽:《四书评》,上海人民出版社1975年版,第263页。

乎,民无能名焉。巍巍乎其有成功也,焕乎其有文章!(《论语》8·19)

“巍巍乎”“荡荡乎”“焕乎”,都是表示强烈敬佩程度的感叹词。这边厢,孔子极尽言语之能事,对尧、舜、禹如此肯认、敬重;那边厢,对于“博施济众”,孔子则对子贡说,恐怕连尧、舜也“其犹病诸”。两厢对比,难免顿生疑惑。何谓“尧、舜其犹病诸”?《论语集注》卷3解释:“言此何止于仁,必也圣人能之乎!则虽尧、舜之圣,其心犹有所不足于此也。以是求仁,愈难而愈远矣。”①杨伯峻译为:“尧、舜或者都难以做到哩!”②孔子还说:“修己以安百姓,尧、舜其犹病诸?”(《论语》14·42)如此看来,杨伯峻的直译比较符合原意。

跟陈相那次长聊,孟子引过孔子的话:“大哉尧之为君!惟天为大,惟尧则之,荡荡乎民无能名焉!君哉舜也!巍巍乎有天下而不与焉!”(5·4)这表明孟子读过《泰伯》第18~19章,并把两章合二为一。同理,他也读过《雍也》第30章。现在我们要问:孟子赞美尧、舜、禹崇高、伟大,也不自许为圣人,这与孔子一脉相承;但是,孟子为何避而不谈孔子“尧、舜其犹病诸”那句感叹,却在圣人的名单上一连写下尧、舜、禹、汤、文王、武王、周公、孔子、伯夷、伊尹、柳下惠这么多人呢?

长话短说,孟子对孔子的圣人观既有继承也有扬弃,而且是在

---

① [宋]朱熹:《四书章句集注》,中华书局1983年版,第92页。

② 杨伯峻:《论语译注》,中华书局1980年第2版,第65页。

继承中创新、在扬弃中超越。孔子有可能认可成圣面前人人平等，但他肯定不会像孟子那样说得直截明晓："圣人，与我同类者"，"圣人先得我心之所同然耳"(11·7)，所以"人皆可以为尧、舜"(12·2)。在孟子看来，成圣面前人人平等，不仅仅是说或然性——每个人都有可能成为圣人，而且同样是说实然性——历史上有少数几个人已经成为圣人。孔子是不承认这种实然性的，孟子则把孔子列上自己编撰的圣人榜。仅凭这一点，我们还得再次咀嚼公孙丑与孟子那段对话：

> "宰我、子贡善为说辞，冉牛、闵子、颜渊善言德行。孔子兼之，曰：'我于辞命，则不能也。'然则夫子既圣矣乎？"
>
> 曰："恶！是何言也？昔者子贡问于孔子曰：'夫子圣矣乎？'孔子曰：'圣则吾不能，我学不厌而教不倦也。'子贡曰：'学不厌，智也；教不倦，仁也。仁且智，夫子既圣矣。'夫圣，孔子不居——是何言也？"(3·2)

这段对话有点类似孔子、公西华那次唱和。孟子不以圣人自居，这不奇怪。我们要着重揭示的是：《论语》记述的夫子自道——"若圣与仁，则吾岂敢？抑为之不厌，诲人不倦，则可谓云尔已矣"(《论语》7·34)，何以到《孟子》这里，变成了子贡的一锤定音——"学不厌，智也；教不倦，仁也。仁且智，夫子既圣矣"(3·2)。说到底，孟子借子贡之口，是要把"仁且智"当作儒家理想人格的哲学定义。吴宓的《孟子〈不动心章〉臆解》就列过"**圣人**(仁+智)= The

Ideal Man. **理想的人**”的等式①。冯契指出:“……先秦儒家以仁智统一为理想人格(圣人)的主要特征,正是从教学实践中总结出来的。如何通过教育来培养仁且智的理想人格,是儒家的理论和实践所要解决的主要问题。”②

《公孙丑下》第9章也有“仁且智”一词。话说燕国群起反抗齐国,齐王因为以前没有听从孟子的劝告,觉得对不起他。大臣陈贾安慰齐王:“王无患焉。王自以为与周公孰仁且智?”接着,他又解释:“周公派自己的兄长管叔监督殷国,管叔却率领殷国的遗民造反。假如周公早就知道这一后果,但还是让管叔去了,那就是不仁;假如周公事先根本没有预料到这一后果,那就是不智。既仁且智,连周公都没有完全做到,何况齐王您呢?您要是对我的解释不满意,我再到孟子那里问问。”孟子告诉陈贾:周公是古代的圣人,“使管叔监殷,管叔以殷畔”这事是有的,但他绝对预见不到管叔会造反。陈贾顺势追问:“然则圣人且有过与?”这个话题有点敏锐,孟子答曰:

> 周公,弟也;管叔,兄也。周公之过,不亦宜乎?且古之君子,过则改之;今之君子,过则顺之。古之君子,其过也,如日月之食,民皆见之;及其更也,民皆仰之。今之君子,岂徒顺之,又从为之辞。(4·9)

---

① 吴宓著,王岷源译:《文学与人生》,清华大学出版社1993年版,第147页。

② 冯契:《序言》,朱义禄:《儒家理想人格与中国文化》,复旦大学出版社2006年版,第2页。

孟子亦崇尚“大丈夫”。公孙衍、张仪那些叱咤风云的人物称不上大丈夫，因为真正的大丈夫必须做到“富贵不能淫，贫贱不能移，威武不能屈”(6 · 2)。这里的“大丈夫”近似成覸对齐景公说的“丈夫”：“彼，丈夫也；我，丈夫也；吾何畏彼哉?”(5 · 1)《孟子》书里，还有“贱丈夫”(4 · 10)、“小丈夫”(4 · 12)的表述。前者是说：有个人老是在集市上东张西望，恨不得把所有买卖的好处一网打尽，人们觉得他很卑鄙，所以决定对他抽税，“征商自此贱丈夫始矣”。后者是说：孟子去齐归邹，在昼县住了三个晚上才离开，天天盼着齐王改变态度。尹士对这种慢腾腾的做法很不高兴，孟子无奈地辩解：“予岂若是小丈夫然哉？我进劝谏之言，齐王不但不接受，还大发脾气，满脸不高兴。我在昼县休整几个晚上，难道不行吗?”

同为孟子心中的理想人格，不妨说“大丈夫”是社会学的定义，“仁且智”是哲学的定义。毫无疑问，“富贵不能淫，贫贱不能移，威武不能屈，此之谓大丈夫”这句铿锵有力的格言，千百年来一直鼓舞着无数在苦难中挣扎、在逆境中奋进的人们。然而，“仁且智”更能从哲学上呈现并敞开理想人格的深度与高度。诚如牟宗三所说：

> 孔子以仁为主，以“仁者”为最高境界。此时仁的意义最广大，智当然亦藏于仁之中，一切德亦藏于其中。孟子仁、义、礼、智并举，这是说我们的心性。说“仁且智圣也”，实亦赅括义与礼，这是自表现我们的心性说。并举仁与智，就是为了特注重智对仁的扶持作用。这样说时，仁的涵义不得不收窄一点。仁与智并讲，显出仁智的双成。①

① 牟宗三：《中国哲学的特质》，上海古籍出版社 1997 年版，第 27 页。

> “仁且智”即是说生命既能表现仁，又能里外明澈，毫无幽暗。①

以“仁且智”为理想人格，在过去那个道德理想主义的时代，不能不突出智对仁的扶持作用；在今天这个科学实用主义的世界，则须重视仁对智的提升功能。蔡仁厚说得好：

> 近世的思想，以西方哲学为主潮，而西方哲学重智不重仁，就人类生命之全面安顿以及心灵之全幅开显而言，毕竟是有所偏的。如果我们能够不为西方哲学思想的声势所慑服，而平心体察人类深心的向往，将可了解“摄智归仁，仁以养智”，才更能使人类的生命之光与心灵之慧，平正无偏地显发出来。然则，儒家“仁智双彰”的哲学模型，岂不正可作为世界哲学塑造新型范的最佳蓝本？至少可以提供其他哲学系统作为观摩反省之借镜。②

汉字的字义演变，有时很有趣。譬如，圣、贤一直是儒家的理想人格，但“圣”最初的含义是聪明、“贤”最初的含义是多财。推崇既聪明又多财的圣贤人格，表明儒家的理想人格论在最初那个出发点上充满人情味。孟子的理想人格论，就沿着这个出发点一路走了下来。他反复告诉人们：圣人也是人，圣人同样会犯错误，圣

---

① 牟宗三：《中国哲学的特质》，上海古籍出版社 1997 年版，第 27 页。

② 蔡仁厚：《儒学的常与变》，东大图书股份有限公司 1990 年版，第 25 页。

人只是先于普通人领悟了心中的德性,任何人通过不断努力都可以成为尧、舜那样的圣人。

今天,我们把“仁且智”诠释为既道德又科学的现代新人格,但要建构出“人皆可以为尧舜”“涂之人可以为禹”“满街都是圣人”“六亿神州尽舜尧”的和谐社会,何其任重而道远！正因如此,我们更该记住《悲惨世界》说过的那句名言:“做一个圣人,那是特殊情形;做一个正直的人,那却是为人的正轨。”①

七　直面强悍的命运

2007 年春节期间看湖南卫视,听到有人唱《离歌》,我刹那间被“一开始我只相信/伟大的是感情/最后我无力地看清/强悍的是命运”深深地感染。孟子说过:“仁言不如仁声之入人深也。”(13 · 14)“今之乐由古之乐也。”(2 · 1)我静静地听完《离歌》,心头猝然想起孟子讲过的另一句话:“莫非命也……”(13 · 2)

“莫非命也”的深长感喟,跟孟子的近事——“后丧逾前丧”密切相关。乐正克在鲁平公手下做官,照常理,他让鲁平公见上孟子一面不是什么难事。然而,鲁平公整装待发之际,嬖人臧仓却说:“您先去拜访孟子,是不尊重自己的身份。孟子办母亲的丧事,大大超过以前办父亲的丧事,可见他不是贤德之人。您最好不要去见他!”不久,乐正克把前因后果告诉了老师。孟子十分感叹:“行,

① 〔法〕雨果著,李丹译:《悲惨世界》第 1 册,人民文学出版社 1958 年版,第 18 页。

或使之;止,或尼之。行止,非人所能也。吾之不遇鲁侯,天也。臧氏之子焉能使予不遇哉?”(2·16)一个人做成一件事,背后总有一股力量在支持;如果做不成,背后也有一股力量在阻止。事情能否做成,绝对不是人为可以控制的。在孟子看来,能不能与鲁平公见面,完全由天意决定,臧仓哪有能耐阻挠呢?

孟子“莫非命也”的无限惆怅,还跟孔子的往事相关。古代,知识分子羞于与宦官交往。因此,听说孔子到卫国住在痈疽家里、到齐国住在瘠环家里,万章决定问个明白。孟子说:“这些都是好事者捏造的谣言。孔子居卫,住在颜雠由家里。弥子是卫灵公的宠臣,子路与弥子是连襟。弥子对子路说:要是孔子搬到我家里住,我保证他做上卫卿。子路把话传给孔子,孔子则说,一切由命运决定好了。孔子依礼法而进,据道义而退,听从命运的安排。如果他住到痈疽、瘠环家里,便是无视礼义与命运。”(9·8)

从自己的近事中,孟子体味到“吾之不遇鲁侯,天也”(2·16);从孔子的往事中,孟子觉察到“孔子进以礼,退以义,得之不得曰‘有命’”(9·8)。死生有命,富贵在天。“莫之为而为者,天也;莫之致而至者,命也。”(9·6)没有人叫它做,而它竟然做了,这是天意;没有人叫它来,而它竟然来了,这是命运。凡夫俗子琢磨不透强悍的命运,却被它牵着鼻子走在漫长的人生道路上。这个道理放之四海而皆准,也是孟子要对我们讲的心里话。

无论是鲁平公没有前去拜访孟子,还是谣传孔子住在宦官家里,它们都与政治多少有些瓜葛。一直以来,我觉得:在儒家那里,力与命的冲突,性与命的矛盾,体现得最剧烈的地方不是实践伦理学,而是王道政治学。今天,我依然挚信:如果孟子推行王道,不是四处碰壁，他对“莫之为而为者，天也；莫之致而至者，命也”的感受就不会如此沧桑，对性命之辨的沉思就不会如此真切。

性命之辨属于道德形上学管辖的范围，下面是孟子对性命之辨的经典表述：

> 口之于味也，目之于色也，耳之于声也，鼻之于臭也，四肢之于安佚也，性也，有命焉，君子不谓性也。仁之于父子也，义之于君臣也，礼之于宾主也，知之于贤者也，圣人之于天道也，命也，有性焉，君子不谓命也。(14·24)

我们把它译成白话文：人们喜欢美味，顾盼美色，欣赏悦耳的声音，留恋芬芳的气息，贪图舒适的感受。这些都是天性，但能否得到，事关命运。所以，君子不把它们当作必然的天性，从不强求。父子间以仁为重，君臣间义字当头，宾主间相互礼让，贤者崇尚智慧，圣人仰仗天道。这些能否实现，亦凭命运，但它们是天性的必然。所以，君子不把它们当作命运的奴婢，而是努力地践履。

每次沉思“性也，有命焉，君子不谓性也”与“命也，有性焉，君子不谓命也”，我总会想起朱熹的老师李延平说的：“然世之人，以前五者为性，虽有不得，而必欲求之；以后五者为命，一有不至，则不复致力，故孟子各就其重处言之，以伸此而抑彼也。”①这次重温，有两个词汇跃入我的脑海：一个是“下半身”，意味着欲望；另一个

---

① 《孟子集注》卷14引，[宋]朱熹：《四书章句集注》，中华书局1983年版，第370页。

是“上半身”,意味着精神。“君子之言也,不下带而道存焉。”(14·32)带即腰带。可君子从来不说“下半身”的话吗?君子之道只存在于“上半身”吗?

园艺师不栽梧桐、梓树,却去种酸枣、荆棘,就是“贱场师”;你只知道一根手指不能残疾,却不明白肩头、脊背更不能舍弃,就是“狼疾人”(11·14)。为什么?身体既有重要的部分,也有次要的部分,既有大的部分,也有小的部分,但你必须“无以小害大,无以贱害贵”,因为“养其小者为小人,养其大者为大人”(11·14)。只保养小的部分,就是小人;能保养大的部分,则是君子。与公都子讨论“耳目之官”“心之官”,孟子还说过:“从其大体为大人,从其小体为小人。”(11·15)

与“小者”“大者”相比,“小体”“大体”的哲学味强得多。此时此刻,我想用“下半身”代替“小体”,用“上半身”代替“大体”。孔子多次说过:“吾未见好德如好色者也。”(《论语》9·18,15·13)经过替代,孔子的名言转换为:我从来没有见过这样的人——他喜欢精神的上半身,就像喜欢欲望的下半身那样。这一替代,还将告诉我们:如果不能从欲望与精神的博弈中安顿性命问题,人类有可能只剩下下半身;但失去上半身以后,这种动物还会是人吗?

孟子的另一段独白是对“从其大体”而不能一味地“从其小体”的重要补充:

> 有天爵者,有人爵者。仁义忠信,乐善不倦,此天爵也;公卿大夫,此人爵也。古之人修其天爵,而人爵从之。今之人修其天爵,以要人爵;既得人爵,而弃其天爵,则惑之甚者也,终

亦必亡而已矣。(11·16)

天爵指道德爵位,人爵指世俗爵位。孜孜以求于仁义忠信、礼乐教化,这是追求天爵;乐此不疲于公卿大夫、功名利禄,这是企盼人爵。在孟子心中,天爵与人爵并不绝对对立,只是“古之人”与“今之人”的做法截然不同:古人先在道德爵位上做足功夫,世俗爵位接踵而至;今人修炼道德爵位,却是为了获得世俗爵位,而得到世俗爵位后,就会抛弃道德爵位,结果连世俗爵位最后也丧失了。

古人一旦立德了,立功就水到渠成吗?事实上,孟子知道:尽管周公、孔子在道德爵位上前无古人,但在世俗爵位上并未登峰造极,不能拥有天下(9·6)。所以,孟子对“古之人”“今之人”做出区分,真正的用意不在于古人,而是在于今人;不仅仅限于他那个时代,而且适合我们今天这个时代。拿道德做升官的敲门砖,做官后把道德全然抛掷,现实生活中这样的人还少吗?这类人“惑之甚者也”,极不明智;可他们是否“终亦必亡而已矣”,落得身败名裂呢?

没有人敢在这个问题上打包票。善未必有善报,恶未必有恶报,强悍的命运经常给凡夫俗子开这样的玩笑。冷酷的历史还不断提醒人们:很多时候,尤其是在历史的转折关头,推动历史大幅度前进的主要动力,根本不是含情脉脉的善,而是飞扬跋扈的恶。正是在这里,我又对孟子道德理想主义的性命之辨充满疑惑。

我们在现实中不得不向命运低头,为何不在精神上求助于心性呢?孟子为我们指引了道路:“求则得之,舍则失之,是求有益于得也,求在我者也。求之有道,得之有命,是求无益于得也,求在外者也。”(13·3)有些东西——你求它,就会得到;不求它,就会失去。此求有益于收获,因为你求的东西,原本就在你的身上。有些东西——你求它,要讲究方式;能否得到,则听从于命运。此求无益于收获,因为你求的东西,原本不在你的身上。孟子期待人们把自己有限的精力多放在“求在我者”上,而不是“求在外者”上。

大体与小体、天爵与人爵、求在我者与求在外者,都是人性的写照:小体、人爵属于生物性之性,是求在外者;大体、天爵属于义理当然性之性,是求在我者。它们还得接受性命之辨的顶层设计:“求在外者”关联着生物性之性,能否得到,是命运的事,所以我们不把它当作义理当然性之性,不去强求;“求在我者”得到与否,也是命运的事,但它关联着义理当然性之性,所以我们不把它当作命运的奴仆,必须强恕而行。

孟子讲性命之辨,用求在我者、求在外者来观照,最容易理解。而且,它有两种读法:一种是消极的,从中读出“命里有时终会有,命里无时莫强求”;另一种是积极的,从中读出“若要一阵子高兴,做官;若要一辈子高兴,做人”。直面强悍的命运,你的心灵不能消极,你的意志必须积极;你尤其不能在下半身积极,却在上半身消极。

孟子就是以积极的态度来处理性与命的矛盾、冲突:

> 广土众民,君子欲之,所乐不存焉;中天下而立,定四海之民,君子乐之,所性不存焉。君子所性,虽大行不加焉,虽穷居不损焉,分定故也。君子所性,仁义礼智根于心,其生色也睟然,见于面,盎于背,施于四体,四体不言而喻。(13·21)

在欲望可以抵达的地方，快乐不存在；在快乐可以抵达的地方，天性不存在。快乐胜过欲望，天性胜过快乐。即使飞黄腾达，你的天性不会增加一分；即使贫困潦倒，你的天性不会减少一分。天性不是求在外者，而是求在我者。天性是植根于你内心之中的仁义礼智。它们一旦焕发出来，你就会纯和温润、神采奕奕、光彩照人。

“所性”是什么意思？“尧、舜，性之也；汤、武，身之也；五霸，假之也。”(13·30)“尧、舜，性者也；汤、武，反之也。动容周旋中礼者，盛德之至也。”(14·33)其中，“性之”、“性者”与“所性”的意义相近，说的是有人实行仁义，完全出于本性、顺其自然，而不是矫揉造作。这个人是谁？能把“求在我者”做到“四体不言而喻”的，只有圣人！正如孟子所说：“形色，天性也；惟圣人然后可以践形。”(13·38)

“尧舜性者也”章的最后说道：“君子行法，以俟命而已矣。”(14·33)人们在社会政治实践中要依法度而行，结果如何则只能等待命运来决定。尧、舜“性者也”和君子“俟命”是什么关系？尧、舜既在外王上取得巨大的成就，又在内圣上达致最高的境界。然而，孟子在此高度赞美的不是尧、舜辉煌的外王成就，而是他们卓越的内圣境界。从性命之辨看，孟子这样做，有其深意存焉。

孟子期待每一个人既内圣，又外王，既立德，又立功，既修身齐家，又平治天下，但他同样深知：大多数人不可能在社会政治实践领域中有什么大作为。命运的力量太强大，它神出鬼没、无处不在。人在循环往复的神秘命运面前，总是倍感心有余而力不足。孟子还认为：再有能力的人，若是内圣不行、立德不行、修身齐家不行,那也未必能够搞好社会政治实践,甚至有可能带来更大的危害。何以如此?因为人类要过对得起良心的日子,就得在终极意义上服从道德的指挥。任何个人的道德力量确实抗衡不了暴君与暴政,但所有人的道德力量一经整合起来,运气再好的暴君与暴政都将在道德的审判台上接受应有的惩罚。

所以,孟子的哲学以内圣统摄外王,以立德统摄立功,以修身齐家统摄平治天下。它希望我们每一个平凡的人:

> 尽其心者,知其性也。知其性,则知天矣。存其心,养其性,所以事天也。夭寿不贰,修身以俟之,所以立命也。(13·1)
>
> 莫非命也,顺受其正;是故知命者不立乎岩墙之下。尽其道而死者,正命也;桎梏死者,非正命也。(13·2)

孟子引过《诗经》的"永言配命,自求多福"、《太甲》的"天作孽,犹可违;自作孽,不可活"(3·4),为的就是告诫人们:在强悍的命运面前,坚持理想,情深道德,一个人才会心安理得、知足常乐。在孟子的内心深处,"顺天者存,逆天者亡"(7·7),要说的即是"得道者多助,失道者寡助"(4·1)。

现在,"一开始我只相信/伟大的是感情/最后我无力地看清/强悍的是命运"再次萦绕于我的耳际,我又在"莫非命也"的无可奈何中,静静地揣摩孟子要求我们"立命""正命"的深情厚谊。少想想求在外者,多想想求在我者,这种哲学何尝不是有点凄凉但无比感人的音乐呢?这一古典哲学其实也是流行音乐,因为它从过去到现在一直流传在老百姓的心头,总是在强悍的命运为难人们的时候悄悄地响起……

八　有一种人生智慧叫权变

伦理学往往涉及这件事该怎么做、那件事不该怎么做的条条框框。战国中期，礼坏乐崩，孟子迫切希望恢复并重建礼乐文明，但又不想躲在象牙塔里抄抄写写，而是要在十字街头呐喊呼号。经权之辨听起来有些玄妙，实际上饶有趣味，最能体现孟子不是在编纂，而是要对礼乐规范进行新阐释。

小叔子为什么要救大嫂？

首先，稷下元老淳于髡问孟子："男女授受不亲，这是礼仪的规定吗？"孟子回答："是的。"接着，淳于髡追问："如果嫂子掉进水里，小叔子该不该救她？"孟子回答："当然要救。如果不救嫂子，小叔子就是豺狼。男女授受不亲，固然是礼仪规定；但嫂子掉进水里，小叔子伸手去救，则是权变。"最后，淳于髡问道："现在天下之人都掉进水里了，您却不伸手去救，又是为什么？"孟子回答："天下之人都掉进水里了，我们只能用王道去救；嫂子掉进水里了，小叔子可以用手去救。难道你想让我用手去救天下之人吗？"（7・17）

"男女授受不亲"究竟是不是古代礼仪，至少《礼记》的答案是肯定的：

> 男女不杂坐，不同椸枷，不同巾栉，不亲授。嫂叔不通问。诸母不漱裳。外言不入于梱，内言不出于梱。女子许嫁，缨。

非有大故,不入其门。姑、姊、妹、女子子已嫁而反,兄弟弗与同席而坐,弗与同器而食。(《曲礼上》)①

子云:"好德如好色。诸侯不下渔色。"故君子远色以为民纪。故男女授受不亲。御妇人则进左手。姑、姊、妹、女子子已嫁而反,男子不与同席而坐。寡妇不夜哭。妇人疾,问之,不问其疾。以此坊民,民犹淫泆而乱于族。(《坊记》)②

为什么男女之间有那么多方面碰不得呢?这是因为在圣贤们看来,道德比愉悦更有价值,感性愉悦会妨碍人们追求心性道德。换句话说,好色是好德最大的敌人,是男女之大防,如果不对男女交往做出种种限定,此风根本不可收拾,要整个社会好德就难上加难。

我经常这样问自己:如果不是因为淳于髡的提问,孟子会反思"男女授受不亲"在嫂子落水的情形下是不合理的吗?衡量一个人有没有哲学感,会不会提问是极其重要的标准。从这一角度看,淳于髡是善于提问的,哲学感不错,值得我们的哲学史记住。比提问更能显示哲学感的还是接问。淳于髡不断地提问,孟子能够不断地接问,棋逢对手之余,孟子又比淳于髡技高一筹。

孟子在第二回合以"男女授受不亲,礼也;嫂溺,援之以手者,权也"应答,一定想起自己曾对齐宣王这样说过:"权,然后知轻重;

---

① [清]阮元校刻:《十三经注疏(附校勘记)》上册,中华书局 1980 年版,第 1240 页下栏。

② [清]阮元校刻:《十三经注疏(附校勘记)》下册,中华书局 1980 年版,第 1622 页下栏。

度，然后知长短。物皆然，心为甚。”（1·7）称一称才晓得轻重，量一量才明白长短，任何东西都一样，人心尤其如此。孟子正是拿这一原则来回答小叔子该不该救嫂子。与此同时，他肯定觉察到圣贤们制订的礼经对于解决这件事情是捉襟见肘的，甚至意识到：一味地照着礼经去做，就会在某些事情上导致非人道、反人道的结局。

生活的逻辑不完全是过着逻辑的生活。人们的生活千姿百态、五花八门、变化万千，圣贤们当年制订的礼经怎么可能穷尽一切生活情形呢？今天，整个世界已经进入法制时代，人们尚且说法规这不健全、那不完善，个别人还时常钻法律的空子。可见，孟子时代的礼经只是基本而不是完全地为人们的生活提供了礼仪规定。至少那个时候的礼经，并没有对小叔子看见嫂子溺水是否可以突破“男女授受不亲”之礼做出明确的指令。

孟子没有责怪圣贤，因为圣贤也会犯错误，而且犯了错误必定改正（4·9）。圣贤会犯错误，意味着圣贤不是全知全能的，他们制订的礼经难免有所纰漏。礼经一旦出现纰漏，自然不能有效地指导人们的伦理生活，小则生活乱套，大则人命关天。郭店楚简《语丛一》说：“礼因人之情而为之。”①《礼记·坊记》说：“礼者，因人之情而为之节文，以为民坊者也。”②人情既是圣贤制作礼经的根据，也是圣贤修订礼经的理由。孟子认为小叔子应该不顾礼仪规定而

---

① 荆州市博物馆编：《郭店楚墓竹简》，文物出版社 1998 年版，第 194 页。

② ［清］阮元校刻：《十三经注疏（附校勘记）》下册，中华书局 1980 年版，第 1618 页中栏。

去救嫂子,何尝不是人情的指引?!

礼经只规定了“男女授受不亲”,但没有规定“嫂溺,援之以手”。因此,小叔子救嫂子,虽然凸显了权,却违背了经。在这个虚拟案例中,孟子关注的重点显然不是经,而是权。尤其要注意:小叔子救嫂子,这种权变是激进的,而不是温和的。所以,通观孟子的实践伦理学,除了坚守礼经之下的温和权慧,还存在另一种形态——背反礼经之下的激进权智。

北宋疑孟派李觏的《礼论第六》曾说:“孟子据所闻为礼,以己意为权,而不谓先王之礼,固有其权也。自今言之,则必曰男女授受不亲,礼也。嫂溺援之以手,亦礼也。”①《礼记》讲过“男女授受不亲”,孟子并不是把道听途说的东西冒充礼仪规定。说孟子“以己意为权”,倒是极有道理。如果不断以己意,孟子的经权之辨怎么可能别开生面,让小叔子救嫂子变成礼呢?孟子之为睿智的思者与伟大的哲学家,由此可见一斑。

舜结婚为什么不禀告父母?

舜不告而娶,也是孟子经权之辨的经典案例。古代社会,从婚姻的本质看,“男女居室,人之大伦也”(9·2),婚配是人们必须履行的伦理义务,是人的社会化的必然要求;从婚姻的程序看,“父母之命、媒妁之言”(6·3),婚事必须听从父母安排,经由媒人介绍,不能偷鸡摸狗,不能自由恋爱;从婚姻的目的看,“不孝有三,无后为大”(7·26),传宗接代是结婚最神圣的使命,否则就是对于父

① [宋]李觏著,王国轩校点:《李觏集》,中华书局1981年版,第18页。

母、家族最大的不孝。孟子这些描述,好比一部简明的中国古代婚姻法;其中,婚姻的本质、目的属于“实质正义”范畴,婚姻的程序属于“程序正义”范畴。

让我们先看舜不告而娶的原文:

万章问曰:“《诗》云,‘娶妻如之何?必告父母’。信斯言也,宜莫若舜。舜之不告而娶,何也?”

孟子曰:“告则不得娶。男女居室,人之大伦也。如告,则废人之大伦,以怼父母,是以不告也。”

万章曰:“舜之不告而娶,则吾既得闻命矣;帝之妻舜而不告,何也?”

曰:“帝亦知告焉则不得妻也。”(9·2)

“取妻如之何?必告父母”出自《诗经·齐风·南山》①,是说男人讨老婆,先要征得父母首肯,不然就是违礼之举。可是,舜娶尧的两个女儿娥皇、女英,没有先向父亲瞽瞍和后娘汇报。舜这一做法显然于礼不合,该如何看呢?这是万章要请教孟子的问题。

我们知道,孟子最喜欢讲舜的孝子之心:“人悦之、好色、富贵,无足以解忧者,惟顺于父母可以解忧。”“为不顺于父母,如穷人无所归。”(9·1)即使受到全民爱戴、妻妾貌美如花、人生大富大贵,它们也消除不了舜心中的忧愁,舜还是觉得无依无靠。如何才能

① [清]阮元校刻:《十三经注疏(附校勘记)》上册,中华书局 1980 年版,第 352 页下栏。

消除忧愁呢？唯有得到父母的欢心！可舜要得到这份欢心太难了。舜的家庭主要成员有：瞽瞍，父亲；继母；象，同父异母之弟。《尚书·尧典》说他们“父顽，母嚚，象傲”①。《汉书·古今人表》把瞽瞍（鼓叟）、象列入下中等②，而没有列入最低的下下等，大概是班固给舜留了点面子。李贽点评“娶妻如之何”章：“形容后母之毒，无如此处为详矣。”③

面对万章的疑问，孟子怎能不想起舜那个不幸、反常的家庭呢？我们也可以像孟子那样设想：从“父母之命、媒妁之言”看，要父亲、后娘同意舜跟尧的两个女儿结婚，这是不可能的；从“男女居室，人之大伦”以及“不孝有三，无后为大”看，不结婚、不传宗接代更是不行的。这里，程序正义与实质正义出现了耐人寻味的矛盾。

孟子坚持实质正义高于而且优先于程序正义，认为舜不告而娶虽然违背了“父母之命、媒妁之言”，但这种激进权智是值得肯定的。因为它以小错误的代价达成了大正确的效果，足以保证舜履行“男女居室，人之大伦”的抽象性义务，进而避免“不孝有三，无后为大”的实际性过失。正因如此，孟子曾说：“舜不告而娶，为无后也，君子以为犹告也。”（7·26）

对于万章来说，即便不结婚、不传宗接代比不向父母禀告更为不孝，难道尧嫁女儿，不能事先给亲家打个招呼吗？清代学者赵佑

---

① ［清］阮元校刻：《十三经注疏（附校勘记）》上册，中华书局1980年版，第123页上栏。

② 参见［汉］班固撰：《汉书》第3册，第878页。

③ ［明］李贽：《四书评》，上海人民出版社1975年版，第239页。

指出："此言瞽义不可以违帝，而可以禁其子；帝力可以制瞽，而不可强舜为违父也。"①意思是说，瞽瞍不敢随便违抗天子的旨意，却可以禁止儿子娶尧的女儿；尧能够轻易制伏瞽瞍这个平头百姓，却不能强迫舜做违背父亲意愿的事。

在此，家、国的区别很明显：在"国"内，尧作为天子，对瞽瞍、舜有无限大的权力；在"家"中，即便作为天子，尧对瞽瞍、舜的权力也是有限的。结婚属于家事，所以，尧明明知道舜不告而娶是违礼的，不仅没有责备舜，反而听之任之，没有把国家权力凌驾于家庭权力之上，等于认可了舜的激进权智。

"温和权慧"为什么更值得推崇?

小叔子救嫂子和舜不告而娶两个故事，让我们大体领略了背反礼经之下的激进权智。人生总会碰到许多意料之外的紧急事情，甚至不得不置身于两难抉择之中：一旦选择对得起良心的做法，就会跟礼经发生尖锐的冲突。恪守生动活泼的良心而不是拘泥于纸上的条文，以权变对礼经拨乱反正，是孟子给人们发出的心灵指令。激进权智的故事性强、哲学味浓，但不是孟子经权之辨的全部内容。形象地说，埃菲尔铁塔是巴黎的标志性建筑，好比激进权智；四合院是老北京的风格性建筑，好比温和权慧。

古代圣贤创制的礼乐文明有这样的不足、那样的缺陷，这是客观事实。礼乐文明总体上起到了"经国家，定社稷，序民人，利后

① 转引自［清］焦循撰，沈文倬点校：《孟子正义》下册，中华书局 1987 年版，第 619 页。

嗣”(《左传·隐公十一年》)①的政治—伦理统制功能,更不可否认。问题在于,好的理论如果不能在实践中有效地执行,就会变成一纸空文;批判的武器再好,还得要求人们能进行武器的批判。

遗憾的是,孔子那个时代,“郁郁乎文哉”的礼乐文明越来越崩坏。读《论语·八佾》,64人跳的八佾本是天子之舞,季氏居然“八佾舞于庭”(3·1);祭祀祖先,天子才有资格唱着《雍》诗撤除祭品,鲁国当政的仲孙、叔孙、季孙居然“三家者以《雍》彻”(3·2);天子、诸侯才有资格祭祀名山、大川,季氏居然“旅于泰山”(3·6)……

孟子之时,周室“微”得愈来愈徒有其表,礼乐“废”得愈来愈惨不忍睹。孟子深知:人们不按礼经行事,是礼乐文明遭受毁灭性破坏的关键原因。因此,他特别欣赏那个敢在权势者面前依礼而行的猎场管理员,他自己更敢在权势者面前开显温和权慧的重大作用。

齐景公打猎,用召唤大夫的旌,召唤猎场管理员。事实上,诸侯召唤不同身份的人,得用不同的物什:召唤大夫,用旌;召唤士,用旂;召唤庶人,用旃;召唤虞人(猎场管理员),用皮冠(10·7)。猎场管理员遵守礼仪规定,死活不敢上前,气得齐景公要杀他。《孟子》把这个简单的故事讲过两遍(6·1,10·7),其中的格言“志士不忘在沟壑,勇士不忘丧其元”让人记忆尤深。

礼经明明规定了一件事情该怎么做,但你偏偏做的不是规定

① [清]阮元校刻:《十三经注疏(附校勘记)》下册,中华书局1980年版,第1736页下栏。

动作而是自选动作。这还不要紧，要命的是——别人依照礼经的规定动作来对抗你肆无忌惮的自选动作，你不仅不反躬自问，反而怪罪别人。一切真实地践履礼乐文明的人，日子会好过吗？极端的例子就是：依据礼节待人接物的猎场管理员，面临被齐景公杀死的悲惨结局。说句实话，每次从温和权慧的角度审视猎场管理员"非其招不往""死不敢往"的依礼行为，我都为当时那些守礼的人捏上了一把冷汗。

我们为孟子捏一把冷汗的时候也到了。公行子死了儿子，右师王子敖来吊唁。他一进门，有人就上去搭讪。他坐定后，人们纷纷凑过来阿谀奉承。只有孟子不来跟他说话，他极不高兴，认为孟子倨傲，看不起他。孟子说道："礼经规定：不跨过位次交谈，不越过石阶作揖。我不过是依礼而行，王子敖却以为我看不起他，这真是可怪！"(8·27)

孟子"不与右师言"，敞开的还是温和权慧。读这个故事，最该谴责的其实不是右师王子敖，而是那群为了巴结权贵却把礼节抛诸脑后的人。这群人学而优则仕之后，却是一副乡愿的丑态挂在脸上。有这群人存在，原本好好的礼乐文明岂能不变得一片狼藉？孟子宁愿孤军作战，也要践履温和权慧。这个道德理想主义的孟子多么值得我们心怀崇高的敬意！

综上所述，小叔子、舜的权变，本身是对礼经的否定；猎场管理员、孟子的权变，是在他人违背礼经之际，自己却坚守礼经。对礼经行使否定性的做法，这种权变是激进的；对礼经行使肯定性的做法，这种权变是温和的。发人深思的是：行使激进权智的成本可能是温和的，而行使温和权慧的代价可能是激进的。

在小叔子“援嫂以手”、舜“不告而娶”两个案例中,你行权的动机纯正无邪,你只是因为礼经本身的不足或缺陷才行使激进权智,你行权之后的效果也跟礼乐文明的基本精神相一致,圣贤们还可能依据你的做法亡羊补牢,所以,你有惊无险。

在猎场管理员“非其招不往”、孟子“不与右师言”两个案例中,你行权的动机同样纯正无邪,你行权之后的效果也跟礼乐文明的基本精神相一致,但你不是因为礼经本身出了问题,而是因为别人肆意破坏游戏规则才行使温和权慧。你的对手力量极大、人数极多,你会被这群人孤立起来,他们的唾沫星子甚至会把你淹死,所以,你往后的日子险象环生。

至此,我终于醒悟:从哲学味、故事性看,我钟情于激进权智;从时代感、社会化看,我服膺于温和权慧。如果让我回到孔孟那个时代,又只能做出唯一抉择,那么,我要选择的不是激进权智,而是温和权慧。在使用的范围与频率上,激进权智极其有限,而温和权慧极其无限;激进权智只是醒目的标志,温和权慧却是普遍的风格——埃菲尔铁塔只供人参观,四合院则是给人住的。

孟子说过:“君子反经而已矣。经正,则庶民兴;庶民兴,斯无邪慝矣。”(14·37)乡愿只会随波逐流,君子有责任把整个伦理生活拉回到礼经指引的康庄大道。齐景公、王子敖把礼乐文明当作儿戏,斯时斯地最需要的正是不怕掉脑袋的猎场管理员以及一身浩然之气的孟子,那个时代、那个社会最缺乏而又最呼唤的正是看起来平凡得很、实际上无比刚强的温和权慧!“天下溺,援之以道”(7·17),今天何尝不该如此呢?

九　父亲杀了人，儿子怎么办？

司徒的职责是“教以人伦”（5·4），管道德教化；士师的职责是“可以杀之”（4·8），管政法惩治。社会要从治理达到善治，既要以礼治国，又要以法治国。形象地说，治理国家既需要牧师，也少不了刽子手；既要有人唱红脸，也得有人唱白脸。《离娄上》说的“徒善不足以为政，徒法不能以自行”（7·1），最足以概括孟子礼法结合、德主刑辅的礼法观。为了让这句格言深入人心，《尽心上》讲了舜“窃负而逃”的故事（13·35）。

学生桃应问道：“舜为天子，皋陶做法官，如果瞽瞍杀了人，那该怎么办？”孟子答曰：“应该把瞽瞍抓起来。”桃应又问：“舜为什么不阻止皋陶抓自己的父亲？”孟子答曰：“皋陶逮捕瞽瞍是依法办案，舜怎么能阻止？”桃应又问：“瞽瞍被抓之后，舜怎么办？”孟子答曰：“舜偷偷地背着瞽瞍逃走，跑到海边住下来，一辈子快快乐乐地生活。舜会把做过天子的事忘得一干二净，因为他觉得抛弃天子之位好比扔掉一双破鞋，一点也不让人吝惜。”

把《离娄上》的格言与《尽心上》的故事连接起来，仿佛隔了文山千万重，又像只是一步之遥。舜“窃负而逃”在“徒善不足以为政，徒法不能以自行”那里弯来绕去，曲径通幽，柳暗花明，敞开了礼与法的思辨张力，让人倍感哲学的乐趣来自痛苦的思辨，越痛苦越有乐趣，越有乐趣越痛苦。

我们平常总说：礼以内在的方式约束人的行为，“内在地约束”好像春风化雨；法以外在的方式约束人的行为，“外在地约束”好像急风暴雨。其实这只是礼、法从外面以客体的身份看我们，我们从里面以主体的身份又如何看礼、法呢？这里用哈特(H. L. A. Hart)的相关理论略作解读①。

哈特先把礼、法看成由各种游戏规则构成的整体，它是任何人在社会化过程中都要面对的东西，并且追问：人们对它究竟采取内在还是外在的态度呢？如果你把自己当作接受这些规则指导的一员，同时拿规则的观点来审视自己以及他人的行为，你所持的就是“内在观点”；如果你并不接受这些规则，但又不得不生活在它们的统治之下，遵守规则只是为了规避惩罚，你所持的就是“外在观点”。在哈特看来，持内在观点者不仅严于律己，而且自认为具备批评他人的资格；持外在观点者觉得自己的行为不必为他人树立榜样，不能成为批评他人的标准。

舜窃负而逃，是以外在观点来面对法律吗？至少我目前有点肯定。只要你承认瞽瞍因杀人而被捕是政法惩治的必然要求，那就得承认舜把瞽瞍偷出来并一起逃跑亦是违法犯罪。我的这一判断大概跟孟子的初衷并不一致，甚至是相反的。既然有了自己的礼法观，孟子难道不希望人们以内在观点而不是外在观点去实践它们吗？我相信孟子在普遍性上会如此要求，但在特殊性上允许有例外出现。皋陶后来是否把杀人犯瞽瞍和劫狱犯舜抓了回来，孟子与桃应并没有一路假设下去。这个发现启发我们：孟子暗示了舜在父亲杀人之后可以消极亦即外在地跟法律周旋。

---

① 参见任强：《知识、信仰与超越——儒家礼法思想解读》，北京大学出版社2007年版，第108～109页。

写完以上这些，我猛然感到自己只是一个劲地在说外国话。事实上，中国古代既有一部分道德被法律化，也有一部分法律被道德化。虽然我不太清楚两者形成的交集到底有多大，但“亲属容隐”是其中最重要的原则之一，而且最适合于我们在舜因窃负而被抓时替他提供司法救济以及道德援助。

亲属容隐首先作为道德规则而期求法律化。譬如，父亲偷了羊，孔子绝不主张儿子出来作证，因为儒家必须“父为子隐，子为父隐”，父亲替儿子隐瞒，儿子替父亲隐瞒(《论语》13·18)。郭店简《六德》认为“门内之治恩掩义，门外之治义斩恩”，私人领域内私恩压倒公义，公共领域内公义战胜私恩；并坚持“为父绝君，不为君绝父”，两者不可得兼之时，孝大于忠，父亲比君主重要①。

至于亲属容隐作为法律规则而追求道德化，在成文法中，一般认为最早见于《睡虎地秦墓竹简·法律答问》：“‘子告父母，臣妾告主，非公室告，勿听。’……而行告，告者罪。”②只告一次尚可原谅你，反复去告就要治你的罪了，因为告还是不告你的这些亲属，只能是官府的事。另外，汉宣帝地节四年(前106年)，皇帝诏曰：“父子之亲，夫妇之道，天性也。虽有患祸，犹蒙死而存之。诚爱结于心，仁厚之至也，岂能违之哉！自今子首匿父母，妻匿夫，孙匿大父母，皆勿坐。其父母匿子，夫匿妻，大父母匿孙，罪殊死，皆上请廷

① 参见荆州市博物馆编：《郭店楚墓竹简》，文物出版社1998年版，第188页。

② 睡虎地秦墓竹简整理小组编：《睡虎地秦墓竹简》，文物出版社1978年版，第196页。

尉以闻。”（《汉书·宣帝纪》）①圣旨即法律，甚至高于法律，从此亲属容隐成为古代中国的大传统。

孟子之时，中国古代社会既置身于礼坏乐崩的时代大背景，又处在一部分道德规则法律化、一部分法律规则道德化的转型时期。不难设想，即使孟子于礼、于法都是内在观点的坚持者，但他本质上是礼治主义者。因此，孟子主张舜窃负而逃，主要还是为了赋予亲属容隐伦理上的正当性，为的是在实践伦理学中把道德理想主义进行到底。

法律以理晓人，道德以情动人。在孟子看来，伦理亲情之最莫若父子，父子亲情之最莫若舜对瞽瞍一如既往的孝道。所谓“尧舜之道，孝弟而已矣”（12·2），说的其实不是尧，而是舜。瞽瞍太不可理喻了，所以舜要讨得他的欢心，难上加难。孟子为此花了很多笔墨，舜在瞽瞍杀了人之后的所作所为堪称点睛之笔。

假定孟子那个时代的亲属容隐已具道德、法律的双重属性，可这个规则的边际效应究竟有多大呢？你可以不举报，甚至可以藏匿，但你把犯了杀人罪的父亲从监狱里偷出来然后逃之夭夭，大约就由量变到质变了。被杀的那个人就不可怜吗？他的亲属能不为他鸣冤吗？中国古代确有“礼不下庶人，刑不上大夫”一说。即便如此，你也只能说舜把杀了人的父亲劫狱出来并潜逃可以享受刑罚上的豁免权，却不能说舜是以内在观点看法律的。何况，古代中国也有“王子犯法，与庶民同罪”一说。直到现在，我仍然得承认舜在父亲杀人后对法律采取了外在观点。

---

① ［汉］班固撰：《汉书》第1册，第251页。

平常人尽孝,做起来哪里像舜那样艰难,意义哪里像舜那样重大呢?舜是天子,瞽瞍顽劣,舜如何尽孝,足以让举国上下翘首观望。如果做得不好,天下人都可能效法于舜,父子就会变成仇人,伦常就会变成战场。舜当然做得极好:“舜尽事亲之道而瞽瞍厎豫,瞽瞍厎豫而天下化,瞽瞍厎豫而天下之为父子者定,此之谓大孝。”(7·28)舜竭尽心力,侍奉父母,顽劣的瞽瞍终于高兴了;瞽瞍高兴了,天下的风俗变好了;瞽瞍高兴了,天下的父子纲常确立了。接连三个“瞽瞍厎豫”,要证明的正是舜的大孝。

对于孟子来说,瞽瞍厎豫是事实性的,窃负而逃是假设性的。在此,事实性同时是普遍性,假设性只是特殊性。有了这番思辨,我们需要做出以下判断:在普遍情形下,舜于礼、于法都是内在观点的实践者;唯有在父亲杀了人的特殊情形下,舜于法才抱持外在观点,但于礼依然坚守内在观点。我挚信这些判断是成立的,所以,总体地看,窃负而逃不属于法学的案例,而是纯粹的伦理学例证。

《万章上》引过《尚书》逸篇的一段话:“祗载见瞽瞍,夔夔齐栗,瞽瞍亦允若。”(9·4)“允若”意即“厎豫”。舜用持之不懈的事亲之道,终于唤醒了瞽瞍内心深处久已遮蔽的父子亲情。明明瞽瞍已经变好了,可孟子、桃应为什么还要虚拟瞽瞍杀人、儿子救父这个故事呢?“舜视弃天下犹弃敝蹝也。窃负而逃,遵海滨而处,终身䜣然,乐而忘天下”(13·35),似乎还得我们细细品味。

这个海滨在哪里呢?“普天之下,莫非王土;率土之滨,莫非王臣。”(9·4)皋陶会追捕到这里吗?不必这样问了,因为舜和父亲已经在此“终身䜣然,乐而忘天下”。孟子的意思相当明白:这里不会追究舜与瞽瞍的罪过,甚至根本就不存在法律这个东西,这里有的只是血浓于水的伦理亲情、干干净净的快乐与幸福、天生的性善与良知。中国古代社会有没有独立于法律之外的道德?如果有,那它一定存在于孟子为舜和瞽瞍虚拟的这个海滨上。

借助地图上找不到的这个海滨,孟子在礼坏乐崩的历史语境中,重新高举了孔子"无讼"的大旗:"听讼,吾犹人也。必也使无讼乎!"(《论语》12·13)孔子审判案件,与别人没有什么不同,但目标在于人们不再争讼。礼比法更重要,法律迟早会消亡,道德却是永恒的,"无讼"是传统儒家礼法观最后的结论。

今天,孟子提炼的那句格言已经成为世界性知识,孟子虚构的那个故事还只是地方性知识。说句心里话,我更欣赏的不是放之四海而皆准的格言,而是波澜起伏的故事。"父亲杀了人,儿子怎么办"绝对不是用法律来解决就能让你心安理得的,但舜窃负而逃(注意,现实中绝对不能这样)至少对得起自己的良心。人生有时真的太痛苦、太无奈,所以,多多与人为善、成人之美吧!与此同时,我们的人生总是在大海中漂泊,又时时刻刻期待靠岸,所以,也请让那个虚无缥缈的海滨长存于我们的心田……

十　王道"下乡":重读孟子的"穷人经济学"

农村贫穷吗?农业落后吗?农民凄苦吗?生活在农村的农民靠农业能够丰衣足食吗?千千万万的穷人在"钱途"上还有前途吗?不计其数的弱势群体在"性福"上还有幸福吗?我们今天还在苦苦追问这些问题,为何不回过头去看看孟子当年的思考呢?《孟子》不是农政全书，但孟子的王道政治学是要“下乡”的，孟子的仁政理想必然以“穷人经济学”的面目闪烁在思想史的舞台上。

赋税在战火中“进村”

《北堂书钞》有句《孟子》逸文：“战者，危事也。”①“春秋无义战”(14·2)、“善战者服上刑”(7·14)，最能写照孟子反对战争的鲜明态度。孟子挚信“不嗜杀人者能一之”(1·6)，所以绝不相信《尚书·武成》说武王伐纣“血之流杵”(14·3)。仁义之师无敌于天下，不义之师望风而逃，哪里会杀得血流成河，木槌都漂得起来呢？孟子王道政治学的空想意味，由此可见一斑。

只要是战争，肯定会给老百姓带来苦难，尤其是把战争的费用通过赋税的方式转嫁到老百姓身上。孟子讲“善战者服上刑”的那一章，就是先从赋税问题谈起的：

> 求也为季氏宰，无能改于其德，而赋粟倍他日。孔子曰：“求非我徒也，小子鸣鼓而攻之可也。”由此观之，君不行仁政而富之，皆弃于孔子者也，况于为之强战？争地以战，杀人盈野；争城以战，杀人盈城，此所谓率土地而食人肉，罪不容于死。故善战者服上刑，连诸侯者次之，辟草莱、任土地者次之。(7·14)

---

① ［清］李调元辑：《逸孟子》，《续修四库全书》第158册，第155页下栏。

冉求是孔子的学生,现在做了季氏的总管。一个人想富一点,季氏想让他的政府强一些,这没有错。勤劳致富,合法致富,更值得提倡。冉求本该在这个方向上,引导并帮助季氏进行社会治理。可是,为了提升绩效,冉求上任后,把本来就重的赋税又增加了一倍。孔子十分气愤,说冉求不配做他的学生,号召门下弟子鸣鼓攻之。

赋税通常是在战火中进村的。从赋税想到战争,显豁了孟子一以贯之的民本情怀,更让古往今来的知识分子深切体会到老百姓的苦难深重。赵岐说:"以战杀民,土食人肉,罪不容死,以为大戮,重人命之至也。"①可是,"辟草莱"——开垦草莱以增加土地,"任土地"——竭尽地力以增加收成,这类做法为何遭到孟子的批判呢?

朱熹说:"辟,开垦也。任土地,谓分土授民,使任耕稼之责,如李悝尽地方,商鞅开阡陌之类也。"②"辟草莱、任土地",农民的土地、收入真会多一些吗?诸侯们这样做,绝对不是为了人民,而是为了自己的私利。老百姓生活穷困,根本原因不是土地少了或者地力未尽,而是赋税太重了,战争太多了。所以,在孟子看来,为了增加赋税而"辟草莱、任土地"的人,即使所受的惩罚比"善战者"轻一些,比"连诸侯者"更轻一些,但同样不能逃脱被惩罚的命运。对

---

① [清]焦循撰,沈文倬点校:《孟子正义》上册,中华书局 1987 年版,第 517 页。

② 《孟子集注》卷 7,[宋]朱熹:《四书章句集注》,中华书局 1983 年版,第 283 页。

此，李贽点评："断得服人。"①

《告子下》第9章也把赋税与战争连在一起讨论。孟子指出：今之"良臣"正是古之"民贼"。这些人不仅不敦促诸侯推行王道、仁政，反而拿"我能为君辟土地，充府库""我能为君约与国，战必克"取悦诸侯，唆使他们通过繁重的赋税让国家富起来，通过频繁的战争让国家强大，前者无异于"富桀"，后者无异于"辅桀"（12·9）。

文明标尺下的"什一税"

政府征收赋税，低税率就是仁政，高税率就是霸道吗？如果不读《告子下》第10章，我根本不会想到：白圭主张二十取一（5%）的低税率，历来把人民的地位摆在君主、社稷之上的孟子却主张什一税（10%）的高税率（12·10）。少收老百姓一点，不是更能体现孟子为人民而思索的民本情愫吗？

孟子与白圭这一对话，实则中国之道与貉国之道的较量。白圭的话不多，孟子则口若悬河："貉国位于北方，五谷不生，只生长糜子，没有城池、宫室、宗庙、祭祀，没有衙署与官吏，更不与其他国家相往来，因此，二十抽一足够了。可在我们中国，如果社会没有伦常、国家没有政府，那怎么行？制陶工人太少尚且不行，何况国家没有政府呢？所以，想实施比尧舜时代的什一税还要低的税率，这是小貉、大貉的做法；想实施比尧舜时代的什一税还要高的税率，这是大桀、小桀的做法。"（12·10）

---

① ［明］李贽：《四书评》，上海人民出版社1975年版，第219页。

中国之道与貉国之道的较量,又是文明开化程度的高低之辨。貉国的文明开化程度低,税率可以低一点。中国的文明开化程度高,税率就得适度。政府不能不征收赋税,制定税率必须考虑到文明开化的实际程度,并且“取于民有制”(5·3),这些都好理解。难以理解的是:孟子何以认为什一税最为恰当?

与滕文公对话,孟子讲过贡、助、彻:夏朝每家50亩地实行贡法,商朝每家70亩地实行助法,周朝每家100亩地实行彻法,三种税制虽然不同,税率其实都是十分抽一(5·3)。这是把什一税、尧舜之道予以历史化、具体化,并被公羊学发扬光大。《春秋公羊传·宣公十五年》就说:“古者什一而藉。古者曷为什一而藉?什一者,天下之中正也。多乎什一,大桀、小桀;寡乎什一,大貉、小貉。什一者,天下之中正也,什一行而颂声作矣。”①

再次温习孟子的井田构想,我们还该反思什一税的适应范围。孟子曾说:“请野九一而助,国中什一使自赋。”(5·3)文王治岐,也是“耕者九一”(2·5)。野是农村,国中是城镇,九一(11.1%)在税率上高于什一(10%),农村征税高于城镇。我不知道古人怎样看这个问题,许倬云有个论断则让我浮想联翩:

> 在公元前5世纪至公元前3世纪的混乱年代中,始终存在一种极大的可能性,即发展出一种主要以城市为中心的经济生活,而不是以乡村为基础的农业经济。当时,庞大而繁荣的

---

① [清]阮元校刻:《十三经注疏(附校勘记)》下册,中华书局1980年版,第2287页上栏。

市场中心随处可见，赚钱盈利与契约互惠的市民心态非常流行，这两个条件都是重商主义发展的沃土。①

孟子属于重农派，因此他为城镇工商业的发展设定低税率，算得上顺应历史潮流。孟子总体性的赋税观念，同样具备与时俱进的品格：

尊贤使能，俊杰在位，则天下之士皆悦，而愿立于其朝矣；市，廛而不征，法而不廛，则天下之商皆悦，而愿藏于其市矣；关，讥而不征，则天下之旅皆悦，而愿出于其路矣；耕者，助而不税，则天下之农皆悦，而愿耕于其野矣；廛，无夫里之布，则天下之民皆悦，而愿为之氓矣。信能行此五者，则邻国之民仰之若父母矣。率其子弟，攻其父母，自有生民以来未有能济者也。如此，则无敌于天下。无敌于天下者，天吏也。然而不王者，未之有也。(3·5)

读孟子这份“中国社会各阶层报告”，士、商、旅、农、民是重要的构成单元。姑且不论“仕者世禄”(2·5)、“禄足以代其耕也”(10·2)，孟子这里已经从赋税上解放了其他阶层：于“商”(商人)，要在市场上给予空地来储藏货物，却不征收货物税，一旦滞销，依法收购；于“旅”(旅客)，只是过关卡时稽查，但不收取关税；

① 许倬云著，王勇译：《汉代农业——中国农业经济的起源及特性》，广西师范大学出版社2005年版，第3页。

于“农”(农夫),实行井田制,助耕公田,不再征税;于“民”(侨民),侨居地不能征收额外的雇役费用与地税。如果真这样做了,政府就能无敌于天下,想不统一天下都不可能。

另外,孟子还提出:“有布缕之征,粟米之征,力役之征。君子用其一,缓其二。用其二而民有殍,用其三而父子离。”(14·27)你可以征收布帛,征收粟米,征收人力,但只能选择其中一种。如果用两种,就有老百姓会饿死;如果三者并用,就会父亲顾不上儿子,儿子顾不上父亲,人伦大乱。

井田制:歇在乌托邦的翅膀上

孟子在赋税问题上高举“薄税敛”(1·5)、“薄其税敛”(13·23)的大旗,这就是穷人经济学最核心的理念吗?至少我不这样看,因为《春秋穀梁传·宣公十五年》有段解说十分值得揣摩:

> 初税亩,初者,始也。古者什一,藉而不税。初税亩,非正也。古者三百步为里,名曰井田。井田者,九百亩,公田居一。私田稼不善,则非吏;公田稼不善,则非民。初税亩者,非公之去公田而履亩十取一也,以公之与民为已悉矣。古者公田为居,井灶葱韭尽取焉。①

《春秋穀梁传》为什么反对初税亩?理由很简单,初税亩与穷

① [清]阮元校刻:《十三经注疏(附校勘记)》下册,中华书局1980年版,第2415页。

人经济学背道而驰，井田制与什一税相结合才是真正的平民政策！倘若你早已忘记孟子对毕战描述的那个美好理想，请让我们再次回到《滕文公上》第3章的叙事语境：

> 使毕战问井地。
>
> 孟子曰："子之君将行仁政，选择而使子，子必勉之！夫仁政，必自经界始。经界不正，井地不钧，谷禄不平，是故暴君污吏必慢其经界。经界既正，分田制禄可坐而定也。
>
> "夫滕，壤地褊小，将为君子焉，将为野人焉。无君子，莫治野人；无野人，莫养君子。请野九一而助，国中什一使自赋。卿以下必有圭田，圭田五十亩；余夫二十五亩。死徙无出乡，乡田同井，出入相友，守望相助，疾病相扶持，则百姓亲睦。方里而井，井九百亩，其中为公田。八家皆私百亩，同养公田；公事毕，然后敢治私事，所以别野人也。此其大略也；若夫润泽之，则在君与子矣。"（5·3）

审视孟子的穷人经济学，比赋税更重要的是土地，比什一税更重要的是井田制。冯友兰说过："故谓孟子所说之井田制度，即古代所实行者，非也。谓孟子所说之井田制度，纯乎为理想，为创造，亦非也。二者均有焉；此所谓以述为作也。墨子就平民之观点，以主张周制之反面。孟子则就平民之观点，与周制以新解释新意义。此孟子与墨子在此方面之不同也。"①要是做考证，我也会持平；但

① 冯友兰：《中国哲学史》上册，中华书局1961年版，第152页。

从智性体验看,我不愿相信井田制是历史的真实,我宁愿它只是孟子的乌托邦。

《孟子》从未直接说过“井田”一词,它用的是“井地”。是《春秋穀梁传》率先把“井地”转换为人们脱口而出的“井田”吗? 在“争地以战,杀人盈野;争城以战,杀人盈城”(7・14)的时代背景下,真能把土地分到农民手中吗? 在“夫以百亩之不易为己忧者,农夫也”(5・4)的民俗情况下,农民真会首先做完公事,然后才打理自己的私事吗? 你可以高估善良的老百姓,但你绝对不能过于相信贪婪的统治者。如果这些质疑还不足以揭示井田制的乌托邦性质,大自然会鬼斧神工地把一片又一片方方正正的土地送给你切成井田吗?

焦循的《孟子正义》卷10说:

> 方者,开方也。方一里,谓纵横皆一里。画为九,则积九百亩者,其方三百亩也。其形如井字,故为一井也。或云:方是法,不是形。古九数,一曰方田。若其田本方,安用算。山水之性,皆以曲而善走,即广野平畴,其脉必自山出。大约中出者必中高,边出者必边高,断无百十里直如绳、平如砥者。《孟子》方里云云,亦举一方者以为例耳。①

方、法连成“方法”,方、形连成“方形”。“方里而井”之“方”不

---

① [清]焦循撰,沈文倬点校:《孟子正义》上册,中华书局1987年版,第361页。

是“法”，而是“形”。以形释方亦是历来的常识，陆游就有“井地以养民，整整若棋画”的诗句①。

孟子让滕国实行方方正正的井田制，多少有些强人所难。假定孟子明明知道滕国不具备实施井田制的地理条件，他就更是把美好的愿望歇在了乌托邦的翅膀上。平原地区未尝不可以把土地切割成方方正正的井田，但山区绝对不行。南宋理学家饶鲁就说：“《王制》与《周礼》已自不同，孟子多是臆度言之耳。井田可行于中原平旷之地，若是地势高低，如何可井？”②孟子胸怀华夏，又要更化夷狄(5·4)，因此，从以形释方看，井田制根本不可能在整个中国实践。

杨荣国曾把“井地”(5·3)、“周室班爵禄”(10·2)当作孟子的两大造说③。孟子讲周代制度，也谈到土地问题：“耕者之所获，一夫百亩；百亩之粪，上农夫食九人，上次食八人，中食七人，中次食六人，下食五人。”(10·2)一夫一妇分到百亩土地后，种得最好的能养活 9 人，种得较好的能养活 6 ~ 8 人，种得最差的能养活 5 人。农民拥有自己的土地，不仅“仰足以事父母，俯足以畜妻子，乐岁终身饱，凶年免于死亡；然后驱而之善，故民之从之也轻”(1·7)，而且符合“通功易事”(6·4)的社会分工原理。

---

① 《岁暮感怀以余年谅无几休日怆已迫为韵》，[宋]陆游著，钱仲联校注：《剑南诗稿校注》第 4 册，上海古籍出版社 1985 年版，第 2114 页。

② [清]王朝璩辑：《饶双峰讲义》卷 12《孟子二》，《四库未收书辑刊》第 2 辑第 15 册，第 450 页上栏。

③ 参见杨荣国：《中国古代思想史》，人民出版社 1973 年第 2 版，第 183 ~ 185 页。

正是在这里,你一定要记住孟子对毕战所说的“分田”二字,因为它是孟子的穷人经济学中最当之无愧的关键词。一旦明白这一点,孟子造说又何妨?乌托邦又何妨?

“制民之产”为何如此艰难?

跟齐宣王对话,孟子曾说:“无恒产而有恒心者,惟士为能。若民,则无恒产,因无恒心。苟无恒心,放辟邪侈,无不为已。及陷于罪,然后从而刑之,是罔民也。焉有仁人在位罔民而可为也?是故明君制民之产……”(1·7)恒产是恒心的基础与前提,永远都是最老实的老实话。孟子鼓动滕文公搞井田制太过理想了,他勉励齐宣王制民之产倒是相当现实。

如何制民之产?孟子既对齐宣王讲过,也对梁惠王讲过,而且讲得极其相似:

> 五亩之宅,树之以桑,五十者可以衣帛矣。鸡豚狗彘之畜,无失其时,七十者可以食肉矣。百亩之田,勿夺其时,数口之家可以无饥矣。谨庠序之教,申之以孝悌之义,颁白者不负戴于道路矣。七十者衣帛食肉,黎民不饥不寒,然而不王者,未之有也。(1·3)
>
> 五亩之宅,树之以桑,五十者可以衣帛矣。鸡豚狗彘之畜,无失其时,七十者可以食肉矣。百亩之田,勿夺其时,八口之家可以无饥矣。谨庠序之教,申之以孝悌之义,颁白者不负戴于道路矣。老者衣帛食肉,黎民不饥不寒,然而不王者,未之有也。(1·7)

第一段是对梁惠王说的，第二段是对齐宣王说的。于此，字词上的细微差异可以忽略不计，关键是意义本身："给每家每户5亩地的住宅，房前屋后种植桑树，50岁以上的人就有丝棉袄穿了。每家每户养些鸡，养些狗，养些猪，70岁以上的人就有肉吃了。给每家每户100亩土地，不妨碍他们生产，一家八口就能吃得饱饱的。办好各级学校，反反复复教导他们孝顺父母、敬爱兄长，白发苍苍的老人走在路上，就有人给他提东西，而不会气喘吁吁。老人个个穿绵的、吃荤的，一般人不冻不饿，如果这样还不能使天下人归附，那是从来没有过的事。"孔子对冉求说过：无论治理一地还是一国，善治之道无他，首先要让人口多起来，接着要让百姓富起来，最后要让人民有文化起来(《论语》13·9)。孟子劝齐宣王、梁惠王"制民之产""谨庠序之教"，孔子"庶之→富之→教之"的教诲一定激荡在他的心头。

孔子挚信："周监于二代，郁郁乎文哉！吾从周。"(《论语》3·14)孟子何尝不是亦步亦趋？为了躲避商纣的暴行逆施，伯夷住在北海之滨，姜太公住在东海之滨。听说文王行仁政，他们高兴地说："西伯善于养老，我何不归到他那里去呢？"讲完这些故事，孟子说道：

> 天下有善养老，则仁人以为已归矣。五亩之宅，树墙下以桑，匹妇蚕之，则老者足以衣帛矣。五母鸡，二母彘，无失其时，老者足以无失肉矣。百亩之田，匹夫耕之，八口之家足以无饥矣。所谓西伯善养老者，制其田里，教之树畜，导其妻子使养其老。五十非帛不暖，七十非肉不饱。不暖不饱，谓之冻

馁。文王之民无冻馁之老者，此之谓也。（13·22）

孟子这一独白，以及他与梁惠王、齐宣王的对话，三者何其相似乃尔！原来，制民之产践履的是孔子的理论，沿袭的是文王的做法。原来，古往今来，一切有良心的思想家所想的并不玄妙，一切英明的政治家所做的并不复杂，只不过是如何让老百姓更好地穿衣吃饭、更好地养生送死！

这个世界上，占人口总数20%的富人占据财富总数的80%，占人口总数80%的一般人只占据财富总数的20%。直面这个二八定律，如果你是思想家，难道不该在理论上为穷人们提供更多的关爱吗？如果你是政治家，难道不该在政策上对弱势群体给予更多的便利吗？

此时此刻，我根本不愿回到现实，我情愿再次叩问周文王，再次请教孟子，再次让孟子把我带进对文王的追忆："老而无妻曰鳏，老而无夫曰寡，老而无子曰独，幼而无父曰孤。此四者，天下之穷民而无告者。文王发政施仁，必先斯四者。《诗》云：'哿矣富人，哀此茕独。'"（2·5）文王实施仁政，首先考虑鳏者、寡者、独者、孤者，所以文王的政治学是穷人经济学；孟子推行王道，首先关注鳏者、寡者、独者、孤者，所以孟子的政治学是穷人经济学。

重读孟子的穷人经济学，"七十者可以食肉矣"（1·3，1·7）、"七十非肉不饱"（13·22）让我特别感怀。于老百姓，于统治者，这个要求以及孟子所说的"制民之产"都不算高，可我们却为之奋斗了几千年。直到1853年，洪秀全主持制订的《天朝田亩制度》还写道："凡天下树墙下以桑，凡妇蚕绩缝衣裳。凡天下每家五母鸡，二母彘，无失其时。”“凡天下田，丰荒相通，此处荒，则移彼丰处以赈此荒处，彼处荒，则移此丰处以赈彼荒处，务使天下共享天父上主皇上帝大福，有田同耕，有饭同食，有衣同穿，有钱同使，无处不均匀，无人不饱暖也。”①从中，我没有感受到天父上主皇上帝的浩荡恩典，我只是看到那个一生为平治天下而奔走的孟子蹒跚而又倔强的身影。时间过得好快，理想走得好慢，我心酸，我为这样的历史无比地心酸……

以“三农”为归依

已经谈过“善战者服上刑”（7·14）的反战观、“取于民有制”（5·3）的赋税观、“方里而井”（5·3）的分田观、“制民之产”（1·7）的财富观，但我感到还应当对孟子的穷人经济学多说点什么。

“五谷者，种之美者也”（11·19），朗现了孟子对于农业的爱；“牛山之木尝美矣”（11·8），显露了孟子对于农村的爱；“五谷熟而民人育”（5·4），昭示了孟子对于农民的爱。如果你承认三农问题像经济学上的二八定律那样亘古未变，请允许我如此评判孟子的穷人经济学：它是为所有穷人而战的，它尤其要为占人口总数绝大部分的农民以及他们生存于其间的农村、耕耘于其上的农业而战！

自从有了政治国家后，人类文明飞速发展。农村的面积最大，城镇的重要性却与日俱增。对于孟子那个时代，你完全可以说：政

---

① 广东省太平天国研究会、广州市社会科学研究所编：《洪秀全集》，广东人民出版社1985年版，第168页。

治存在于城镇，经济存在于农村。更确切地说，设置于城镇的国家机器所需的巨额开销，如果眼睛只盯着方兴未艾的城镇工商业，无异于杯水车薪；统治者的如意算盘必须朝向广大的农民拨打，那里才是财源滚滚的地方。

假如仅仅只是对农民征收一定的赋税，以满足国家机器的正常运转，这不算过分。可是，春秋战国时期的诸侯们生活奢靡，特别喜欢打仗，“以土地之故，糜烂其民而战之”（14・1），企图通过战争进行领土、人民以及政治权力的再分配。打仗是要花很多钱的，再充盈的国库也经受不起大仗、小仗的反复折腾。国库亏空了，手就会伸向农村，结果便是苛捐杂税名目繁多。那个时候的农业生产技术并不先进，产量不高，一旦碰上天灾，难免颗粒无收，农民连基本生存都会成为大问题，却还得接连不断地为战争损失和国家机器的过度开销买单，正所谓苛政猛于虎也。

春秋战国时期的三农问题是由统治者一手造成的，孟子关爱农村、关心农业、关怀农民的穷人经济学是由那个苦难的时代催生的。任何经济学本质上都是政治经济学，既会涉及利益政治，更会关联原则政治。因此，我们这里要说：王道一旦下乡成功，就会演绎为仁政；穷人经济学一旦落实，就会缔造出和谐社会。至于何谓利益政治、原则政治，我相信你会做出属于你自己，而且同样属于广大穷人的哲学判断。

十一　知识分子凭什么可以“不耕而食”？

关于社会各阶层的构成，孟子有时分成仕者、耕者、商贾、行旅

(1·7),有时分成士、商、旅、农、民(3·5),其要则是士、农、工、商。一般人没有恒产就不会有恒心,只有知识分子没有恒产而有恒心(1·7)。孟子为什么如此器重不耕而食的知识分子呢?这是陈相(5·4)、彭更(6·4)、公孙丑(13·32)、王子垫(13·33)的困惑……

许行与几十个徒弟从楚国来到滕国,不久陈相、陈辛兄弟从宋国来到滕国,滕文公都让他们住了下来。然后,陈相见到许行,相见恨晚,决定不再学陈良教给他的"周公、仲尼之道",准备全副身心地实践许行的神农之言。

许行的神农之言有两大特点:一是生存方式极其自立化。许行师徒绝不锦衣玉食,而是"皆衣褐",穿着粗麻织成的衣服;更不四体不勤、五谷不分,而是"捆屦,织席以为食",靠打草鞋、编席子谋生。二是治道理念极端农民化。许行主张"贤者与民并耕而食,饔飧而治",贤人吃的粮食必须是亲自种出来的,事必躬亲之余,得替老百姓多办事、办好事。

背弃周孔之道、信奉神农之言以后,陈相去见孟子。两人谈了很长时间,内容相当丰富。赵岐指出:"神农务本,教于凡民;许行蔽道,同之君臣;陈相倍师,降于幽谷,不理万情,谓之敦朴:是以孟子博陈尧、舜上下之叙以匡之也。"①孟子与陈相讨论许行的对话,值得我们细细品读。

陈相告诉孟子:许行只吃自己种的庄稼,只穿自己织的衣服,

---

① [清]焦循撰,沈文倬点校:《孟子正义》上册,中华书局1987年版,第400页。

还戴着白绸帽子，它是用谷米换来的。如此看来，许行那个学派未必彻底过着苦行的生活，至少许行还是讲点排场的，否则他何必戴什么白绸帽子！孟子立马抓住“冠素”而且“以粟易之”的把柄，发起了反击：“许行为什么不亲自编织白绸帽子来戴，而是要到市场上用谷米换呢？”言外之意，市场交换行为与许行极其自立化的生活方式相矛盾。

陈相回答：许行担心自己织帽子，会妨碍干农活。这种辩解给了孟子再次回击的机会：“许行做饭用的铁锅、耕田用的铁器，都是从市场上用谷米换来的。你种地，我制陶，你拿粮食到市场上换你需要的陶器，我拿陶器到市场上换我需要的粮食。社会有分工，天经地义，可许行偏偏不明白。他居然提倡贤人要亲自种粮食吃，难道你不觉得它无比荒谬吗？”

孟子步步紧逼，陈相节节败退，终于认识到：各行各业都有自身存在的理由，如果三百六十行全部变成农业一行，人们的生活就会极不方便。但是，孟子不只是要陈相在“百工之事固不可耕且为也”面前投降，还得让陈相进一步明白劳心、劳力之分，再让他把这个平凡的道理转告给许行。孟子说道：

> 然则治天下独可耕且为与？有大人之事，有小人之事。且一人之身，而百工之所为备，如必自为而后用之，是率天下而路也。故曰，或劳心，或劳力；劳心者治人，劳力者治于人；治于人者食人，治人者食于人，天下之通义也。(5·4)

百工之事是三百六十行，治天下是国家行政管理；前者属小人之事，后者属大人之事。三百六十行生产的东西，人人都用得上。假如任何一件东西都得自己做、自己用，天下人不累死才怪！所以，有人从事脑力劳动，有人从事体力劳动；劳心者治理国家，劳力者服从治理；被治理者养活别人，从事治理者被别人养活——这是通行天下的准则，没有人可以否认它，更没有人能够改变它。

孟子在分工问题上以“劳心者治人”定位知识分子的社会功能，人们未必会有意见；但他在吃饭问题上以“治人者食于人”说明知识分子的生活待遇，人们则有不同看法了。战国时期，生活待遇是衡量游士地位高低的重要标杆。且不说对物质享受斤斤计较的禄仕派，义仕派同样绕不过这个问题。

孟子是义仕派的杰出代表，曾经“后车数十乘，从者数百人，以传食于诸侯”(6·4)。在彭更看来，车水马龙，浩浩荡荡，吃完这个诸侯，又吃那个诸侯，真是过分！孟子对彭更说：“于道不合，我们连一顿饭也不能吃；于道相合，舜从尧的手里接受整个天下，都不过分。”彭更同意“舜受尧之天下”理所当然，但觉得“士无事而食”在在不可。知识分子怎能不劳而获、无事而食呢？刚才，彭更钻牛角尖，把“治人者食于人”理解为海吃海喝；现在，他却犯了健忘症，记不起孟子早已讲过“劳心者治人，劳力者治于人”。

面对这个爱钻牛角尖、记性又差的学生，孟子只得再次强调：

> 子不通功易事，以羡补不足，则农有余粟，女有余布；子如通之，则梓匠轮舆皆得食于子。于此有人焉，入则孝，出则悌，守先王之道，以待后之学者，而不得食于子；子何尊梓匠轮舆而轻为仁义者哉？(6·4)

与陈相对话,孟子从百工之事抽象出劳心者与劳力者,并把士阶层自觉地归入“治人”“食于人”的劳心者行列。这里对彭更讲“通功易事”,不过重申罢了。相比而言,士阶层如何“治人”,凭什么可以“食于人”,这些问题以前未必得到明确的解决。所以,孟子对彭更特别强调了“为仁义”的知识分子作用观:“知识分子孝顺父母,尊敬长辈,坚守礼法,捍卫道义,矢志不渝地以先王之道呼唤后之学者,培育了礼乐文明的接班人,养育了诗书文化的继承者。凡此种种,均是‘治人’的体现。做了这么多重要的事,知识分子为什么不能‘食于人’呢?”

在阅读中与孟子“我善养吾浩然之气”的精神世界相逢,我一直告诫自己:在大的话题上,无妨天马行空;在小的细节上,绝不掉以轻心。细节性的东西不一定决定成败,却能曲径通幽。比如,“子何尊梓匠轮舆而轻为仁义者哉”,意思是说:你那样尊重做木匠的、做车工的,为什么独独轻视那些仁义之士呢?一般人不会在意这句话,但我从中触摸到了孟子那个时代乃至后来许多时代里某种根深蒂固的东西。

前面说过,许行的神农之言在治道理念上极端农民化。孟子的王道政治学是穷人经济学,孟子的穷人经济学以三农为归依。心声泪影里对三农问题充满深情厚谊,社会分工论下对极端农民化思维进行彻底批判,这在孟子那里是对立的吗?当然不是。但是,现在你却看到:从前学过周孔之道的陈相,已经跑过去信“贤者与民并耕而食,饔飧而治”;孟子门下的彭更,满脑子是“尊梓匠轮舆而轻为仁义者”。

如果不走极端,国家元首率领满朝文武,亲身体验一下“谁知盘中餐，粒粒皆辛苦”，有何不可？如果不走极端，给木匠敬个礼，给车工致个敬，比骨子里全是“万般皆下品，惟有读书高”要好上千万倍。可是，许行、陈相、彭更走了极端。这种极端农民化、劳力者化的思维方式告诉我们：孟子那个时代，臭老九与百万工农之间已经或者正在形成阶层性的隔阂与敌对。

数千年来，劳动人民有个优良传统，就是崇敬知识与文化，看得起知识分子。因此，强势位置上的知识分子瞧不起弱势位置上的劳动人民，这是问题的症结。学而优之际，他们张口人民的利益，闭口百姓的福祉；优则仕之后，却是左眼看皇上的龙颜，右眼盯领导的脸色。正是也只是在这里，许行、陈相、彭更以极端的方式赞颂百万工农的辛勤劳作，同时唾弃臭老九的无事而食，多多少少让我心怀敬意。

“不素餐兮”出自《诗经·魏风·伐檀》①，公孙丑也以此质疑知识分子不耕而食。知识分子不耕田种地，凭什么要别人养活他们呢？公孙丑说这话的口吻，酷似陈相、彭更。从农家到儒门，都觉得不耕而食是不对的，可见极端农民化、劳力者化的思维方式流行于当时的知识界。彭更是满怀气愤地质问孟子，公孙丑则是毕恭毕敬地询问孟子。

两个学生问同样的问题，孟子觉得它不可轻易回避。他给公孙丑的回答看似简单，但意义十分丰富：

---

① ［清］阮元校刻：《十三经注疏（附校勘记）》上册，中华书局 1980 年版，第 358 页下栏。

君子居是国也，其君用之，则安富尊荣；其子弟从之，则孝悌忠信。“不素餐兮”，孰大于是？（13·32）

陈相、彭更、公孙丑从是否像劳动人民那样直接从事体力劳动出发，指责知识分子无事而食、不耕而食。这种声讨，在孟子看来，情理上说得过去，事理上却是偏颇的。治国、平天下，光讲情理不行，不明事理更不行。社会有分工，劳动人民与知识分子不能相互替代，这是事理，一种社会分工论的事理。知识分子在劳心者队伍中起着独特的作用，不仅有助于君主安富尊荣，而且有助于老百姓孝悌忠信，这还是事理，一种知识分子作用观的事理。

已经讲完孟子与陈相、彭更、公孙丑的对话，我想起李贽的一段点评：“许行之言，高于孟子十倍，见之实事，不如孟子亦十倍不止也。所以孔孟之道，只是个中行，不为过高难行之事也。学者于此须辨之。不然，便害天下事不小。”①我们解读孟子的士仕观，一定要对这一点评慧心回味，否则，进入孟子与王子垫的对话就没有那么容易。

王子垫以“士何事”发问，孟子以“尚志”答之。这回答有点抽象，孟子进一步指出：“仁义而已矣。杀一无罪非仁也，非其有而取之非义也。居恶在？仁是也；路恶在？义是也。居仁由义，大人之事备矣。”（13·33）士阶层“尚志”，就是住在仁的大厦里，走在义的大道上，以居仁由义为己任。假如王子垫还觉得玄妙，他就该去旁听一下孟子与彭更那次对话（6·4）的下半场。

---

① ［明］李贽：《四书评》，上海人民出版社1975年版，第204页。

通过上半场对话，孟子在“通功易事”的社会分工论下，确立了知识分子“为仁义”的社会作用观。彭更仍有疑惑，下半场对话开始。彭更问：“从动机看，做木匠的，做车工的，只是为了吃上饭；难道知识分子做学问、行王道，也是为稻粱谋吗？”孟子说：“为什么非得论动机呢？凡是对你有功绩的，就得给他饭吃。再说，你究竟是凭动机还是凭功绩给别人饭吃呢？”彭更说是凭动机，孟子说：“假如有个工匠，把屋上的瓦全部打碎了，把新刷的墙壁弄得一塌糊涂，而他也是为了混口饭吃，那你会给吗？”彭更说不给，孟子告诉他：“你还是论功绩，而不是论动机。”李贽点评：“彭更前面二辩，尽有辩才；独后食志处，没理，所以终入老孟圈套中去也。”①

“食志”（动机）还是“食功”（功绩）其实并不复杂，但很重要。这组范畴承诺并推定了孟子的知识分子论：一方面，实实在在做了事情，足以帮助君主安富尊荣，足以帮助老百姓孝悌忠信——“食功”决定了士阶层理应接受必需的物质生活待遇；另一方面，以居仁由义为志向，立志把礼乐文明从礼坏乐崩的败局中拯救出来，立志把诗书文化从载籍残缺的废墟上恢复起来——“食志”意味着士阶层是充满道德理想主义的一群人。

知识分子既要“食功”，追求功绩与效果；又要“食志”，高扬动机与理想。他们与现实政治的关联，因而密切到不太容易说得清楚的地步。只是知识分子跻身官场后能否把高尚的动机转化成美妙的功效，还得留待孟子再次通过不断的对话来完成。因为要与古代圣贤、当代群雄对话，要与强悍的势、柔弱的道对话，所以，对

---

① ［明］李贽：《四书评》，上海人民出版社1975年版，第208页。

话体尽管比独白体的章数少①,实际篇幅却大得多,这大概也是《孟子》这部经典不经意的巧妙布局。

十二　“学而优则仕”:一本难念的经

不是不想做官,而是不能随便做

余英时曾说:春秋战国时期,“社会上出现了大批有学问有知识的士人,他们以‘仕’为专业,然而社会上却并没有固定的职位在等待着他们。在这种情形之下,于是便有了所谓‘仕’的问题”②。孟子与周霄的对话(6·3),可以视作这一论断的具体说明。

在对话的前半部分,周霄问道:“古代的君子做官吗?”孟子引用《传》曰“孔子三月无君,则皇皇如也,出疆必载质”,以及公明仪说的“古之人三月无君,则吊”,借此证明古人学而优则仕的急切心理。周霄觉得:“三个月没有君主任用,你就得安慰他,他是不是太急了点呢?”孟子说:“知识分子失去官位,犹如诸侯失掉国家,怎么算急呢?”周霄又问:“投奔诸侯,为什么一定得带上见面礼物?”孟子说:“知识分子做官,就像农民种田一样。农民去别的地方生活,能不带上农具吗?”

---

①　《孟子》有116章属对话体,占44.6%;有144章属独白体,占55.4%。其中,《梁惠王下》第9章“孟子见齐宣王,曰……”和《离娄上》第25章“孟子谓乐正子曰……”视作对话体;《离娄下》第2,29章先讲历史,后是“孟子曰……”视作独白体。

②　余英时:《士与中国文化》,上海人民出版社1987年版,第20页。

在对话的后半部分,周霄问道:“魏国也是有官做的国家,可从未有人这么急着做官。既急着找官做,却不轻易做官,又是为什么呢?”孟子回答:“父母都想让儿子娶上媳妇,女儿找个婆家。但是,如果不经父母之命、媒妁之言,年轻人就扒开门缝互相窥视,翻过围墙私下约会,人们便会看不起他们。同样道理,古代的知识分子不是不想做官,而是——若不合乎道义,即使有官可做,他们也不会做。”

这段对话闪烁着“士”“仕”的字眼,有两句话尤其值得我们记住:“士之仕也,犹农夫之耕也。”“古之人未尝不欲仕也,又恶不由其道。”第一句话可谓公孙衍、张仪那些禄仕派的座右铭,第二句话则是孟子之为义仕派的有力证明。

景春问孟子:“公孙衍、张仪一怒而诸侯惧,安居而天下熄,难道不是大丈夫吗?”孟子毫不客气地说:

> 是焉得为大丈夫乎?……以顺为正者,妾妇之道也。居天下之广居,立天下之正位,行天下之大道;得志,与民由之;不得志,独行其道。富贵不能淫,贫贱不能移,威武不能屈,此之谓大丈夫。(6·2)

何谓以顺为正的妾妇之道?最好的解释是:“长君之恶其罪小,逢君之恶其罪大。”(12·7)君主有恶行,臣下加以助长,其罪尚小;臣下给他找理论依据,让他更肆无忌惮,其罪就大了。在孟子看来,如今的士大夫全是一班逢君之恶的利禄之徒,妾妇心态十足,所以,“今之大夫,今之诸侯之罪人也”(12·7)。

“欲辟土地，朝秦、楚，莅中国而抚四夷也”（1·7），是各路诸侯明里暗里都在盘算、筹划的奋斗目标。刘向的《战国策书录》说：“……孟子、孙卿儒术之士，弃捐于世，而游说权谋之徒，见贵于俗。是以苏秦、张仪、公孙衍、陈轸、代、厉之属，生从横短长之说，左右倾侧。苏秦为从，张仪为横，横则秦帝，从则楚王，所在国重，所去国轻。”①孟子对禄仕派如鱼得水的时政要闻真的视而不见吗？他为什么要反反复复唠叨伯夷、伊尹、柳下惠、孔子那些陈年旧事呢？

孔子每次做官为何都满不了三年？

与公孙丑那次长谈，孟子指出：

> 非其君不事，非其民不使；治则进，乱则退，伯夷也。何事非君，何使非民；治亦进，乱亦进，伊尹也。可以仕则仕，可以止则止，可以久则久，可以速则速，孔子也。（3·2）

你看伯夷：不是理想的君主就不服侍，不是理想的百姓就不使唤；天下太平就出来做官，天下昏乱就隐居起来。你看伊尹：什么样的君主都可以服侍，什么样的百姓都可以使唤；太平的时候做官，不太平的时候也做官。你看孔子：该做官就做官，该辞职就辞职，该继续干就继续干，该马上走就马上走。

还有柳下惠：他不以侍奉坏君主为耻，不以官小为卑下。入朝

① ［西汉］刘向集录，范祥雍笺证，范邦瑾协校：《战国策笺证》上册，上海古籍出版社2006年版，第2页。

做官，他不隐藏才能，但一定按原则办事；被人遗弃，他不怨恨；穷困潦倒，他毫无怨言。他的名言是："尔为尔，我为我，虽袒裼裸裎于我侧，尔焉能浼我哉?"你是你，我是我。纵然你在我面前赤身裸体，又怎能玷污我呢？他与任何人在一起都高高兴兴，从不失态(3·9)。

孟子曾经静悄悄地沉思："伯夷，圣之清者也；伊尹，圣之任者也；柳下惠，圣之和者也；孔子，圣之时者也。"(10·1)伯夷是清高的圣人，伊尹是负责任的圣人，柳下惠是随和的圣人，孔子是识时务的圣人。可是，对于复杂而又微妙的现实政治来说，清、任、和、时——究竟是普遍性的还是个体性的呢?

这样的提问未必恰当，我们得看看孔子具体的士仕实践。孟子曾说：

> 孔子有见行可之仕，有际可之仕，有公养之仕。于季桓子，见行可之仕也；于卫灵公，际可之仕也；于卫孝公，公养之仕也。(10·4)

因可行己之道而做官，这是见行可之仕；因礼遇有加而做官，这是际可之仕；因养贤诚恳而做官，这是公养之仕。"邦有道，穀；邦无道，穀，耻也。"(《论语》14·1)孔子认为政治清明之时可以做官领薪俸，而政治黑暗之时做官领薪俸是可耻的。

与"仕"对应的是"止"：仕，入朝做官；止，辞职回家。孟子说孔子："兆足以行矣，而不行，而后去，是以未尝有所终三年淹也。"(10·4)孔子做官，先要试一段时间。如果自己的主张行得通，但君主不肯继续做下去，孔子就辞职回家。因此，孔子从未在一个朝廷里干满过三年。

一边是“孔子，君命召，不俟驾而行”（10・7），做官的心情急切得不行；另一边是“未尝有所终三年淹也”（10・4），跟任何君主共事的时间都如此的短暂。这只是孔子一个人的遭遇吗？孔子说过：“苟有用我者，期月而已可也，三年有成。”（《论语》13・10）孟子坚信“孔子之谓集大成”（10・1），自称“乃所愿，则学孔子也”（3・2）。与其说它只是孔子的不幸，毋宁说它是整个义仕派的宿命。

禄仕派通吃天下，义仕派四处吃不开。真的不妨说：仕——从义仕派的主观愿望看——最关键，止——从当时的客观现实看——最根本。孔子曾说：“所谓大臣者，以道事君，不可则止。”（《论语》11・24）陀思妥耶夫斯基《罪与罚》中的主人公拉斯柯尔尼科夫杀死放高利贷的老太婆后，紧张而激动地说：“我杀死的不是一个人，而是一个原则！”①不让义仕派在政治舞台上拥有一席之地，当时的诸侯难道不是杀死了一个原则吗？

在孟子心中，这个原则是：“流水之为物也，不盈科不行；君子之志于道也，不成章不达。”（13・24）流水不把洼地填满，不会继续奔流；君子不取得道德成就，难以世事通达。怎样才能把“优则仕”与“志于道”有机统一起来呢？仅仅谈论知识分子的积极性与困境不行，还得在君主与知识分子的相互关系上多做文章——这也是

---

① 〔俄〕陀思妥耶夫斯基著，岳麟译：《罪与罚》，上海译文出版社 1979 年版，第 320 页。

孟子现在的想法。

做帝王的老师可行吗?

孟子对齐宣王说过:“君之视臣如手足,则臣视君如腹心;君之视臣如犬马,则臣视君如国人;君之视臣如土芥,则臣视君如寇雠。”(8·3)无论措辞如何变化,语法是不变的:君主对大臣好,大臣就对君主好;君主对大臣不好,大臣就对君主不好。原理弄清了,再看孟子展示的史实:

> 友也者,友其德也,不可以有挟也。孟献子,百乘之家也,有友五人焉:乐正裘,牧仲,其三人,则予忘之矣。献子之与此五人者友也,无献子之家者也。此五人者,亦有献子之家,则不与之友矣。非惟百乘之家为然也,虽小国之君亦有之。费惠公曰:“吾于子思,则师之矣;吾于颜般,则友之矣;王顺、长息则事我者也。”非惟小国之君为然也,虽大国之君亦有之。晋平公之于亥唐也,入云则入,坐云则坐,食云则食;虽蔬食菜羹,未尝不饱,盖不敢不饱也。然终于此而已矣。弗与共天位也,弗与治天职也,弗与食天禄也,士之尊贤者也,非王公之尊贤也。舜尚见帝,帝馆甥于贰室,亦飨舜,迭为宾主,是天子而友匹夫也。(10·3)

官难做,做官难,难做官。面对“学而优则仕”这本难念的经,古往今来,千千万万知识分子无数次地从《孟子》这里掂量过三个字眼沉甸甸的分量:师——君主能把几个知识分子当作老师来敬奉呢？友——君主何时、何地会跟知识分子交朋友呢？事——这不难，因为君主从来就认为做了官的知识分子不是奴才，便是仆人。

君主与知识分子可师、可友，绝非孟子的杜撰。郭隗曾对燕昭王说："帝者与师处，王者与友处，霸者与臣处，亡国与役处。……此古服道致士之法也。"（《战国策·燕一》）①吕思勉的札记《君臣朋友》指出：

> 《假乐》之诗曰："之纲之纪，燕及朋友。"《毛传》曰："朋友，群臣也。"此古义也。《史记·廉颇蔺相如列传》：赵宦者令缪贤曰："臣尝从大王与燕王会境上，燕王私握臣手，曰：愿结友。"至战国末造，以燕之僻陋，而犹知此义。可见《孟子》所言孟献子、鲁缪公、晋平公之事，必非虚语矣。（见《万章》下。）②

读《孟子》，孔子居然从来没有被任何君主"师""友"过，倒是费惠公（10·3）、鲁缪公（10·7）都把子思当作老师。子思还道出了"为王者师"的个中原因："以位，则子，君也；我，臣也；何敢与君友也？以德，则子事我者也，奚可以与我友？"（10·7）论地位，你是君主，我是臣下，我哪敢跟你交朋友？论道德，你得向我学，你哪有资格跟我交朋友？

---

① ［西汉］刘向集录，范祥雍笺证，范邦瑾协校：《战国策笺证》下册，上海古籍出版社 2006 年版，第 1684～1685 页。

② 吕思勉：《吕思勉读史札记》上册，上海古籍出版社 2005 年版，第 241 页。

道与势的紧张，实则德与位的对抗。在势强于道的常规情形下，子思难能可贵地敞开了以德抗位的坚强姿态。子思这样做，跟曾子的教导有关。曾子说过："彼以其富，我以吾仁；彼以其爵，我以吾义，吾何慊乎哉？"（4·2）你有财富，我有美德；你有爵位，我有道义，我哪里比你少了什么呢？

正是曾子、子思以德抗位的义仕派形象，让孟子荡气回肠地说道："天下有达尊三：爵一，齿一，德一。朝廷莫如爵，乡党莫如齿，辅世长民莫如德。恶得有其一以慢其二哉？"（4·2）爵位、年纪、道德，是天下公认为尊贵的三样东西。朝廷论爵位，乡里论年纪，辅助君主治理人民论道德。没有人仅仅凭着爵位，就敢轻视我们的年纪与道德！

与"友"相比，孟子的王道政治学其实宁愿沿着"师"的逻辑走下去："古之贤王好善而忘势；古之贤士何独不然？乐其道而忘人之势，故王公不致敬尽礼，则不得亟见之。见且由不得亟，而况得而臣之乎？"（13·8）古代的贤君乐人之善，因而忘记了自己的权势。古代的贤士何尝不是如此？他乐于仁义之道，因而忘记了别人的富贵。王公贵胄不恭敬有加，就不能经常与他相见。见的次数尚且不多，何况把他当作臣下呢？

可在万章看来，诸侯召见有学问、有德行的人，他却不去见，有点不合情理。孟子慷慨陈词："假定这个人见闻广博，诸侯首先就该拜他为师。天子从不随随便便召唤老师，更不必说诸侯了。假定这个人品德高洁，那么，想跟他见面，能如此呼来唤去吗？""天子不召师"（10·7）可谓这段对话的点睛之笔，因为它再次印证了孟子对滕文公说过的名言："人伦明于上，小民亲于下。有王者起，必

来取法,是为王者师也。”(5·3)

“为王者师”“天子不召师”,伊尹堪称典范。太甲是汤的孙子,继位后根本不把法度放在眼里,肆意践踏,民怨沸腾,被伊尹流放到桐邑。三年后,太甲悔过自新、惟义是从;又过了三年,太甲完全听从伊尹的教训。于是伊尹把太甲接了回来,继续做商朝的天子(9·6)。伊尹为何能够对先为非作歹、后迷途知返的一国之君先处罚后奖励呢?

伊尹是孟门师生的热门话题。公孙丑背得出伊尹的语录:“予不狎于不顺,放太甲于桐,民大悦。太甲贤,又反之,民大悦。”他甚至对孟子尖锐地提问:“伊尹再圣贤,也是太甲的臣下。太甲再不肖,伊尹就可以放逐他吗?”孟子的回答极其睿智:“有伊尹之志,则可;无伊尹之志,则篡也。”(13·31)有伊尹那样的心迹,未尝不可;如果没有伊尹那样的心迹,便是篡夺了。正是在这里,我突然感到孟子对伊尹充盈着深深的眷恋……

伊尹是孟子心中的目标

对于伊尹,孟子仿佛有说不完的话:

> 故将大有为之君,必有所不召之臣;欲有谋焉,则就之。其尊德乐道,不如是,不足与有为也。故汤之于伊尹,学焉而后臣之,故不劳而王;桓公之于管仲,学焉而后臣之,故不劳而霸。今天下地丑德齐,莫能相尚,无他,好臣其所教,而不好臣其所受教。汤之于伊尹,桓公之于管仲,则不敢召。管仲且犹不可召,而况不为管仲者乎?(4·2)

“今天下地丑德齐”以前,是孟子讲政治哲学:“凡是大有作为的君主,一定有其不能召唤的臣下。有事情要商量,君主会亲自到他那里去。不崇尚道德,不乐行仁政,君主不可能有所作为。因此,汤先向伊尹学习,然后把他当作臣下,毫不费力地统一了天下;齐桓公先向管仲学习,然后把他当作臣下,毫不费力地称霸于诸侯。”

从“今天下地丑德齐”开始,是孟子批当代政治:“放眼各国,领土不相上下,风尚相差无几。为什么至今谁也不能驾驭谁呢?说到底,因为君主只喜欢听话的臣下,却不喜欢臣下教导他。汤不敢召唤伊尹,齐桓公不敢召唤管仲。管仲尚且不可以被召唤,何况连管仲都不愿做的人呢?”

同是“召”字,“天子不召师”(10·7)说师,“必有所不召之臣”(4·2)说臣。为了把握这一差别,我们看看孟子给景丑氏讲“今天下地丑德齐”这番话的前奏。

孟子准备去见齐王,齐王派人传话:“我原本要来看您,只因感冒,不能吹风,来不了。如您上朝,我会见到您的。”孟子回答:“不幸得很,我也有病,不能上朝了。”第二天,孟子到东郭大夫家吊唁。公孙丑问:“昨天您托病不见齐王,今天去吊唁,有点不好吧?”孟子说:“昨天病了,今天好了,为什么不可以去吊唁?”听说孟子病了,齐王派人来问候,还派了医生来诊治。因孟子不在家,孟仲子只好敷衍:“孟子今天病刚好了一点,已上朝去了,只是不知道他现在到了没有。”接着,孟仲子派了几帮人到路上堵截孟子,要他去见齐王。没办法,孟子只好躲到景丑氏家里过夜(4·2)。

在这件事上,齐王与孟子谁对谁错,无关紧要。地方首脑看望一下思想家，就真那么了不起？思想家怠慢一下地方首脑，就真那样不得了？可在知识分子强烈希望参政议政的情形下，如何与地方首脑相处，却是很现实的问题，也是"学而优则仕"这本经难念的关键。孟子逢人必讲王道政治学，有人可能善意地建议：既然你想辅世长民、平治天下，就不能老是师字挂帅、友字当头，得在师、事关系上动点脑筋。"学焉而后臣之"（4·2）难道是孟子退一步的讲法？

"学焉而后臣之"是先师之、后事之：君主先做特殊人士的学生，然后再把他当作臣下。孟子反对霸道，所以，他必然不喜欢有才无德的管仲，必然认为齐桓公之于管仲"学焉而后臣之"并且"不劳而霸"不是什么好事，否则他不会对齐宣王说"仲尼之徒无道桓、文之事者"（1·7）。孟子坚守王道，所以，他必然敬佩德才兼备的伊尹，必然挚信商汤之于伊尹"学焉而后臣之"并且"不劳而王"是造福于人民、社稷的大好事，否则他不会对万章频繁地讲汤三顾茅庐请伊尹（9·7），伊尹助汤统一天下（9·6）。

直面孟子对两种"学焉而后臣之"模式的抉择，我们等于在聆听他的心灵独白："人不足与適①也，政不足间也；惟②大人为能格君心之非。君仁，莫不仁；君义，莫不义；君正，莫不正。一正君而国定矣。"（7·20）伊尹正是从"一正君而国定"出发，首先把不仁不义的太甲放逐了，然后又将居仁由义的太甲接了回来，终于履行了王者之师"格君心之非"的神圣使命。

---

① "適"，音谪。

② "惟"，中华书局2010年版误作"唯"，现予改正。

假如说文王是一种社会制度之美，孔子是一种人文道统之美，伊尹就是一种政治导师之美。真正的政治导师，既能缔造美好的社会制度，又能谱写深远的人文道统。当孟子在政治的林中路上蹒跚着前行时，伊尹肯定是他心中最理想的奋斗目标。

何妨举世嫌迂阔，故有斯人慰寂寥

让我们再次回到“孟子将朝王”章(4·2)。要是齐王首先真心实意地拜孟子为师，然后再把孟子当作臣下，孟子何尝不愿“学焉而后臣之”？是否向既有才干、更有德行的人学习，决定权在君主手上。这样的君主并不多见，齐桓公少，商汤更少。过去，孟子借助古老的礼乐文明奢望着“为王者师”(5·3)；现在，竟连“学焉而后臣之”(4·2)也难以做到。义仕派与最高统治者之间，友不行，师更不行，可行的只是事而已。事者，或奴才，或仆人，它是中国古代知识分子从政史的真实写照！

对齐宣王说“仲尼之徒无道桓、文之事者”，孟子用的是“臣未之闻也”(1·7)。为了百姓的利益、社稷的安危，义仕派宁愿承受以仕为事的屈辱，也要走在志于道的崎岖小径上。很多时候，甚至是绝大多数时候，即便学而“优”了，你也未必有机会优则“事”。到了这个份上，每次读“得志，与民由之；不得志，独行其道”(6·2)、“得志，泽加于民；不得志，修身见于世。穷则独善其身，达则兼善天下”(13·9)，我就倍感孟子太道德的理想、太理想的道德何其沧桑！

《战国策·魏二》讲过周霄(宵)的一件事：

[魏]文子、田需、周宵相善,欲罪犀首。犀首患之,谓魏王曰:"今所患者,齐也。婴子言行于齐王,王欲得齐,则胡不召文子而相之?彼必务以齐事王。"王曰:"善。"因召文子而相之。犀首以倍田需、周宵。①

魏文子、田需、周霄本来关系不错,决定一起制裁犀首。老练的犀首却提议魏文子做了宰相,把他拉进了自己的饭碗集团,毫不费力地瓦解了他们原先那个友谊共同体。在政治博弈中,没有永恒的朋友,也没有永恒的敌人,友谊永远斗不过利益,利益才是永远的筹码。要是周霄把这段经历告诉过孟子,孟子是否会更加觉得"学而优则仕"是一本难念的经呢?

如果良知依然存在、一直存在,我们就该像孟子一样深信:经再难念,"学而优""优则仕""志于道"也是千千万万知识分子永恒的乡愁。所以,任何时候吟诵王安石的《孟子》一诗,都少不了凄清与伤怀:

沉魄浮魂不可招,遗编一读想风标。
何妨举世嫌迂阔,故有斯人慰寂寥。②

---

① [西汉]刘向集录,范祥雍笺证,范邦瑾协校:《战国策笺证》下册,上海古籍出版社2006年版,第1333页。

② [宋]王安石著,唐武标校:《王文公文集》下册,上海人民出版社1974年版,第775页。按,引文已做分行处理。

第三章

文化守成主义的诗意栖居

止毁明堂

俗眼看孔孟,“达”是插曲,“穷”是常态。“古之人”(13·9)何尝不是如此?那次“说大人,则藐之,勿视其巍巍然”的沉思,孟子提到“古之制”(14·34)。“古之人”“古之制”这两个并不起眼的词藻,实则有助于我们同情地体察孟子对于诗书文化的眷恋,真心地倾听孟子对于文化守成主义的呼唤。

——《鲁西南那两个人能否救得了礼乐?》

只有到了这里,给《诗》《书》脱下书名号,把诗书提升到思想—文化生态的高度,才获得了真实的理由。这个理由不是虚拟的,而是历史的。在《诗》《书》礼乐中,莘莘学子学习做人的道理,诸子百家追寻救世的方略,相反,统治者无比惧怕人民变得坚强起来。这个时候,《诗》《书》礼乐演绎为思想—文化生态的诗书文化,翘盼着政治—伦理生态的礼乐文明。所以,在孔、孟绘制的人文地图上,一半是礼乐,另一半是诗书。

——《另一半是诗书》

《孟子》直接引用孔子之言,不是杨泽波说的 24 次,而是 29 次;今本《论语》找得到的,不是顾炎武说的 8 条,而是 9 条。它们散布于23 章之中,尤以《尽心下》第 37 章引用次数最多;例句 14,

17,26 分别为徐子、咸丘蒙、万章所引,其他 26 次均为孟子所引。

——《孟子读过〈论语〉吗?》

到孟子的时代,孔子虽然已是文化名人,但未必是公认的道德权威。所以,孟子对"《诗》云子曰"进行范式重构,在孔子与诗书文化之间建立强有力的相互权威性,就是为了更好地"学孔子",就是为了无限地延伸孔子的精神寿命。

——《"子曰"尾随着"〈诗〉云"》

与公都子那次长聊,孟子说:"昔者禹抑洪水而天下平,周公兼夷狄、驱猛兽而百姓宁,孔子成《春秋》而乱臣贼子惧。"(6·9)这段话至少有两层含义不可轻视:首先,把"孔子成《春秋》"跟"禹抑洪水""周公兼夷狄"相提并论,显示出一种理论上的高度;其次,认为孔子作《春秋》,乱臣贼子惧怕起来,寄寓了一种现实中的作用。理论高度要靠现实作用来证明,但乱臣贼子真的惧怕《春秋》吗?

——《乱臣贼子惧怕〈春秋〉吗?》

事先声明,无论对杨朱还是对墨子,我都心怀敬畏。没有别的理由,就因为他们是我们这个倍受苦难而又聪明智慧的民族在轴心时期脱颖而出的思者。我敬畏一切真诚地为人类置身其间的困境、困惑、困顿而慧心思考的思者,同时必然反对思想领域内任何形式的党同伐异。直到此时,我似乎逐步理会了刘小枫那句话的别有用心——"在哲人群体内部,当然没有异端这回事情"。

——《将"距杨墨"进行到底》

意是我这个读者的，志是你这个作者的；还要逆啊，我一定要真切地把握你在作品中已经或者试图表达的意义。请注意这里用了“真切”这个词！它不是死记硬背，不是臆测，当然也不只是所谓的准确或者正确。以意逆志迟早地、必然地聚焦于“逆”之一环，这个环节的重要性不言自明。只要这个时刻来了，“真切”就是对于“逆”最真切的翻译。唯有这种翻译，你才会真切地明白以意逆志何以是上乘的读书方法，何以是心向往之但又未必能够抵达的解释学境界！

——《以意逆志：一个读书方法，一种解释学境界》

在今天这个时代中，太多的人都在梦想成功，可有多少人想过成长呢？“如果方向错了，停止就是进步”，成语“半途而废”的这一新解难道不发人深思吗？所以，孟子对于道德理想主义的心田守望、对于文化守成主义的诗意栖居，孟子的“文以载道”，就是期待我们做个有道德的人，就是企盼我们做个有文化的人。这是天底下最大的常识，一种我们得用一生一世来实践、来提升的常识！

——《在常识的逼视下》

反齊禮葬

一　鲁西南那两个人能否救得了礼乐?

王国维的《殷周制度论》指出:

> 欲观周之所以定天下,必自其制度始矣。周人制度之大异于商者:一曰立子立嫡之制,由是而生宗法及丧服之制,并由是而有封建子弟之制、君天子臣诸侯之制;二曰庙数之制;三曰同姓不婚之制。此数者,皆周之所以纲纪天下。其旨则在纳上下于道德,而合天子、诸侯、卿、大夫、士、庶民以成一道德之团体。周公制作之本意,实在于此。①

礼乐文明相传由周公制作,用来治理政治—伦理生态。周公日理万机,哪有那么多精力来制作呢?礼乐文明以周公的礼治精神为指导思想,这是事实;它是知识分子与劳动人民共同创造的成果,同样是事实。

“礼仪三百,威仪三千”是说礼乐文明的内容极丰富,“礼别异,

---

① 王国维:《观堂集林(附别集)》上册,中华书局1959年版,第453~454页。

乐和同”是说礼乐文明的作用极有效。丰富的另一面是繁琐，有效的另一面是枷锁。《礼记·曲礼上》还说：“刑不上大夫。”①王公贵胄不断膨胀自己的欲望、野心；然后你打我，我打你，最终的结局如同《史记·礼书》所言：“周衰，礼废乐坏，大小相逾，管仲之家，兼备三归。”②

在礼乐文明的地理版图上，鲁国原是东部地区的据点，孔子说过“齐一变，至于鲁；鲁一变，至于道”（《论语》6·24）；亦是最后一块根据地，韩宣子公元前540年说过“周礼尽在鲁矣”（《左传·昭公二年》）③。周公是鲁国的始祖，但到了孔子的时代，礼坏乐崩在鲁国也像瘟疫一样扩散。

读《论语·八佾》，可知鲁国的礼坏乐崩有三种表现。第一种是无知，对礼乐文明越来越不了解。鲁哀公不知道祭土神的社主该用哪种木料（3·21）；人们对孔子“入太庙，每事问”冷嘲热讽（3·15）。第二种是虚应，对礼乐文明越来越应付。每月初一祖庙的告朔仪式，仅杀一只活羊做个样子；子贡辅佐鲁君，干脆连活羊也不用了（3·17）。第三种是僭越，对礼乐文明越来越不当回事。八佾之舞（3·1）、唱着《雍》诗撤除祭品（3·2）、祭祀泰山（3·6）、禘祭（3·10）本为天子之礼，鲁国的君主、大夫却纷纷僭用。孔子的愤慨可想而知：“是可忍也，孰不可忍也？”（3·1）除了愤慨，孔子

---

① ［清］阮元校刻：《十三经注疏（附校勘记）》上册，中华书局1980年版，第1249页中栏。

② ［汉］司马迁撰：《史记》第4册，第1159页。

③ ［清］阮元校刻：《十三经注疏（附校勘记）》下册，中华书局1980年版，第2029页上栏。

拿鲁君、季氏又能怎样呢？

“为仁由己，而由人乎哉？”（《论语》12·1）实践仁义道德，靠自觉，而不是靠别人。面对传统的资源，孔子做出了“周监于二代，郁郁乎文哉！吾从周”（《论语》3·14）的选择；建构自己的思想，孔子展示了“克己复礼为仁。一日克己复礼，天下归仁焉”（《论语》12·1）的愿景。孔子决心在礼坏乐崩的废墟上，重建礼乐文明的政治—伦理生态，高扬道德理想主义的精神大旗。

理想主义者玩得过野心家吗？思想家对付得了政客吗？答案是无情的。从春秋进入战国，礼乐文明被践踏的面积越来越大，被破坏的力度越来越厉害。《日知录》卷13“周末风俗”条说：

> 如春秋时犹尊礼重信，而七国则绝不言礼与信矣。春秋时犹宗周王，而七国则绝不言王矣。春秋时犹严祭祀，重聘享，而七国则无其事矣。春秋时犹论宗姓氏族，而七国则无一言及之矣。春秋时犹宴会赋诗，而七国则不闻矣。春秋时犹有赴告策书，而七国则无有矣。①

战国如此不同于春秋，孟子该怎么办？陆世仪的《思辨录辑要》卷18说过：“封建、井田、学校，是孟子一生大学问，即孔子‘富之’‘教之’意也。必如此，然后可以称三代之治，然后可以为王道。”②孟子

---

① ［清］顾炎武著，［清］黄汝成集释，栾保群、吕宗力校点：《日知录集释》中册，上海古籍出版社2006年版，第749页。

② ［清］陆世仪撰，［清］张伯行编：《思辨录辑要》，《景印文渊阁四库全书》第724册，第150页下栏。

论封建,莫若答北宫锜之问(10·2)。李贽点评此章:"文字亦如《周礼》,古甚。"①章太炎指出:"汉初儒者未见《周礼》,而孟之说流传已久,故深信不疑(景帝末年河间献王始得《周礼》,《周礼》未出时,汉儒言封建者皆宗孟子,文帝时作《王制》亦采《孟子》为说)。"②

卫国人北宫锜在礼坏乐崩之世,居然追问周朝的官爵、制度是怎么回事,并且得到孟子的指教,令人无比感怀。给北宫锜讲述之前,孟子郑重声明:"其详不可得闻也,诸侯恶其害己也,而皆去其籍……"(10·2)意思是说:诸侯怕这种制度不利于自己,销毁了相关文献,所以详情弄不清楚了。这一声明更让人唏嘘不已。

与俸禄相比,官爵更是礼乐文明的重中之重。孟子对北宫锜说:"天子一位,公一位,侯一位,伯一位,子、男同一位,凡五等也。君一位,卿一位,大夫一位,上士一位,中士一位,下士一位,凡六等。"(10·2)朱熹指出:"此班爵之制也。五等通于天下,六等施于国中。"③五等的龙头是天子,六等的领袖是诸侯。诸侯要听天子号令,中央有权指挥地方。可现实当中,周天子太弱,列国太强,诸侯们蠢蠢欲动,销毁文献尚是小事,兼并僭窃方是大事。"今之诸侯,五霸之罪人也;今之大夫,今之诸侯之罪人也。"(12·7)礼乐文明愈来愈崩坏,诸侯、大夫是罪魁祸首。

孟子背过的两句孔子语录,生动地点化了他对礼乐文明的一

① [明]李贽:《四书评》,上海人民出版社1975年版,第247页。

② 章太炎著,傅杰校订:《国学讲演录》,华东师范大学出版社1995年版,第101页。

③ [宋]朱熹:《四书章句集注》,中华书局1983年版,第316页。

往情深，对道德理想主义的勇往直前。一句是“仁不可为众也”（7·7）：仁德的力量不能拿人多人少来计算。另一句是“德之流行，速于置邮而传命”（3·1）：道德一旦传播开来，比驿站传达政令的速度还快。礼制今非昔比，礼节面目全非，这是对礼义的由衷企盼吗？唯有答案是肯定的，孟子才会从“见其礼而知其政，闻其乐而知其德，由百世之后，等百世之王，莫之能违也”（3·2）出发，深情地展望“父子有亲，君臣有义，夫妇有别，长幼有叙，朋友有信”（5·4）的理想社会，才会孤军作战，扶礼乐文明于既坠，播撒道德理想主义的火种。

明代经学家郝敬认为孟子熟谙礼乐：

> 至于先王之礼，巡守、述职、班爵禄、井田、学校，皆治天下大经大法，其说明征典要，可信可传。其言曰：“非礼之礼，大人弗为。”其论礼，惟恭敬辞让，入孝出弟。“礼之实，节文斯二者；乐之实，乐斯二者”云云。故达礼、乐之情，又孰有如孟子者乎？①

不知为什么，越是与孟子相逢，我的困惑越是层出不穷。你的思想那么深刻，你的批判那么彻底，为什么毫无用武之地呢？鲁西南那两个伟大的儒者真能救得了礼乐吗？

俗眼看孔孟，“达”是插曲，“穷”是常态。“古之人”（13·9）何

---

① ［清］朱彝尊撰，林庆彰、蒋秋华、杨晋龙、冯晓庭主编：《经义考新校》第8册，上海古籍出版社2010年版，第4170页。

尝不是如此？那次“说大人，则藐之，勿视其巍巍然”的沉思，孟子提到“古之制”（14·34）。“古之人”“古之制”这两个并不起眼的词藻，实则有助于我们同情地体察孟子对于诗书文化的眷恋，真心地倾听孟子对于文化守成主义的呼唤。

在知识分子的生命历程中，人文上的“穷”只是暂时的，精神上的“达”才是永恒的。

二 另一半是诗书

《诗》《书》《礼》《乐》《易》《春秋》，史称“六经”。因《乐》不传，只剩“五经”。读古籍，《诗》《书》时常跟着其他几部经典一起出场：

> 观诸诗、书则亦在矣，观诸礼、乐则亦在矣，观诸易、春秋则亦在矣。（《六德》）①
>
> 孔子谓老聃曰：“丘治《诗》《书》《礼》《乐》《易》《春秋》六经，自以为久矣，孰知其故矣……”（《庄子·天运》）②
>
> 《礼》《乐》法而不说，《诗》《书》故而不切，《春秋》约而不速。（《荀子·劝学》）③
>
> 《诗》《书》序其志，《礼》《乐》纯其美，《易》《春秋》明其

---

① 荆州市博物馆编：《郭店楚墓竹简》，文物出版社 1998 年版，第 188 页。

② 陈鼓应：《庄子今注今译》中册，中华书局 1983 年版，第 389 页。

③ ［清］王先谦撰，沈啸寰、王星贤点校：《荀子集解》上册，中华书局 1988 年版，第 14 页。

知。(《春秋繁露·玉杯》)①

孔子曰:“六艺于治一也。《礼》以节人,《乐》以发和,《书》以道事,《诗》以达意,《易》以神化,《春秋》以义。”(《史记·滑稽列传》)②

更有趣者,《诗》《书》也会抛开《易》《春秋》,直接与《礼》《乐》相会:

诗、书、礼、乐,其始出皆生于人。诗,有为为之也。书,有为言之也。礼、乐,有为举之也。(《性自命出》)③

圣人也者,道之管也。天下之道管是矣,百王之道一是矣,故《诗》《书》《礼》《乐》之归是矣。(《荀子·儒效》)④

《诗》《书》既属于“六经”的大家族,又与《礼》《乐》结成小联盟,这种区分有意义吗?如果有,该如何证明?这里不妨看看商鞅的意见。

孟子在政治上一事无成,商鞅则名垂青史。当时儒、法交锋已在各个层面上展开,《商君书》就说:“汤、武之王也,不修古而兴,夏、殷之灭也,不易礼而亡。”(《更法》)“礼乐,淫佚之征也。”(《说

---

① [清]苏舆撰,钟哲点校:《春秋繁露义证》,中华书局 1992 年版,第 35 页。

② [汉]司马迁撰:《史记》第 10 册,第 3197 页。

③ 荆州市博物馆编:《郭店楚墓竹简》,文物出版社 1998 年版,第 179 页。

④ [清]王先谦撰,沈啸寰、王星贤点校:《荀子集解》上册,中华书局 1988 年版,第 133 页。

民》)"故事《诗》《书》谈说之士,则民游而轻其君……"(《算地》)"虽有《诗》《书》,乡一束,家一员,独无益于治也,非所以反之之术也,故先王反之于农战。"(《农战》)①商鞅批驳儒家的《诗》《书》礼乐思想,反衬了礼乐文明是根深蒂固的政治—伦理生态、诗书文化是源远流长的思想—文化生态。

先秦法家史上,《荀子·儒效》两次说过"隆礼义而杀《诗》《书》"②,《韩非子·和氏》说过"燔《诗》《书》而明法令"③。荀子说的"杀",郝懿行说是"敦"字之误④;否则,其厚法令而薄《诗》《书》的意图十分明显。韩非说的"燔",取材于商鞅变法,意即焚烧。《诗》《书》可怕到必得焚烧的地步,足见诗书文化的巨大影响。

影响是逐渐形成的。公元前633年,赵衰听人说过:"说礼乐而敦《诗》《书》。《诗》《书》,义之府也;礼乐,德之则也;德义,利之本也。"(《左传·僖公二十七年》)⑤意思是说,在孔子诞生的八十多年前,人们就对礼乐文明、诗书文化已有深刻的理解。即便"说礼乐而敦《诗》《书》"只是《左传》的杜撰,也表明它们携手迈进了孔子那个时代。

---

① 蒋礼鸿:《商君书锥指》,中华书局1986年版,第5,35,46~47,24页。

② [清]王先谦撰,沈啸寰、王星贤点校:《荀子集解》上册,中华书局1988年版,第138,140页。

③ [清]王先慎撰,钟哲点校:《韩非子集解》,中华书局1998年版,第97页。

④ 参见[清]王先谦撰,沈啸寰、王星贤点校:《荀子集解》上册,中华书局1988年版,第139页。

⑤ [清]阮元校刻:《十三经注疏(附校勘记)》下册,中华书局1980年版,第1822页下栏。

孔子对“六经”有哪些贡献呢？朱熹的《论语集注》卷4有云：“孔子删《诗》《书》，定《礼》《乐》，赞《周易》，修《春秋》……”①此前，赵岐的《孟子题辞》指出：“孔子自卫反鲁，然后乐正，《雅》《颂》各得其所，乃删《诗》定《书》，系《周易》，作《春秋》。”②更往前，《史记·孔子世家》说过：“自天子王侯，中国言‘六艺’者折中于夫子，可谓至圣矣！”③孔子与“六经”的关系真的如此深入、全面吗？

《论语》从未提过《春秋》，但有两次提到《周易》，如匿名引用《恒卦》九三爻辞“不恒其德，或承之羞”（《论语》13·22），以及孔子自称“五十以学《易》”（《论语》7·17）。相比之下，《论语》多次引用并论述《诗》《书》，诗教尤其受到孔子的重视：

> 子曰：“《诗》三百，一言以蔽之，曰：‘思无邪。’”（2·2）
>
> 子所雅言，《诗》、《书》、执礼，皆雅言也。（7·18）
>
> 子曰：“兴于《诗》，立于礼，成于乐。”（8·8）
>
> 子曰：“吾自卫返鲁，然后乐正，《雅》《颂》各得其所。”（9·15）
>
> 子曰：“小子何莫学夫诗？诗，可以兴，可以观，可以群，可以怨。迩之事父，远之事君；多识于鸟兽草木之名。”（17·9）

孔子重诗教，与其知识储备有关，《墨子·公孟》说过“孔子博

---

① ［宋］朱熹：《四书章句集注》，中华书局1983年版，第93页。

② ［清］焦循撰，沈文倬点校：《孟子正义》上册，中华书局1987年版，第13页。

③ ［汉］司马迁撰：《史记》第6册，第1947页。

于《诗》《书》，察于礼乐，详于万物”①；亦与其教学大纲有关，《孔子世家》指出：“孔子以诗书礼乐教，弟子盖三千焉，身通六艺者七十有二人。”②《墨子》《史记》把《诗》《书》与礼乐连在一起，是否意味着诗书文化、礼乐文明的区别已被取消呢？

先秦时期实施贵族教育。孟子说过：“夏曰校，殷曰序，周曰庠；学则三代共之，皆所以明人伦也。”（5·3）《礼记·王制》记载：“乐正崇四术，立四教，顺先王《诗》《书》、礼乐以造士，春秋教以礼乐，冬夏教以《诗》《书》。”③然后，孔子首开平民教育，“有教无类”（《论语》15·39），只要送上十条干肉，“吾未尝无诲焉”（《论语》7·7），同样是用《诗》《书》、礼乐来培养青年学子。

同为教学内容，《诗》《书》、礼乐亦有区别。刘起釪指出：

> 当时诸子百家中，唯儒墨两家是重视《尚书》作用的，两家都以《书》为各自学派的主要教本，而儒墨是当时“显学”，就使《书》篇成了当时许多知识分子所共读的要籍。儒家的课程原是“诗、书、礼、乐”四项。礼、乐是课堂外的实习课，只有《诗》《书》是课堂上的两种教本。似乎一是文学课本，一是历史和政治哲学课本。（《诗》还是应排练礼乐课的需要所搜集的当时社会上行用的乐歌，同时也供儒生帮助统治者举行祭祀或

① 吴毓江撰，孙启治点校：《墨子校注》下册，中华书局1993年版，第704页。

② ［汉］司马迁撰：《史记》第6册，第1938页。

③ ［清］阮元校刻：《十三经注疏（附校勘记）》上册，中华书局1980年版，第1342页上栏。

外交典礼时歌诵之用。)由于这样,《诗》《书》就成了代表儒学的两部重要典籍,因而法家运用秦王朝政权力量所要全力扑灭的也就是《诗》《书》这两部典籍,以致下诏“天下敢有藏《诗》《书》百家语者,悉诣守尉杂烧之,有敢偶语《诗》《书》者,弃市”(见《史记·秦始皇本纪》)。看出《书》这样的文献和《诗》篇竟都成了新政权极为害怕的东西,对它的焚禁达到这么厉害的地步。①

秦孝公、商鞅燔《诗》《书》,是孟子同时代的事;秦始皇、李斯焚《诗》《书》,是孟子身后的事。武器的批判不能低于而是必须高于批判的武器。秦国百余年内一再拿《诗》《书》开刀,足见诗书文化已经不是孔子当年那种萎靡的局面:“孔子之时,周室微而礼乐废,《诗》《书》缺。”(《史记·孔子世家》)②

但是,从孔子时代到孟子时代,诗书文化的思想价值蓄势待发,礼乐文明的现实作用日薄西山,恰成鲜明的反差。《老子》第38章说:“故失‘道’而后‘德’,失‘德’而后仁,失仁而后义,失义而后礼。夫礼者,忠信之薄,而乱之首。”③再礼坏乐崩,老、庄照样会在“人间世”中“齐物论”,在“应帝王”中“逍遥游”。跟道家不同,孔、孟“谨庠序之教,申之以孝悌之义”(1·3),期待“一日克己复礼,天下归仁焉”(《论语》12·1)。儒家为重建礼乐文明付出那么多

---

① 刘起釪:《尚书学史》(订补本),中华书局1996年版,第64~65页。按,标点符号略有校改。

② [汉]司马迁撰:《史记》第6册,第1935页。

③ 陈鼓应:《老子注译及评介》,中华书局1984年版,第212页。

心血,流过那么多汗水,遗憾的是收效甚微。幸好他们还有另一种选择……

或如《庄子·天下》所说:"其明而在数度者,旧法世传之史,尚多有之。其在于《诗》《书》《礼》《乐》者,邹鲁之士搢绅先生,多能明之。其数散于天下而设于中国者,百家之学时或称而道之。"陈鼓应译为:"古代道术显明于礼乐制度的,旧时法规世代相传的史记上,还保存了很多。古时道术存在于《诗》《书》《礼》《乐》的,邹鲁的学者和士绅先生们,大多能明晓。它的典章数度散布在天下而设施于中国的,百家学说时常称述它。"①

现在,我们可以讨论礼乐文明、诗书文化的差异。礼乐文明是实际存在的东西,诗书文化的使命是用文字把它记载下来。礼乐文明好比实史,诗书文化好比编史。没有诗书文化,礼乐文明照样可以独立自主;这个时候,诗书文化是礼乐文明的有机组成部分。到了孔孟的时代,礼乐文明再也不能发挥应有的作用,而人们又希冀它活跃于当下;这个时候,诗书文化呈现出自身独特的价值。诗书文化是一面明镜,让你回望过去美好的礼乐文明;更是一柄利器,让你与丑陋的现实不懈地抗争。春秋战国时期,正因这面明镜、这柄锐器,诗书文化得以挺立,礼乐文明得以寄寓于人们的理想深处。

这种文化的力量,不是任何政治权势对付得了的。说实话,儒家从政治退回到文化,多少有些无可奈何。比如孟子:"天下方务于合从连衡,以攻伐为贤,而孟轲乃述唐、虞、三代之德,是以所如

---

① 陈鼓应:《庄子今注今译》下册,中华书局1983年版,第855,862页。

者不合。退而与万章之徒序《诗》《书》，述仲尼之意，作《孟子》七篇。”（《史记·孟子荀卿列传》）①但是，我依然要对孔、孟的选择表示由衷的敬意：这一手拯救不了那时的现实，却捍卫了永恒。

孟子长于《诗》《书》，为重建诗书文化的思想—文化生态做出了不可磨灭的贡献。清代岭南学者陈澧的《东塾读书记》卷3《孟子》精辟地指出：

> 《孟子》引《诗》者三十，论《诗》者四，引《书》者十八，论《书》者一，又有似引《书》而不言“《书》曰”者，所谓尤长于《诗》《书》者，于此可以窥见矣。其引《烝民》之诗，以证性善，性理之学也；引“雨我公田”，以证周用助法，考据之学也。“《小弁》之怨，亲亲也。亲亲，仁也。”此由读经而推求性理，尤理学之圭臬也。盖性理之学，政治之学，皆出于《诗》《书》，是乃孟子之学也。②

只有到了这里，给《诗》《书》脱下书名号，把诗书提升到思想—文化生态的高度，才获得了真实的理由。这个理由不是虚拟的，而是历史的。在《诗》《书》礼乐中，莘莘学子学习做人的道理，诸子百家追寻救世的方略，相反，统治者无比惧怕人民变得坚强起来。这个时候，《诗》《书》礼乐演绎为思想—文化生态的诗书文化，翘盼着

---

① ［汉］司马迁撰：《史记》第7册，第2343页。

② 黄国声主编：《陈澧集》第2册，上海古籍出版社2008年版，第54页。按，标点符号略有校改。

政治—伦理生态的礼乐文明。所以,在孔、孟绘制的人文地图上,一半是礼乐,另一半是诗书。

夏曾佑说过:“孔子之前,黄帝之后,于中国有大关系者,周公一人而已。”①王朝只属一家一姓,文化属于广大人民。周公那个时代,礼乐文明“行同伦”,诗书文化“书同文”,两者现实地统一在一起。孔子后来喟叹:“甚矣吾衰也! 久矣吾不复梦见周公!”(《论语》7·5)好长时间没有再梦见周公,其实不是孔子老了,而是他所寄身的那个时代正在溃烂。司马迁太理解孔子对于宗周文明的执着与深情了,所以我们还得重读《孔子世家》:

> 孔子之时,周室微而礼乐废,《诗》《书》缺。追迹三代之礼,序《书传》,上纪唐虞之际,下至秦缪,编次其事。曰:“夏礼吾能言之,杞不足征也。殷礼吾能言之,宋不足征也。足,则吾能征之矣。”观殷、夏所损益,曰:“后虽百世可知也,以一文一质。周监二代,郁郁乎文哉。吾从周。”故《书传》《礼记》自孔氏。②

我研究孟子,无数次引用过“孔子之时,周室微而礼乐废,《诗》《书》缺”这句话。每引一次,我就为孔、孟那个时代伤感一次:礼乐文明的政治—伦理统制功能让人悲观,诗书文化的思想—文化统制功能让人失望,礼乐文明与诗书文化的有机统一只能逻辑地寄

---

① 夏曾佑:《中国古代史》,河北教育出版社 2000 年版,第 37 页。

② [汉]司马迁撰:《史记》第 6 册,第 1935 ~ 1936 页。

存于人们的信念之中。

于一个人,有什么比信念更值得“既醉以酒,既饱以德”呢?孟子对这句诗的解释是:既要陶醉于美酒,更要富足于美德(11·17)。于一个社会,有什么比信念更值得“自西自东,自南自北,无思不服”呢?孟子对这句诗的解读是:“以力服人者,非心服也,力不赡也;以德服人者,中心悦而诚服也,如七十子之服孔子也。”(3·3)

现在,我要把孟子暂时分身为两个人:一个是自言自语的,另一个是字言字语的。“自言自语”的孟子是进取的思想家,我思故我在,浑身充盈着道德理想主义,坚信它有助于恢复并强化礼乐文明的政治—伦理统制功能;“字言字语”的孟子是本分的学者,我读故我在,身体力行着文化守成主义,挚信它有助于恢复并强化诗书文化的思想—文化统制功能。

为了让两个孟子尽快回归于一身,有必要醒目地罗列我们频繁运用过的四组关键词:

第一组:礼乐文明,诗书文化;

第二组:政治—伦理生态,思想—文化生态;

第三组:政治—伦理统制功能,思想—文化统制功能;

第四组:道德理想主义,文化守成主义。

简单地说,礼乐文明的政治—伦理生态遭到空前的践踏,孟子期待以道德理想主义的文化精神,激活礼乐文明传统固有的政治—伦理统制功能;诗书文化的思想—文化生态受到严重的破坏,孟子企盼以文化守成主义的文化精神,敞开诗书文化传统固有的思想—文化统制功能。自言自语、字言字语,本是同一个孟子的言语:既要在诗书文化的远景里,遥遥地祭奠美好的礼乐文明;又要通过笔下的文化守成主义，达成心中的道德理想主义。

在诗书中深情于古典，守护着人文，何尝不是一种道德、一种理想呢？心头盈满诗书，朗现智慧，“中心达于面目”（5·5），“四体不言而喻”（13·21），就会信服流传于民间的两副对联：“忠厚传家久，诗书继世长。”“几百年人家莫非积善，一辈子好事还是读书。”能在两副对联下沉思或者伤怀的人，沉思的是我们民族在《诗》《书》、礼乐中走过的那段长长的岁月吗？伤怀的是，在今天这个时代中，物欲横流，人情冷漠，文化像快餐一样，该飘零的都在飘零，文以载道的民族心灵还能灵根自植吗?!

三　孟子读过《论语》吗?

很多年前，从杨泽波的《孟子性善论研究》中看到一句话：“《孟子》全书引孔子之言共 24 次，都明显地起到了增强说服力的作用。”①后来，读了顾炎武《日知录》卷 7 的“孟子引论语”条：“《孟子》书引孔子之言凡二十有九，其载于《论语》者八，又多大同而小异。然则夫子之言其不传于后者多矣，故曰‘仲尼没而微言绝’。”②

现在，我们实实在在查一下《孟子》引孔子之言的实际情况。统计结果如下：

---

① 杨泽波：《孟子性善论研究》，中国社会科学出版社 1995 年版，第 41 页。

② ［清］顾炎武著，［清］黄汝成集释，栾保群、吕宗力校点：《日知录集释》上册，上海古籍出版社 2006 年版，第 443～444 页。

1. 仲尼曰:“始作俑者,其无后乎!”(1·4)

2. 孔子曰:“德之流行,速于置邮而传命。”(3·1)

3. 孔子兼之,曰:“我于辞命,则不能也。”(3·2)

4. 孔子曰:“圣则吾不能,我学不厌而教不倦也。”(3·2)

5. 孔子曰:“为此诗者,其知道乎! 能治其国家,谁敢侮之?”(3·4)

6. 孔子曰:“里仁为美。择不处仁,焉得智?”(3·7)

7. 孔子曰:“君薨,听于冢宰,歠粥,面深墨,即位而哭,百官有司莫敢不哀,先之也。”(5·2)

8. 孔子曰:“大哉尧之为君! 惟天为大,惟尧则之,荡荡乎民无能名焉! 君哉舜也! 巍巍乎有天下而不与焉!”(5·4)

9.《春秋》,天子之事也;是故孔子曰:“知我者其惟《春秋》乎! 罪我者其惟《春秋》乎!”(6·9)

10. 孔子曰:“道二,仁与不仁而已矣。”(7·2)

11. 孔子曰:“仁不可为众也。夫国君好仁,天下无敌。”(7·7)

12. 孔子曰:“小子听之! 清斯濯缨,浊斯濯足矣。自取之也。”(7·8)

13. 孔子曰:“求非我徒也,小子鸣鼓而攻之可也。”(7·14)

14. 仲尼亟称于水,曰:“水哉,水哉!”(8·18)

15. 孔子曰:“其义则丘窃取之矣。”(8·21)

16. 孔子曰:“于斯时也,天下殆哉,岌岌乎!”(9·4)

17. 孔子曰:“天无二日,民无二王。”(9·4)

18. 孔子曰,“唐虞禅,夏后殷周继,其义一也。”(9·6)

19. 孔子曰："有命。"（9·8）

20. 孔子之去齐，接淅而行；去鲁，曰："迟迟吾行也，去父母国之道也。"（10·1）

21. 孔子尝为委吏矣，曰："会计当而已矣。"尝为乘田矣，曰："牛羊茁壮长而已矣。"（10·5）

22. 孔子曰："为此诗者，其知道乎！故有物必有则；民之秉彝也，故好是懿德。"（11·6）

23. 孔子曰："操则存，舍则亡；出入无时，莫知其乡。"（11·8）

24. 孔子曰："舜其至孝矣，五十而慕。"（12·3）

25. 孔子之去鲁，曰，"迟迟吾行也，去父母国之道也。"（14·17）

26. 孔子在陈曰："盍归乎来！吾党之小子狂简，进取，不忘其初。"（14·37）

27. 孔子："不得中道而与之，必也狂狷乎！狂者进取，狷者有所不为也。"（14·37）①

28. 孔子曰："过我门而不入我室，我不憾焉者，其惟乡原乎！乡原，德之贼也。"（14·37）

29. 孔子曰：恶似而非者：恶莠，恐其乱苗也；恶佞，恐其乱义也；恶利口，恐其乱信也；恶郑声，恐其乱乐也；恶紫，恐其乱朱也；恶乡原，恐其乱德也。（14·37）

---

① 这句话的标点符号略有校改。

接下来,查证这些孔子之言有多少能从今本《论语》找到。统计结果如下:

例句4,节自7·2,7·34。

例句6,照录4·1。

例句7,节自14·40。

例句8,节自8·18,8·19。

例句13,照录11·17。

例句26,节自5·22。

例句27,照录13·21。

例句28,节自17·13。

例句29,节自17·18。

《孟子》直接引用孔子之言,不是杨泽波说的24次,而是29次;今本《论语》找得到的,不是顾炎武说的8条,而是9条。它们散布于23章之中,尤以《尽心下》第37章引用次数最多;例句14,17,26分别为徐子、咸丘蒙、万章所引,其他26次均为孟子所引。

《孟子》还有一些话显然来源于《论语》,比如:

1-1. 古之君子,其过也,如日月之食,民皆见之;及其更也,民皆仰之。(4·9)

1-2. 子贡曰:"君子之过也,如日月之食焉:过也,人皆见之;更也,人皆仰之。"(《论语》19·21)

2-1. 君子不怨天,不尤人。(4·13)

2-2. 子曰:"不怨天,不尤人……"(《论语》14·35)

3-1. 君子之德,风也;小人之德,草也。草尚之风,必偃。

(5·2)

3－2. 孔子对曰:“……君子之德风,小人之德草。草上之风,必偃。”(《论语》12·19)

4－1. 颜子当乱世,居于陋巷,一箪食,一瓢饮;人不堪其忧,颜子不改其乐,孔子贤之。(8·29)

4－2. 子曰:“贤哉,回也!一箪食,一瓢饮,在陋巷,人不堪其忧,回也不改其乐。贤哉,回也!”(《论语》6·11)

5－1. 故君子可欺以其方,难罔以非其道。(9·2)

5－2. 君子可逝也,不可陷也;可欺也,不可罔也。(《论语》6·26)

6－1. 孔子,君命召,不俟驾而行……(10·7)

6－2. 君命召,不俟驾行矣。(《论语》10·20)

细心的读者会问:为什么要给《论语》加上“今本”二字呢?《汉书·艺文志》记有《论语》的三个本子:一是《古论语》,共21篇,班固自注“出孔子壁中,两《子张》”;二是《齐论语》,共22篇,班固自注“多《问王》《知道》”;三是《鲁论语》,共20篇①。今本《论语》是根据《鲁论语》并参考《齐论语》编成的。

不管孟子当年读的是哪个《论语》版本,它们与今本《论语》都存在差异。举个例子,郭店简《尊德义》云:“德之流,速乎□□(置邮)而传命。”②《困学纪闻》卷8《孟子》说:“《吕氏春秋》:‘舜行德

① 参见[汉]班固撰:《汉书》第6册,第1716页。

② 荆州市博物馆编:《郭店楚墓竹简》,文物出版社1998年版,第174页。

三年而三苗服。孔子闻之，曰："通乎德之情，则孟门、太行不为险矣。"故曰：德之速，疾乎以邮传命。'此可以证《孟子》引孔子之言。"①可孔子说的"德之流行，速于置邮而传命"（3・1），不见于今本《论语》。

以上语句既有引孔子的，也有引别人的，均可视作《孟子》对《论语》的直接引用。有没有间接引用呢？假如《孟子》的语句类似于《论语》就是间接引用，那不妨说："民之于仁也，甚于水火"（《论语》15・35）衍生了"民之归仁也，犹水之就下、兽之走圹也"（7・9）、"民非水火不生活"（13・23），"隐居以求其志，行义以达其道"（《论语》16・11）启发了"穷则独善其身，达则兼善天下"（13・9）或"得志，与民由之；不得志，独行其道"（6・2）。《论》《孟》使用相同的基本概念，评价核心人物比较一致，则是另外的问题，不必空泛地当作直接引用或间接引用。

孟子引孔子，大多恰到好处，给自己的思想观点增加了权威性。不过，孟子的引用并不都是一针见血，有的甚至隔靴搔痒。

譬如，为了让滕文公行三年之丧，孟子最初说它"自天子达于庶人，三代共之"，可滕国那些有影响力的王公贵胄只知道"吾宗国鲁先君莫之行，吾先君亦莫之行也"；接着，孟子把孔子说的"君薨，听于冢宰，歠粥，面深墨，即位而哭，百官有司莫敢不哀，先之也"直接搬了出来，把孔子说的"君子之德，风也；小人之德，草也。草尚之风，必偃"间接搬了出来，才让滕文公顶住压力，坚持了下来（5・2）。

---

① ［宋］王应麟著，［清］翁元圻等注，栾保群、田松青、吕宗力校点：《困学纪闻》中册，上海古籍出版社 2008 年版，第 1005 页。

这么关键的时候，孟子其实最该想起：

> 子张曰："《书》云：'高宗谅阴，三年不言。'何谓也？"子曰："何必高宗，古之人皆然。君薨，百官总己以听于冢宰三年。"（《论语》14·40）

子张不太理解"高宗谅阴，三年不言"，孔子指出：老君主死了，新君主三年内不能过问政事，必须尽心守丧，政务交给宰相处理。孟子把"何必高宗，古之人皆然"告诉滕国那些王公贵胄，难道不比讲"自天子达于庶人，三代共之"更有说服力吗？

正是在这里，我感到孟子也是个平凡的人，有时候会记忆短路，记不起一些本该牢记的东西。他与滕文公的特使然友一再讨论三年之丧，就遗忘了孔子与宰我那次著名的对话，尤其是忘记了孔子早已说过"夫三年之丧，天下之通丧也"（《论语》17·21）。难道那个时候孟子真的垂垂老矣？

当然，《孟子》对三年之丧还有不少记载："昔者孔子没，三年之外，门人治任将归，入揖于子贡，相向而哭，皆失声，然后归。子贡反，筑室于场，独居三年，然后归。"（5·4）"尧崩，三年之丧毕……"（9·5）并引过《尧典》："二十有八载，放勋乃徂落，百姓如丧考妣，三年，四海遏密八音。"（9·4）孟子对《诗》、《书》和《论语》是很熟悉的！

记住了孔子说的很多话，足以证实孟子读过《论语》。偶尔遗忘孔子说的一些话，也很正常。但是，孔子对管仲评价很高，孟子却不放在眼里；孔子是君臣关系的温和主义者，孟子却把激进、革命、反抗的精神化入了骨髓。这类情形该如何解释?

与景丑氏长谈,孟子明显瞧不起管仲:“管仲且犹不可召,而况不为管仲者乎?”(4·2)齐桓公那么信赖管仲,管仲当权又那么久,可管仲帮齐桓公建立的功业却那么小。因此,孟子不屑于公孙丑把他与管仲相提并论(3·1)。更重要者,假定《梁惠王上》第7章是齐宣王与孟子的第一次对话,那么,“齐桓、晋文之事可得闻乎”就是齐宣王向孟子问的第一句话,而孟子的第一句回答是:“仲尼之徒无道桓、文之事者,是以后世无传焉,臣未之闻也。”(1·7)

孔门师生真的没有谈过齐桓公、晋文公的事,尤其是管仲的事吗?在孔子看来,晋文公奸诈,而且作风不正派;齐桓公作风正派,而且不奸诈(《论语》14·15)。孔子还批评管仲气量小、不知礼节:皇宫门前立了塞门,管仲门前也立;国君接待外国元首,宴会厅里有放酒杯的设备,管仲也有。(《论语》3·22)然而,孔子对管仲的赞誉与辩护同样是空前的:

> 桓公九合诸侯,不以兵车,管仲之力也。如其仁,如其仁。(《论语》14·16)
>
> 管仲相桓公,霸诸侯,一匡天下,民到于今受其赐。微管仲,吾其被发左衽矣。岂若匹夫匹妇之为谅也,自经于沟渎而莫之知也?(《论语》14·17)

孔子对管仲的批评,让我想起他对鲁定公说过:“君使臣以礼,臣事君以忠。”(《论语》3·19)答齐景公问,他还是提倡和谐的君臣观:“君君,臣臣,父父,子子。”(《论语》12·11)孔子坚持“所谓大臣者,以道事君,不可则止”,又认为“弑父与君,亦不从也”(《论语》11·24),坚决反对做杀父、杀君的事。

在君臣关系问题上,孟子又不同于孔子。齐宣王问大臣可不可以弑杀君主,孟子说:“贼仁者谓之‘贼’,贼义者谓之‘残’。残贼之人谓之‘一夫’。闻诛一夫纣矣,未闻弑君也。”(2·8)周武王只是杀了纣这个独夫民贼,根本不是以臣弑君。孟子还说:“暴其民甚,则身弑国亡;不甚,则身危国削,名之曰‘幽’‘厉’,虽孝子慈孙,百世不能改也。”(7·2)

顾准1974年4月写的《论孔子》一文曾说:

> 比较起来,孟轲比孔子要“一以贯之”得多。孟轲强调仁义,不惜得出“民为贵,社稷次之,君又次之”,以及“君视臣如草芥,则臣视君若寇仇”的结论。这种结论,是孔子绝对不会达到的。这就是他的归宿必然是法家的道理。孔子的嫡传是荀况,荀孟对立其实就是孔孟对立。①

顾准把孟荀对立归结为孔孟对立,我理解这一良苦用心。傅斯年早就说过:“孔子的国际政治思想,只是一个霸道,全不是孟子所谓王道,理想人物即是齐桓、管仲。但这种浅义,甚合孔子的时代(此条长信已说)。”②张君劢也说:“……至于政治之本,孔子但

---

① 顾准:《顾准文集》,贵州人民出版社1994年版,第395页。

② 傅斯年:《论孔子学说所以适应于秦汉以来的社会的缘故》,欧阳哲生主编:《傅斯年全集》第1卷,湖南教育出版社2003年版,第480页。

言正名，与君君、臣臣、父父、子子之大道。然在《季氏》篇中，对于封建社会之自相残杀，孔子早已见之。惟‘民为贵，君为轻’之旨，由孟子单刀直入而指出之。此又孔孟两人性格之异，而其对于人民之轻重，因之而异矣。”①

尽管如此，我更愿用平常心拷问我们自己：孟子读过《论语》，就非得拿孔子的东西照本宣科吗？真是这样，孟子会成为后世认可的那个孟子吗？事实上，孔孟之间有不同，但绝不是对立；孟子不仅是照着讲孔子，更是接着讲孔子。

传统的资源像源头活水一样，积淀成孟子的支援意识；自己的思想像江淮河汉一样，凝聚成孟子的集中意识。通过合法化认同传统的资源，孟子创造性转换出自己的思想。程子说：“孟子有功于圣门，不可胜言。仲尼只说一个仁字，孟子开口便说仁义。仲尼只说一个志，孟子便说许多养气出来。只此二字，其功甚多。”“孟子性善、养气之论，皆前圣所未发。”②从这个角度看，“孟子读过《论语》吗”并不是傻问题，而是一个真问题……

四　“子曰”尾随着“《诗》云”

《韩非子·显学》说：“自孔子之死也，有子张之儒，有子思之儒，有颜氏之儒，有孟氏之儒，有漆雕氏之儒，有仲良氏之儒，有孙

---

①　张君劢：《孟子哲学》，氏著：《义理学十讲纲要》，中国人民大学出版社 2006 年版，第 72 ~ 73 页。

②　转引自《孟子集注·孟子序说》，[宋]朱熹：《四书章句集注》，中华书局 1983 年版，第 199 页。

氏之儒,有乐正氏之儒。"[①]看起来枝繁叶茂,实则硕果仅存。孟子与孔子究竟有什么关联呢?且看《经义考》卷231《孟子一》的引述:

> 欧阳修曰:"孔子之后,惟孟子最知道。"
>
> 黄庭坚曰:"由孔子以来,求其是非趋舍与孔子合者,惟孟子一人。"
>
> 胡舜陟曰:"孔子之后,深知圣人之道者,孟子而已。"
>
> 高似孙曰:"士生战国之间,其能屹主中流,一扫群异,学必孔氏,言必'六经'者,孟子一人而已。"[②]

跳过那么多人,径直把孟子排在孔子后面,于后世儒家,这是道统下的恭维;于孟子本人,则是精神上的方向。与公孙丑那次长长的交谈,孟子曾把孔门弟子对孔子的赞美和盘托出:"以予观于夫子,贤于尧、舜远矣",出自宰我之口;"自生民以来,未有夫子也",出自子贡之口;"出于其类,拔乎其萃,自生民以来,未有盛于孔子也",出自有若之口。也是这次谈话,孟子旗帜鲜明地宣称:"乃所愿,则学孔子也。"(3·2)

亲炙,意思是直接领受导师的教泽;私淑,意思是间接传承导

---

① [清]王先慎撰,钟哲点校:《韩非子集解》,中华书局1998年版,第456页。

② 以上四条引文,分别参见[清]朱彝尊撰,林庆彰、蒋秋华、杨晋龙、冯晓庭主编:《经义考新校》第8册,上海古籍出版社2010年版,第4165,4166,41 68页。

师的学脉。在出现“亲炙”一词的那段独白中，孟子说：“奋乎百世之上，百世之下，闻者莫不兴起也。”（14·15）在敞开“私淑”一词的那次沉思中，孟子说：“君子之泽五世而斩，小人之泽五世而斩。”（8·22）这两句话似乎有点冲突，孟子会如何化解呢？

一世等于30年。君子的流风余韵，小人的流风余韵，五世之后就会中断。这是说传统的自然寿命。如果要改变这种命运，并且聚焦于孔子，该怎么办？答子张“十世可知也”的提问，孔子说过：“其或继周者，虽百世，可知也。”（《论语》2·23）孟子同样确信：百世之前孔子奋发有为，百世之后人们闻之起舞，孔子及其儒家传统拥有长久的精神寿命。

《孟子》有39章涉及孔子的言行，从方方面面展示了孔子的人格魅力与思想力量。文化守成主义旨在把传统短暂的自然寿命转换为深远的精神寿命。所以，在“学孔子”的宣言下，孟子关注更根本的东西，要让“子曰”尾随着“《诗》云”，把孔子与诗书文化一起纳入相互权威性之中。

《论语》的第一句话是：“子曰：‘学而时习之，不亦说乎？有朋自远方来，不亦乐乎？人不知，而不愠，不亦君子乎？’”（1·1）如此开宗明义，何尝不意味深长？于我，常常由此想起曾子那句名言：“君子以文会友，以友辅仁。”（《论语》12·24）通过文化来结交朋友，通过朋友来提升仁义，目的正是文以载道——在诗书文化的远景里深深地祭奠美好的礼乐文明，经由文化守成主义承诺并推定道德理想主义。用孔子的话说：“博学于文，约之以礼，亦可以弗畔矣夫！”（《论语》6·27，12·15）

《史记·孔子世家》指出：“故孔子不仕，退而修诗书礼乐，弟子弥众,至自远方,莫不受业焉。”①孔子教学生,有四教(四种教学内容)——文、行、忠、信(《论语》7·25),有四科(四类人才)——德行、言语、政事、文学(《论语》11·3)。其中,“文”“文学”均指历代文献,又以《诗》《书》礼乐为主。傅斯年就说:“孔子、六艺、儒家三者的关系,我觉得是由地理造成的。邹鲁在东周是文化最深密的地方。六艺本是当地的风化。所以孔子与墨子同诵《诗》《书》,同观列国《春秋》。与其谓孔子定六艺,毋宁谓六艺定孔子。”②

不管“六艺”定孔子,还是孔子定“六艺”,表现都是多方面的。《左传·昭公十二年》记有孔子的一句话:“古也有志:‘克己复礼,仁也。’”③果真如此,“克己复礼为仁”就不完全是孔子的理论创造,而是他读了很多书后,赋古典以新义,出新解于陈编。众所周知,孔子认为诗教就是要人“可以兴,可以观,可以群,可以怨”(《论语》17·9),就是要人“思无邪”(《论语》2·2),就是要人“兴于《诗》,立于礼,成于乐”(《论语》8·8)。正因孔子的诗教对后世影响极大,《论语》有种言说格式十分值得我们注意。以下是全部例句:

子贡曰:“《诗》云:‘如切如磋,如琢如磨。’其斯之谓与?”子曰:“赐也,始可与言《诗》已矣,告诸往而知来者。”(1·15)

---

① [汉]司马迁撰:《史记》第6册,第1914页。

② 傅斯年:《与顾颉刚论古史书》,欧阳哲生主编:《傅斯年全集》第1卷,湖南教育出版社2003年版,第458页。

③ [清]阮元校刻:《十三经注疏(附校勘记)》下册,中华书局1980年版,第2064页下栏。

或谓孔子曰:“子奚不为政?”子曰:“《书》云:‘孝乎惟孝,友于兄弟,施于有政。’是亦为政,奚其为为政?”(2·21)

子张曰:“《书》云:‘高宗谅阴,三年不言。’何谓也?”子曰:“何必高宗,古之人皆然。君薨,百官总己以听于冢宰三年。”(14·40)

后人把这种言说格式叫作“《诗》云子曰”。为什么要“《诗》云”?这体现了“六艺”定孔子。为什么要“子曰”?这体现了孔子定“六艺”。“《诗》云”意味着传统的资源,“子曰”意味着自己的思想。把“《诗》云”与“子曰”捆绑在一起,就是为了把孔子的思想上升到跟诗书文化那样的权威地位。假如这个目的实现了,孔子的思想与传统的诗书就能在相互权威性的道路上,引导人们不断地优入圣域。当然,《论语》才一万多字,问题意识不太明显,所以“《诗》云子曰”仅具雏形而已。

为什么孔子重诗教而不是重书教,这个言说格式叫“《诗》云子曰”而不是“《书》云子曰”呢?陈梦家说:“……春秋晚叶时,称《尚书》为‘书’。孔子答弟子问,引《书》为说,而弟子亦引《书》为问。但孔子当时,《书》似为雅言之一,其地位尚不如《诗》与《礼》、《乐》重要。”①到了墨子、孟子的时代,这种情况已经改观:《论语》引《书》2条,而《墨子》引《书》42条,《孟子》引《书》19条②。

《诗经》是浪漫主义的文学读本,《尚书》是现实主义的历史读

① 陈梦家:《尚书通论》(增订本),中华书局1985年新1版,第11页。
② 参见蒋善国:《尚书综述》,上海古籍出版社1988年版,第16页。

本。“浪漫”“现实”用在这里未必特别恰当，可春秋、战国还是存在许多不同：再“是可忍也，孰不可忍也”（《论语》3·1），那也只是王公贵胄在践踏他们自己的制度，春秋时代的知识分子尚可浪漫于《诗》以道志；战国时代不同了，到处是“民有饥色，野有饿莩”（1·4），老百姓的生活水深火热，知识分子怎能不现实于《书》以言事呢？

《尚书》之被空前重视，墨子有极大功劳。墨子是孟子猛烈抨击的对象，可孟子在推崇《尚书》上为何跟墨子那样一致呢？西汉成书的《淮南子·要略》说：“墨子学儒者之业，受孔子之术，以为其礼烦扰而不说，厚葬靡财而贫民，服伤生而害事，故背周道而用夏政。”①这么说来，墨子既是孔门弟子，又是孔门叛徒。晋代学者鲁胜的《注墨辩叙》说：“孟子非墨子，其辩言正辞则与墨同。”②有人甚至认为：“……孟子应是墨子的入室弟子。”③

墨子是否向孔门学习过，孟子是否向墨门学习过，并不重要。重要的是人们已经熟知的史实：墨子是“非儒”的，孟子是“距杨墨”的。在这种动机驱使下，孔子很少谈《尚书》，墨子就会大谈特谈，以不同于孔子；墨子论《尚书》，成就斐然，孟子自然当仁不让，以超越墨子。

---

① 刘文典撰，冯逸、乔华点校：《淮南鸿烈集解》下册，中华书局 1989 年版，第 709 页。

② ［唐］房玄龄等撰：《晋书》第 8 册，中华书局 1974 年版，第 2433 ~ 2434 页。

③ 张知寒、徐淑梅：《读〈孟子〉札记二则》，丁冠之主编：《孟子研究论文集》，山东大学出版社 1997 年版，第 78 页。

孟子引过《尚书》说的“天降下民，作之君，作之师，惟曰其助上帝宠之。四方有罪无罪惟我在，天下曷敢有越厥志”（2·3），两次引过《太甲》说的“天作孽，犹可违；自作孽，不可活”（3·4，7·8），引过《太誓》说的“天视自我民视，天听自我民听”（9·5）……正如“六艺”定孔子一样，从孟子民本思想与《尚书》的紧密联系看，我们亦可提出《尚书》定孟子的问题。

花这么多笔墨交代孟子与《尚书》的关系，目的在于说明：为了“学孔子”，孟子在推崇《尚书》上与墨子竞争，并越来越长于《诗》《书》，诗书文化得到长足进展；同样是为了“学孔子”，孟子在诗书文化得以发展的情形下，又把《论语》中初露端倪的“《诗》云子曰”推进到了新的高度。

《孟子》中的“《诗》云子曰”，数量不是很多，但具有较为明显的形式化特征。下面是全部的例句：

> 《诗》云：“迨天之未阴雨，彻彼桑土，绸缪牖户。今此下民，或敢侮予？”孔子曰：“为此诗者，其知道乎！能治其国家，谁敢侮之？”（3·4）
>
> 孔子曰：“道二，仁与不仁而已矣。”暴其民甚，则身弑国亡；不甚，则身危国削，名之曰“幽”“厉”，虽孝子慈孙，百世不能改也。《诗》云：“殷鉴不远，在夏后之世。”此之谓也。（7·2）
>
> 《诗》云：“商之孙子，其丽不亿。上帝既命，侯于周服。侯服于周，天命靡常。殷士肤敏，祼将于京。”孔子曰：“仁不可为众也。夫国君好仁，天下无敌。”（7·7）
>
> 《诗》曰：“天生烝民，有物有则。民之秉彝，好是懿德。”孔

子曰："为此诗者，其知道乎！故有物必有则；民之秉彝也，故好是懿德。"(11·6)

《孟子》这一言说格式的意义性维度也比较鲜明。以上四个例句表明，尾随在"《诗》云"之后的"子曰"，显露了孔子对于礼乐文明的深切企盼，对于道德理想主义的一往情深。尤其是最后那个例句，每次读它，我都想起王国维《殷周制度论》中的一段话："周之制度典礼乃道德之器械，而尊尊、亲亲、贤贤、男女有别四者之结体也。此之谓'民彝'。其有不由此者，谓之'非彝'。"①

说来有点奇怪，尽管《孟子》比《论语》更重《尚书》，却没有在"《书》云子曰"上动太多的脑筋，仅有两个例句：

孔子曰："小子听之！清斯濯缨，浊斯濯足矣。自取之也。"……《太甲》曰："天作孽，犹可违；自作孽，不可活。"此之谓也。(7·8)

《尧典》曰："二十有八载，放勋乃徂落，百姓如丧考妣，三年，四海遏密八音。"孔子曰："天无二日，民无二王。"(9·4)

这是为什么呢？我同样想起王国维的《与友人论诗书中成语书(一)》所言："《诗》《书》为人人诵习之书，然于六艺中最难读。以弟之愚暗，于《书》所不能解者殆十之五，于《诗》亦十之一二。此非独弟所不能解也。汉魏以来诸大师未尝不强为之说，然其说终

① 王国维：《观堂集林(附别集)》上册，中华书局1959年版，第477页。

不可通，以是知先儒亦不能解也。”[1]王国维都觉得《尚书》比《诗经》费解，一般人就可想而知了。《尚书》太难读，它的影响比不过《诗经》吗？有了这份疑惑，我突然意识到孟子推出“《诗》云子曰”的一番苦心，那就是要让它具备更强的传播力。

到孟子的时代，孔子虽然已是文化名人，但未必是公认的道德权威。所以，孟子对“《诗》云子曰”进行范式重构，在孔子与诗书文化之间建立强有力的相互权威性，就是为了更好地“学孔子”，就是为了无限地延伸孔子的精神寿命。

未能亲炙于孔子，孟子多少有些遗憾；现在，他终于可以确认自己的师承：

> 由尧、舜至于汤，五百有余岁，若禹、皋陶，则见而知之；若汤，则闻而知之。由汤至于文王，五百有余岁，若伊尹、莱朱，则见而知之；若文王，则闻而知之。由文王至于孔子，五百有余岁，若太公望、散宜生，则见而知之；若孔子，则闻而知之。由孔子而来至于今，百有余岁，去圣人之世若此其未远也，近圣人之居若此其甚也，然而无有乎尔，则亦无有乎尔。（14・38）

这段话是《孟子》全书的最后一章，在儒家道统史上举足轻重。此时此刻，我要遥望北方的孟子故里：邹城市火车站广场，并排矗立着“孔子诞生圣地”“孟子诞生圣地”两块石碑。孔子生于邹城，孟子也生于邹城，正所谓“近圣人之居若此其甚也”。两块石碑都

---

① 王国维：《观堂集林（附别集）》上册，中华书局 1959 年版，第 75 页。

面朝南方：在今天这个时代中，有多少双眼睛能够坦诚地迎接孔子、孟子的注视呢？“去圣人之世若此其远也”让人伤怀，但我不相信“无有乎尔”（没有继承者），依然还要跟随孟子走在“《诗》云子曰”的路上，去企盼我们这代人不可或缺的人文，去呼唤我们这个时代必须拥有的正义。

五　乱臣贼子惧怕《春秋》吗？

《离娄下》有相连的两章，鲜明地表征了孟子对于历史的独到体悟：

> 禹恶旨酒而好善言。汤执中，立贤无方。文王视民如伤，望道而未之见。武王不泄迩，不忘远。周公思兼三王，以施四事；其有不合者，仰而思之，夜以继日；幸而得之，坐以待旦。（8・20）
>
> 王者之迹熄而《诗》亡，《诗》亡然后《春秋》作。晋之《乘》，楚之《梼杌》，鲁之《春秋》，一也：其事则齐桓、晋文，其文则史。孔子曰：“其义则丘窃取之矣。”（8・21）

所谓“王者之迹熄而《诗》亡”，意思是说：王政实施不下去了，輶轩采风、太师陈诗的制度终止了。这个重大的历史变革意味着：礼乐文明与诗书文化再也不能现实地拥抱在一起，从此它们只能逻辑地联结在一块；《诗》再也不是人民即时美刺政治的心声，从此它只是知识分子们借以缅怀历史的读物。王政对于人民是必不可少的，但《诗》的作用实则越来越重要。孔子晚年从卫国返回鲁国，开始编纂《诗经》，“《雅》《颂》各得其所”（《论语》9·15）。几年后，哲人其萎，留下具有深远文化意义的诗教传统。

接下来的《离娄下》第22章也是一段独白：“君子之泽五世而斩，小人之泽五世而斩。予未得为孔子徒也，予私淑诸人也。”（8·22）李贽把孔子的“窃取”与孟子的“私淑”联系起来，并说：“‘窃取’是‘存之’之法。”“‘私淑’处亦是‘存之’之法。有此‘私淑’，便上了尧、舜的路，不落禽兽陷阱，为孔孟之徒者当何如？”①所以，明明孔子说他“述而不作”（《论语》7·1），《论语》从未提过《春秋》，但孟子好像只是牢记了孔子说的“君子疾没世而名不称焉”（《论语》15·20）。“《诗》亡然后《春秋》作”，莫非就是由此而来？！

过去有“古代史”——《尚书》，现在有“近代史”——晋国的《乘》、楚国的《梼杌》、鲁国的《春秋》。客观发生过的是实史，史书是编史，编史叙述实史。仅仅只是从《梼杌》这个书名看，春秋时期的史官们绝对充满着真正的职业操守。

在古代传说中，梼杌是神。《国语·周语上》说：“商之兴也，梼杌次于丕山……”②梼杌也是怪兽。《神异经·西荒经》说：“西方荒中有兽焉，其状如虎而犬毛，长二尺，人面虎足，猪口牙，尾长一丈八尺，搅乱荒中，名梼杌，一名傲狠，一名难训。”③梼杌更是恶人的象征。《史记·五帝本纪》说：“颛顼氏有不才子，不可教训，不知

---

① ［明］李贽：《四书评》，上海人民出版社1975年版，第229，229～230页。

② 徐元诰撰，王树民、沈长云点校：《国语集解》，中华书局2002年版，第29页。

③ 《汉魏六朝笔记小说大观》，上海古籍出版社1999年版，第54页。

话言,天下谓之梼杌。"①用"梼杌"为楚国的史书定名,道出了实史的两重性:它既像神一样主宰人民的命运,又像怪兽、恶人一样残害人民的身心。

实史的两重性,归结起来就是孟子常说的"率兽而食人"(1·4,6·9)。正因实史根本不是人民幸福生活的历史,只是恶人横行霸道的历史,所以,孟子无比喟叹"王者之迹熄而《诗》亡",殷切企盼"《诗》亡然后《春秋》作",而且这一神圣使命得由人类有史以来最出类拔萃的孔子来承担:

> 世衰道微,邪说暴行有作,臣弑其君者有之,子弑其父者有之。孔子惧,作《春秋》。《春秋》,天子之事也;是故孔子曰:"知我者其惟《春秋》乎! 罪我者其惟《春秋》乎!"(6·9)

春秋之为乱世,正如《淮南子·主术训》的描述:"春秋二百四十二年,亡国五十二,弑君三十六……"②《太史公自序》也说:"《春秋》之中,弑君三十六,亡国五十二,诸侯奔走不得保其社稷者不可胜数。"③平均不到五年消灭一个国家,不到七年杀死一个国君,难怪孟子一针见血地说"春秋无义战"(14·2)。

历史上,人们大多挚信孟子首倡的"孔子作《春秋》"之说。

---

① [汉]司马迁撰:《史记》第1册,第36页。

② 刘文典撰,冯逸、乔华点校:《淮南鸿烈集解》上册,中华书局1989年版,第313页。

③ [汉]司马迁撰:《史记》第10册,第3297页。

《史记》还说:"至于为《春秋》,笔则笔,削则削,子夏之徒不能赞一辞。"(《孔子世家》)①"七十子之徒口受其传指,为有所刺讥褒讳挹损之文辞不可以书见也。"(《十二诸侯年表》)②孔子作的《春秋》,为何如此神秘?

所谓"《春秋》,天子之事也",意思是说:国史,尤其是当朝国史,既是国家行为,不可任意编撰;又是国家机密,不可轻易泄露。对于这一古代政治文化现象,章太炎指出:

> 《春秋》天子之事者,犹云《春秋》天子之史记矣。后人解《孟子》,以为孔子匹夫而行天子为事,故曰罪我者其惟《春秋》,此大谬也。周史秘藏,孔子窥之,而又泄之于外,故有罪焉尔。向来国史实录,秘不示人。明清两代,作实录成,焚其稿本,弃其灰于太液池。以近例远,正复相似。岂徒国史秘密,其凡例当亦秘密,故又曰:"其义则丘窃取之矣。"义即凡例之谓。窃取其义者,犹云盗其凡例也。孟子之言至明白,而后人不了其义,遂有汉儒之妄说。③

照太炎先生的讲法,孔子说"知我""罪我",乃因泄露了国史的秘密;说"窃取",乃因盗用了国史的凡例。把孟子笔下孔子的两句感喟,仅仅理解为泄其秘密、盗其凡例,是否太冷了一点,太客观了

---

① [汉]司马迁撰:《史记》第6册,第1944页。
② [汉]司马迁撰:《史记》第2册,第509页。
③ 章太炎著,傅杰校订:《国学讲演录》,华东师范大学出版社1995年版,第116页。

一点呢?

平实地看,孔子作《春秋》的史学贡献在于:第一,当时各国有编修国别史的惯例,但《春秋》不再是纯粹的国别史,而是一部中国通史;第二,《春秋》不只是编年体的史学著作,而且是融摄褒贬立场的历史哲学教科书;第三,史书不再只是史官们垄断的专业,从此变成了平民的学问、自由的学问,甚至是阳光下的学问①。

被章太炎批评的汉儒,其实并非毫无真知灼见。《孔子世家》写道:

> 子曰:"弗乎弗乎,君子病没世而名不称焉。吾道不行矣,吾何以自见于后世哉?"乃因史记作《春秋》,上至隐公,下讫哀公十四年,十二公。据鲁,亲周,故殷,运之三代。约其文辞而指博。故吴、楚之君自称王,而《春秋》贬之曰"子";践土之会实召周天子,而《春秋》讳之曰"天王狩于河阳":推此类以绳当世。贬损之义,后有王者举而开之。《春秋》之义行,则天下乱臣贼子惧焉。②

司马迁说的"贬损之义",亦即笔则笔、削则削的《春秋》笔法。董仲舒说:"孔子作《春秋》,先正王而系万事,见素王之文焉。"(《汉书·董仲舒传》)③王充说:"孔子不王,素王之业,在于《春

---

① 参见钱穆:《中国文化史导论》(修订本),商务印书馆1994年版,第74~75页。

② [汉]司马迁撰:《史记》第6册,第1943页。

③ [汉]班固撰:《汉书》第8册,第2509页。

秋》。"(《论衡·定贤》)①它们显示了汉儒的某种共识：因以匹夫之身做了天子之事，孔子才有"罪我者其惟《春秋》乎"的顾虑。

匹夫而行天子之事，人即素王，事即素王之业。《庄子·天道》说："以此处上，帝王天子之德也；以此处下，玄圣素王之道也。"②孟子似乎早已露出把孔子与素王挂上钩来的端倪："匹夫而有天下者，德必若舜、禹，而又有天子荐之者，故仲尼不有天下。"(9·6)到了汉代，知识分子普遍以孔子为素王，而且认为孔子志在《春秋》、功在《春秋》。《汉书》引董仲舒："《春秋》大一统者，天地之常经，古今之通谊也。"③《论衡·程材》说："然则《春秋》，汉之经，孔子制作，垂遗于汉。"④每每想起这些，我就倍感孟子借由"孔子作《春秋》"之说，把"学孔子"发挥到了淋漓尽致的地步。

与公都子那次长聊，孟子说："昔者禹抑洪水而天下平，周公兼夷狄、驱猛兽而百姓宁，孔子成《春秋》而乱臣贼子惧。"(6·9)这段话至少有两层含义不可轻视：首先，把"孔子成《春秋》"跟"禹抑洪水""周公兼夷狄"相提并论，显示出一种理论上的高度；其次，认为孔子作《春秋》，乱臣贼子惧怕起来，寄寓了一种现实中的作用。理论高度要靠现实作用来证明，但乱臣贼子真的惧怕《春秋》吗？

王夫之觉得乱臣贼子是惧怕《春秋》的，其《读四书大全说》卷

---

① 黄晖：《论衡校释(附刘盼遂集解)》第4册，中华书局1990年版，第1122页。

② 陈鼓应：《庄子今注今译》中册，中华书局1983年版，第337页。

③ [汉]班固撰：《汉书》第8册，第2523页。

④ 黄晖：《论衡校释(附刘盼遂集解)》第2册，中华书局1990年版，第542～543页。

8 指出：

“孔子作《春秋》而乱臣贼子惧”，非虚说也。春秋二百四十二年之间，弑君三十六，而远国之不相通问者不与焉。《春秋》既成之后，以迄乎秦，弑父与君之事息矣。秦人焚书，而后胡亥死于赵高之手。自汉以来，《春秋》复传，至今千五百余年，弑君者唯王莽、萧道成、萧鸾、朱温数贼而已，（刘裕、萧衍、郭威皆已篡而后弑。宦官宫妾，则本无知而陷于恶。其余则夷狄也。）然犹不敢称兵而手刃，自非石宣、安庆绪、史怀义以夷种而为盗贼，未有弑父者也。以战国之糜烂瓦解，而田和、三晋之流，敢于篡而终不敢弑。以商鞅、魏冉、韩朋、田婴、黄歇、吕不韦之狙诈无君，而“今将”之志，伏不敢动，故有妾妇之小人，而无枭獍之大逆。其视哀、定以前，挟目送之情，怀杯羹之恨，曾老畜之不若者，已天渊矣。①

隋炀帝算不算弑君、弑父？唐太宗算不算弑君、弑父？如果只有弑君、弑父者才是乱臣贼子，奸诈者如秦桧、严嵩、和珅岂不名落孙山？还有那些弄权的外戚、宦官，难道不也是乱臣贼子吗？如果太狭义地理解《春秋》的作用，袁枚那句“作《春秋》而乱臣贼子喜”就真的没有说错：

---

① ［明］王夫之著，船山全书编辑委员会编校：《船山全书》第6册，岳麓书社1991年版，第978～979页。

传所载桓公、隐公皆被弑，而经皆书“公薨”。隐弑者之冤，灭逆臣之迹，岂非作《春秋》而乱臣贼子喜欤？若曰为国讳，小恶书，大恶不书，毋乃戒人为小恶，而劝人为大恶欤？（《小仓山房文集》卷24《策秀才文五道》）①

后来读张之洞的《劝学篇·宗经》，我又看到了同样的论断：

哀、平之际，造谶益纬，以媚巨奸，于是非常可怪之论益多。如文王受命、孔子称王之类，此非七十子之说，乃秦、汉经生之说也，而说《公羊春秋》者为尤甚。（新周，王鲁，以《春秋》当新王。）乾嘉诸儒嗜古好难，力为阐扬，其风日肆，演其余波，实有不宜于今之世道者，如禁方奇药，往往有大毒，可以杀人。假如近儒公羊之说，是孔子作《春秋》而乱臣贼子喜也。②

任何乱臣贼子，其实是根本不拿《春秋》当回事的。所以，后世学者说“惧”，说“喜”，还是走在孟子的思路上。政治分析师的政治议题与行政官员的政府议题，从来就是两个不同的东西。只要学术不想附丽于政治，学者不想加盟那个饭碗集团，那么，知识分子对于政治的参与，就只是也只能以评论的姿态介入。在此意义上，

---

① ［清］袁枚著，周本淳标校：《小仓山房诗文集》下册，上海古籍出版社1988年版，第1665页。

② ［清］张之洞：《劝学篇》，《续修四库全书》第953册，第49页下栏。

孟子首倡“孔子作《春秋》”之说，依然是要以文化守成主义去实现道德理想主义。

从中国大历史看，康有为的《孟子微·自序一》说得对：“……孟子传《诗》、《书》及《春秋》。”[①]从战国那段小历史看，章太炎的《诸子略说》指出：

> 荀子复言隆礼乐（或作仪）、杀《诗》《书》，此其故由于孟子长于《诗》《书》，而不长于礼。（孟子曰：“诸侯之礼，吾未之学也。”）墨子时引《诗》《书》（引《书》多于孟子）而反对礼乐。荀子偏矫，纯与墨家相反。此其所以隆礼乐、杀《诗》《书》也（《非十二子》反对墨家最甚，宁可少读《诗》《书》，不可不尊礼乐，其故可知）。其所以反对子思、孟子者，子思、孟子皆有超出人格处，荀子所不道也。[②]

读《孟子》，我们务必洞察：孟子的泰山岩岩之气象、大丈夫咄咄之英气，是要通过诗书文化这个生生不息的平台，让人们求得礼乐文明的伦理共识；是要在“学孔子”的旗帜下，让人们达成“言必称尧舜”的文化认同。这种做法纯粹是知识分子的做法，也是孟子在他那个时代中唯一能够做到的。

我不去判断荀子是否体悟过孟子不同寻常的人格魅力，但孟

---

① 楼宇烈整理：《孟子微　礼运注　中庸注》，中华书局1987年版，第1页。

② 章太炎著，傅杰校订：《国学讲演录》，华东师范大学出版社1995年版，第177页。

子打造“孔子作《春秋》”之说，丰富了诗书文化的历史内涵，推动了礼乐文明的当代发展；“王者之迹熄而《诗》亡，《诗》亡然后《春秋》作”，是以《春秋》接续诗书文化的新谱系，重振礼乐文明的新景象。“能言距杨、墨者，圣人之徒也”（6·9），尤其会告诉你——“学孔子”与“距杨墨”是联系在一起的，诗书文化与礼乐文明是密不可分的，而这就是孟子的道德理想主义，就是孟子的文化守成主义，就是孟子的文以载道！

六　将“距杨墨”进行到底

公都子也是孟子门下很会提问的学生。正因他对“外人皆称夫子好辩”不是特别理解，催生了著名的“夫子好辩”章，让我们领略到思想史上两个原创性的大问题：一个是孔子作《春秋》，另一个是孟子距杨墨。

“夫子好辩”章的结尾写道：

> 昔者禹抑洪水而天下平，周公兼夷狄、驱猛兽而百姓宁，孔子成《春秋》而乱臣贼子惧。《诗》云：“戎狄是膺，荆舒是惩，则莫我敢承。”无父无君，是周公所膺也。我亦欲正人心，息邪说，距诐行，放淫辞，以承三圣者；岂好辩哉？予不得已也。能言距杨、墨者，圣人之徒也。（6·9）

人类其实是孱弱的，但在孟子看来，我们的祖先创造了四座标志性的丰碑：

第一座丰碑是禹抑洪水。那个时候,人类抵抗自然灾害的能力太弱,光是滔滔不绝的洪灾就足以置人类于死地,所以,大禹治水,功在千秋,人民永志勿忘。防汛至今依然是个大问题,我们一定要善待自然!

第二座丰碑是周公兼夷狄。暂时把洪灾制伏了,接踵而来的是文明开化问题。在税率问题上,孟子反对白圭的貉国之道,坚守尧舜之道(12·10)。与陈相对话,他说:“吾闻用夏变夷者,未闻变于夷者也。”(5·4)依据以华夏民族为核心的文明开化观,孟子高度赞许周公兼夷狄的重大历史意义。

第三座丰碑是孔子作《春秋》。夷狄被华化了,可我们民族中许多有权有势的人却异化了。不管礼乐文明是否十全十美,乱臣贼子是否十恶不赦,但社会要和谐、政治要稳定,这一诉求绝对是正确的。只是光凭一部《春秋》来解决政治问题,未免过于浪漫。

第四座丰碑是孟子距杨墨。降伏自然灾难有了大禹的范例,以夏变夷有了周公的伟业,防范乱臣贼子有了孔子的褒贬——人类在人与自然、开化民族与未开化民族、王道与霸道的关系上,已经积累下应有的历史教训,取得了成功的实践经验。可思想上的异端问题并未得到有效的遏制,孟子因而把“距杨墨”当作圣人之徒的新使命。

曾经责任编辑刘小枫的《霍布斯的“申辩”》一文,其中有段话让我陷入久久的沉思:“在哲人群体内部,当然没有异端这回事情,但在一个政治共同体中,所有哲人都是异端。”①政治与哲学的张力

---

① 刘小枫:《霍布斯的“申辩”》,《中山大学学报》(社会科学版)2007 年第 6 期。

是永恒的,但思想史内部真的就同心同德、太平无事吗?思想家大凡固执己见,大多同行相轻,时常挑起争论,又该如何理解?

事先声明,无论对杨朱还是对墨子,我都心怀敬畏。没有别的理由,就因为他们是我们这个倍受苦难而又聪明智慧的民族在轴心时期脱颖而出的思者。我敬畏一切真诚地为人类置身其间的困境、困惑、困顿而慧心思考的思者,同时必然反对思想领域内任何形式的党同伐异。直到此时,我似乎逐步理会了刘小枫那句话的别有用心——"在哲人群体内部,当然没有异端这回事情"。

孟子为什么要激烈批判杨墨之学呢?首当其冲的缘由在于:"杨氏为我,是无君也;墨氏兼爱,是无父也。无父无君,是禽兽也。"(6·9)"杨子取为我,拔一毛而利天下,不为也。墨子兼爱,摩顶放踵利天下,为之。"(13·26)为我是极端利己主义,兼爱是极端利他主义。杨朱的理论造成"无君"的局面,墨子的理论造成"无父"的局面。只有禽兽才无父、无君,而人类社会绝对拒斥这种禽兽状态!

扪心自问,谁的骨子里不深藏着自私取向?因为自私是人类的天性,所以,一个人为自己考虑得多一点,通常情形下趋利避害,这是任何一种伦理学都得正面肯认的,否则它就是假道学。但是,人在本质上是一切社会关系的总和。你自私到了极点,别人也自私到了极点,人人都自私到了极点,这个社会就无法维系下来。

自私有两种类型:一种是利己不利他,一种是利己却害人。把利己建立在损害他人利益的基础上,人人可以鸣鼓而攻之,可这种行径偏偏在杨朱那个时代比比皆是。杨朱知道自己的力量微薄得很,既阻止不了贪婪者的贪得无厌,也拯救不了弱势群体的孤苦伶仃。他只晓得自己该怎么办,那就是明哲保身、全性葆真,完全利己起来,绝对自私起来,但又绝对不去伤害别人。

杨朱这样做,有他自己的哲学依据:

> 万物所异者生也,所同者死也。生则有贤愚、贵贱,是所异也;死则有臭腐、消灭,是所同也。虽然,贤愚、贵贱非所能也,臭腐、消灭亦非所能也。故生非所生,死非所死,贤非所贤,愚非所愚,贵非所贵,贱非所贱。然而万物齐生齐死,齐贤齐愚,齐贵齐贱。十年亦死,百年亦死。仁圣亦死,凶愚亦死。生则尧、舜,死则腐骨;生则桀、纣,死则腐骨。腐骨一矣,孰知其异?且趣当生,奚遑死后?(《列子·杨朱篇》)①

如此看破红尘的虚幻,洞察生死的玄机,我喜欢这个哲人的杨朱。与此同时,那个俗世意义上的杨朱也值得我们敬畏:权势者搜刮民脂民膏如同探囊取物,无数人——我指的是学成文武艺的那些读书人——却跑过去助纣为虐,而杨朱选择了洁身自好。难道洁身自好不比助纣为虐更高尚,更让我们的心头荡漾起难以言状的情愫吗?所以,即便把“为我”定义成“拔一毛而利天下,不为也”,当且仅当它只是个人行为时,也该被任何一种真正的伦理学所包容。杨朱说的是大实话,我们在无数情形下不正是杨朱模式的实践者吗?

同样扪心自问,我们每个人的内心深处不仅埋藏着自私的天

---

① 杨伯峻:《列子集释》,中华书局 1979 年版,第 221 页。

性，而且潜伏了同情的禀赋。看到小孩即将掉进井里，你能不伸出自己的手吗？老人踉踉跄跄走在路上，你顺手折根树枝给他当拐杖，就那么伤你的筋、动你的骨吗？这属于“不能”还是“不为”的问题（1·7），但在力所能及的前提下，孟子鼓励人们尽力显发自己的恻隐之心。

在现实地倾泻同情之心、利他之举上，无论力所能及还是知其不可而为之，都足以让人“自西自东，自南自北，无思不服”（3·3）。墨子那个时代，正如所有时代一样，大凡权势者皆欲壑难填之徒也！“势”绝对不是思想家扭转得了的，他们只能以自己的言行给“道”立法。杨朱“为我”，“拔一毛而利天下，不为也”，这是冷的立法；墨子“兼爱”，“摩顶放踵利天下，为之”，这是热的立法。天下大乱之际，明哲保身不失为聪明，挺身而出则是牺牲了。至少现在，我要三鞠躬、三致敬的是古道热肠的墨子，而不是铁石心肠的杨朱！

任何情况下，政治、经济、军事都是强实力，道德只是一种软力量。既然利己与利他的战争总会从心中转移到生活的所有方面，社会就依然需要道德来维系人心、整合秩序。正因如此，我们需要好好读读贺麟《杨墨的新评价》一文的结尾：

> 利己与利他（杨子与墨子），虽说失之偏执，似应设法调解，而不可一味抹煞。现代的中国，旧的儒家思想，特别关于家庭、国家、礼教方面的思想，业已经过新文化运动以来的破坏摧毁。杨子的思想已随西洋个人主义的输入而抬头，墨子的思想，亦随西洋的宗教思想、人道教以及社会主义思想的输

入而复兴。故今后新儒家思想的发展,似亦不得不部分的容纳杨墨的精华,而赋予新的意义。且西洋近代注重社会理想的伦理思想,便是以杨子的为我为出发点,而以墨子的兼爱为归宿点(梁任公称费希特语),以维护个人权益为出发点,以造福于人类社会为归宿点,便可说是得到相当可取的调解,而值得我们的借鉴了。①

说杨朱的"为我"导致"无君",墨子的"兼爱"导致"无父",孟子的理由是什么呢?换句话说,杨墨之学让人们退回到没有家庭、没有国家的那种状态,就毫无意义吗?对于这个问题,《杨墨的新评价》也有近乎完美的解答:

总之,利己主义者,清高风雅,主张到山林去隐逸,注重艺术欣赏;利他主义者,悲悯为怀,主张到民间去拯救,注重宗教精神,这是两者相异处。两者皆反对人本主义,一归于自然,趋向超道德的艺术。一皈依神圣,趋向超道德的宗教。两者皆注重超脱政治,离开家庭,蔑弃人伦,特别蔑弃君臣父子夫妇(因利己主义者每多抱独身主义)之伦,为其共同之点。抱利己主义,在山林中自享清福,而不为政治上君臣的关系所束缚所烦累,"杨朱为我,是无君也",确是一语中的。抱利他主义,则不知私亲,普爱众人,视四海之内的人,皆亲如兄弟,同时亦视兄弟一如四海之内的众人,爱父母兄弟亦一如爱众人,

① 贺麟:《文化与人生》,商务印书馆1988年版,第205页。

无有偏私，不觉有等差之别。“墨子兼爱，是无父也”，亦确是实话。孟子并没有冤枉他们。即韩退之作《原道》攘斥佛老，其要点亦在指斥佛老之“子焉而不父其父，臣焉无①不君其君”。换言之，利己主义与利他主义发展到了极端，同是反对礼教上所予君父的权威，反对家庭私恩，反对参与政治，反对齐家治国、尊崇君父的儒家思想。这是孟子所以要辟杨墨的根本原因，这也说明了受儒家思想支配的文化，所以较为缺乏超脱人世、家庭和政治经济组织之伟大艺术和宗教的原因。②

说起来人们不会相信，《论语》只有一章涉及“儒”字：“女为君子儒！无为小人儒！”（6·13）它指的还不是专门教授礼、乐、射、御、书、数的人——此乃儒之“类名”，只是泛指一切有知识的人——此乃儒之“达名”。“达名为儒”比“类名为儒”的外延大，可见《论语》对“儒”的学派意义尚处于朦胧的境地，它离外延最小、内涵最确定的“私名为儒”还远着呢！

“儒”字也只在《孟子》里面出现过两次，但它们出场的语境却耐人寻味：

夷子曰：“儒者之道，古之人若保赤子，此言何谓也？之则以为爱无差等，施由亲始。”（5·5）

---

① “无”当作“而”。参见［唐］韩愈著，钱仲联、马茂元校点：《韩愈全集》，上海古籍出版社1997年版，第121页。

② 贺麟：《文化与人生》，商务印书馆1988年版，第204～205页。

孟子曰："逃墨必归于杨，逃杨必归于儒。归，斯受之而已矣。今之与杨、墨辩者，如追放豚，既入其苙，又从而招之。"(14·26)

夷之本是墨家，照理得坚信并践履"爱无差等"，可他偏偏"葬其亲厚"，明显违反了墨子的薄葬主张。这里的弦外之音是：薄葬不近人情，厚葬契合人之常理，否则夷之何以讲的是墨家一套，做的却是儒家一套呢？"儒者之道"四个字，《孟子》不是让反复传话的孟门弟子徐辟说出来，而是让墨者夷之脱口而出。这一看似不经意的设计，似乎也算得上《春秋》笔法。

所谓"儒者之道"，即是"周公、仲尼之道"(5·4)。孟子说过："杨墨之道不息，孔子之道不著……"(6·9)联系这一切看，"逃杨必归于儒"的"儒"字不是指最空洞的"达名"之儒，也不是指相对暧昧的"类名"之儒，而是指内涵确切的"私名"之儒。此"儒"祖述尧舜、宪章文武、宗师仲尼，就是孔子创立的儒家学派，就是太炎先生《原儒》说的"私名为儒"①。

孟子曾说："予未得为孔子徒也，予私淑诸人也。"(8·22)《广文选》有段《孟子》逸文："鲁平公与齐宣王会于凫绎山下，乐克备道孟子于平公曰：'孟子私淑仲尼，其德辅世长民，其道发政施仁，君何为不见乎？'"②看完这两段文字，我建议人们重温一次孟子何以没有见上鲁平公那个故事(2·16)，并且回头再读一下刘小枫的那

① 参见汤志钧编：《章太炎政论选集》上册，中华书局1977年版，第491页。
② ［清］李调元辑：《逸孟子》，《续修四库全书》第158册，第157页上栏。

番话:“在哲人群体内部,当然没有异端这回事情,但在一个政治共同体中,所有哲人都是异端。”

《孟子》仅有的两个“儒”字,都是距杨墨之际讲的。这纯粹是偶然吗?我得重申,公孙丑、万章那个《孟子》编纂共同体极其了不起。他们既了解孟子的志向,又能准确地传达孟子的理想,那就是——在学派的意义上史无前例地推出了“儒”字,在“距杨墨”的框架下展开了儒学对杨墨之言的激烈批判。学派之“儒”直到西汉初期才慢慢成为集体心理,由此,你难道不觉得“儒”字在《孟子》中非同寻常的重要性吗?

于我,真正感兴趣的,与其说是孟子如何距杨墨,毋宁说是《孟子》空前地赋予“儒”字以学派上的新含义。原儒了,你才能原道!只有走到这一步,我才敢于沿着李贽的路径,去揣摩《尽心下》第26章。李贽写的眉批是:“远墨近杨,都有味,经历过,始知其妙。”他做的总评是:“豚极蠢,故以之骂杨、墨。呜呼!若辈俱聪明过人者也,何竟与豚无异哉?可痛哭矣!聪明之误人如此。”①

从现代语法看,“逃墨必归于杨,逃杨必归于儒”这类诗化编码其实是不逻辑的。从墨子那里逃出来就跑到杨朱这里了——这是第一步,从杨朱那里逃出来就跑到儒家这里了——这是第二步,但是,假定儒家思想真能让杨墨之徒浪子回头,他们非得先走了第一步,然后才走第二步吗?

李贽说得没错,孟子多多少少有些“远墨近杨”。其中的妙不可言在于:太利己的人通常比较滑头,会见风使舵,再假定儒家思

---

①　[明]李贽:《四书评》,上海人民出版社1975年版,第294页。

想足以让人名利双收，你想又自私又滑头的人能不改弦更张么？相反，执着于兼爱的人性格坚强，任何外在的东西——尤其是功名利禄——根本动摇不了这些人心中的信条、信念、信仰，所以，即便儒家思想已经一统天下，他们也丝毫不会放弃自己的理想。说到底，杨朱之徒不难拿下，墨子之徒则顽固得很，孟子"远墨近杨"确有几分道理。

然而，有谁深知孟子在精神深处又"远杨近墨"呢？你让孟子"拔一毛而利天下，不为也"，他绝对不会听你的；你要孟子"摩顶放踵利天下，为之"，却是绝对可能的。否则，孟子就不是那个"富贵不能淫，贫贱不能移，威武不能屈"（6·2）的大丈夫，就不是那个"如欲平治天下，当今之世，舍我其谁也"（4·13）的义仕派领袖。有人说墨子向儒家学习过，甚至猜测孟子一度是墨学的信徒——至此，我起码有点相信了，因为它们击中了我同样深信的那个逻辑：道德应当是人类的理想，人类应当生存在道德的支撑下。

在精神气质上，孟子与墨子何其相似乃尔！孟子越是批墨子，他受墨子的影响就越深。孟子不会说墨子给过他哪些影响，但它们会潜移默化，乃至成为孟子思想中不可或缺的组成部分。熊十力就说：

> 但孟子融摄墨义处却亦不少，如云"天下定于一"，云"善战者服上刑"，此皆与墨氏主张相通。其曰"国必自伐而后人伐之"，与墨子抵抗侵略之意亦近。其称墨子曰"摩顶放踵以利天下则为之"，亦可谓尊仰之极已。庄子仅叹为天下之好也，才士也夫，则犹未道得墨子之精神也，孰谓孟子一概辟墨

耶？道家本放任主义，其于墨氏救世之积极精神，故不深体之，而孟子远矣。(《十力语要》卷1《谈墨子》)①

历史终归不是一部同情于杨墨之学的历史，李贽那句“可痛哭矣”才是历史的写照。《孟子事实录》卷下“孟子所辩多杨墨之说”条说：

《孟子》书中凡所辩者多杨、墨之说，不必其明言杨、墨也。是故，性之犹杞柳，犹湍水，生之谓性，食色之为性，皆杨氏之说也；舜之臣尧，禹之德衰，汤、武之放伐为弑君，皆杨氏之说也；许行所谓并耕，白圭所谓二十取一，皆墨氏之说也。不宁惟是，即传食之为泰，不耕而食之为素餐，亦皆为墨氏之说之所误者也。然则孟子之所辩者大半皆为杨、墨，故人谓孟子好辩而孟子自言为距杨、墨也。②

凡被孟子批过的东西，一律属于“邪说诬民，充塞仁义”(6·9)的杨墨之学！而且，在儒学掌控意识形态话语权的古代社会，“杨墨”俨然成了“异端”的代名词，异端就是杨墨，杨墨就是异端，凡杨墨者、异端者必距之、辟之、批之而后快，否则你就不是孔孟之徒。

以宋明理学为例，“距杨墨”有了另一种表述——“辟佛老”。

---

① 萧萐父主编：《熊十力全集》第4卷，湖北教育出版社2001年版，第146页。

② ［清］崔述撰著，顾颉刚编订：《崔东壁遗书》，上海古籍出版社1983年版，第430页。

理学大师程颢说：

> 杨、墨之害，甚于申、韩；佛、老（一无老字）之害，甚于杨、墨。杨氏为我，疑于仁。墨氏兼爱，疑于义。申、韩则浅陋易见。故孟子只辟杨、墨，为其惑世之甚也。佛、老（一作氏字）其言近理，又非杨、墨之比，此所以害尤甚。杨、墨之害，亦经孟子辟之，所以廓如也。（《河南程氏遗书》卷13《明道先生语三》）①

我相信程颢真诚地信仰儒家，但我不相信历史上所有的距杨墨、辟佛老者都是真正的孔孟之徒。君不见宋理宗的《孟子赞》说："道术分裂，诸子为书。既极而合，笃生真儒。诋诃杨墨，皇极是扶。校功论德，三圣之徒。"康熙皇帝的《孟子赞》说："哲人既萎，杨墨昌炽。子舆辟之，曰仁曰义。性善独阐，知言养气。道称尧舜，学屏功利。煌煌七篇，并垂六艺。孔学攸传，禹功作配。"②有皇帝老子撑腰，你是否距杨墨、辟佛老，就不只是个人兴趣，而是重大的政治问题了。

即使是政治问题，有时也奈何不了读书人的心灵史记。朱熹是理学的集大成者，陆九渊是心学的一代宗师，不照样一个乐道、一个悦禅吗？人们常说的"朱子道，陆子禅"，就揭示了朱熹、陆九

---

① ［北宋］程颢、程颐著，王孝鱼点校：《二程集》第1册，中华书局1981年版，第138页。

② 刘培桂编：《孟子林庙历代题咏集》，齐鲁书社2001年版，第5，195页。

渊在某个阶段上的精神喜好，乃至心灵深处的某种追求。我又情不自禁地想起刘小枫说过的那番话，并且是本文第四次引用："在哲人群体内部，当然没有异端这回事情，但在一个政治共同体中，所有哲人都是异端。"

南宋最能写书的王应麟曾说："杨之学似老，墨之学似佛。"(《困学纪闻》卷8《孟子》)①民国时期，胡怀琛发表《墨翟为印度人辨》一文。文章很有意思，我只抄下它的结论：

一、墨翟者，"墨狄"也。因面黑或衣黑而称"墨"，因外国人而称"狄"。

二、墨翟，印度人也。

三、"兼爱""节用"，佛学也。

四、"天志""明鬼"，佛教也。

五、"名学"，"因明"也。

六、"无父"，出家也。

七、"摩顶放踵"，秃头赤足之僧装也。

八、索庐参，印度字之译音也。②

胡怀琛的文章，是《墨学源流》下卷第2章第1节的附录。方授楚这本书也很有味道，如下卷共四章，章名分别为《驳墨子非姓

---

① [宋]王应麟著，[清]翁元圻等注，栾保群、田松青、吕宗力校点：《困学纪闻》中册，上海古籍出版社2008年版，第999页。

② 转引自方授楚：《墨学源流》下卷，中华书局1940年版，第29页。

墨说》《驳墨子为印度佛教徒说》《驳墨子为印度婆罗门教徒说》《驳墨子为亚剌伯回教徒说》。儒学独尊之后，墨学不是中绝了吗？任何有价值的思想体系也许会一时中绝，但中绝绝对不是永远的。墨学在近代的复兴，即是例证。

中华书局出版的《墨学源流》，我是从李锦全先生那里借的：1937年4月初版，1940年10月再版。七十余年过去了，书旧了，纸黄了，稍微一翻就会掉页了——这是一本书的自然命运，难道它也是一本书的必然宿命吗？书本孱弱，文化同样孱弱，所以，看到先生给书加上了白色的封皮，我有一种说不出的凄清……

对于孟子的思想体系，对于孟子的文化守成主义，距杨墨不是可有可无的，而是十分必要。儒家能在诸子蜂起的战国时代脱颖而出，它起到了转折性作用；儒学能在佛老称雄的唐宋时期发扬光大，它展示了枢纽性功能。正因"转折"强调方向将要改变，"枢纽"强调方向得以改变之所依托的平台，所以，将"距杨墨"进行到底，并把它当作继大禹、周公、孔子之后的第四座丰碑，这是孟子"学孔子"之下的本意！

但是，我更相信世界是多元、多彩的。我们追求真理，就得有不同视角、不同进路，就须严肃地对待不同的文化、不同的传统、不同的合理性，让它们融入"和而不同""美美与共"的框架之中。把两根点亮了的蜡烛放在一起，只会相互辉映，更加生辉，光芒不会影响光芒。在我看来，孟子是一种光芒，被他批过的杨墨之学同样是一种光芒，他们的思想——今天依然还能照耀我们走过人生中某段崎岖的道路。

七　以意逆志：一个读书方法，一种解释学境界

到孟子的时代，在《诗经》的三种应用形式中，听《诗》十分罕见，赋《诗》日渐式微，唯有引《诗》硕果仅存。引《诗》得以存活下来，这是因为孔子开创了平民教育，并且用《诗》《书》礼乐教育学生。朗诵、背诵是学《诗》的基本功，孔子有"诵《诗》三百"之说（《论语》13·5），孟子同样强调"颂其诗"（10·8）。学生有疑惑、困惑，老师就得解疑、解惑。读《孟子》，我们看到：从学生提问到孟子解答，引《诗》相当普遍；孟子还提出一种解《诗》的新方法、新理念。

为什么说咸丘蒙解《诗》错了？

下面是孟子教咸丘蒙解《诗》的著名案例：

> 咸丘蒙曰："舜之不臣尧，则吾既得闻命矣。《诗》云：'普天之下，莫非王土；率土之滨，莫非王臣。'而舜既为天子矣，敢问瞽瞍之非臣，如何？"
>
> 曰："是诗也，非是之谓也；劳于王事而不得养父母也。曰：'此莫非王事，我独贤劳也。'故说诗者，不以文害辞，不以辞害志。以意逆志，是为得之。如以辞而已矣，《云汉》之诗曰：'周余黎民，靡有孑遗。'信斯言也，是周无遗民也。孝子之至，莫大乎尊亲；尊亲之至，莫大乎以天下养。为天子父，尊之至也；以天下养，养之至也。《诗》曰：'永言孝思，孝思维则。'

此之谓也。《书》曰:'祗载见瞽瞍,夔夔齐栗,瞽瞍亦允若。'是为父不得而子也?"(9·4)

舜做天子以后,瞽瞍是臣民吗?在咸丘蒙看来,按照《诗经·小雅·北山》的说法,瞽瞍虽是舜的父亲,但也是舜的臣民。可在这次对话的开头,孟子明明认为"舜南面而立……瞽瞍亦北面而朝之"是荒诞不经的齐东野语(9·4)。《诗》的意思与孟子的意思明显矛盾,哪个对,哪个不对?

《北山》凡6章,其中第2章为:"溥天之下,莫非王土;率土之滨,莫非王臣。大夫不均,我从事独贤。"①《北山》真正要表达的不是"莫非"问题,而是作者宣泄本人"劳于王事而不得养父母"的一片孝子之心。孟子的理解是对的,咸丘蒙则轻重不分、避重就轻。当然,这也不能全怪咸丘蒙。多少年来,有几人记住了"大夫不均,我从事独贤"呢?古往今来,人们对两个"莫非"却烂熟于心。

任何人读《北山》,都想正确地理解并把握诗的意义。有的诗句让人过目不忘;有的诗句尽管意义重要,但总有一天会淡出记忆。《诗》这门课上完了,有多少个句子以后只要想用,就会招之即来呢?已经跑到嘴巴边上的句子,是不是一定与诗篇本来的意思步调一致呢?再退一步,是不是会记错一两个字呢?《朱子语类》卷10说得好:"今缘文字印本多,人不着心读。汉时诸儒以经相授者,只是暗诵,所以记得牢,故其所引书句,多有错字。如《孟子》所

① [清]阮元校刻:《十三经注疏(附校勘记)》上册,中华书局1980年版,第463页中栏。

引《诗》《书》亦多错，以其无本，但记得耳。”①咸丘蒙顾此失彼，其实合情合理。

从“故说诗者，不以文害辞，不以辞害志”的教导看，孟子是反对断章取义的。先不谈“志”，这里的“文”指文字，“辞”指词句，许多个文字经过作者的指挥变成词句，若干个词句通过作者的调度组成诗篇。如今，一首诗完整地摆在你面前了，你能说某个字的作用大得过某个词句，某个词句的作用大得过整首诗吗？至少在正常情形下，这是不可能的。什么是“志”？它是一首诗的意义。在孟子看来，诗篇之“志”存在于一首诗的所有组成部分之中，存在于由这些部分组成的整体之中。正因如此，孟子要求咸丘蒙牢记解《诗》的基本规矩：不要拘泥于文字而误解词句，不要拘泥于词句而误解意义。

生怕咸丘蒙记得不深、理解得不透彻，孟子又拿《诗经·大雅·云汉》来说明。他告诉咸丘蒙：假如拘泥于词句，“周余黎民，靡有孑遗”的意思就是“周地剩余老百姓，眼看全部死干净”，但这显然不可能！不管出于什么理由，断章取义太忽视作者与完整的作品，太强调自己的理解与机会主义了。对于消解断章取义而言，孟子刚才的举例尽管极端了一些，但确有说服力。只是光破不行，更重要的是立。

以读者为中心，还是你我的互动？

美国伊利诺依大学香槟校区蔡宗齐教授说过两句话：“到底是

① ［宋］黎靖德编，王星贤点校：《朱子语类》第 1 册，中华书局 1994 年版，第 170 页。

什么样的天才灵感使得孟子将一种倾听理解赋诗或引诗的方法转化成一个以读者为中心的复原式解释理论呢?”“‘以意逆志’是孟子对‘断章取义’脱胎换骨的神来之笔,其绝妙之处在于对‘意’与‘志’两个概念的全新用法。”①前者属于问,后者属于答。我们现在不评判蔡宗齐的自问自答,只是想以读者的身份(未必就是以读者为中心),首先走进孟子(他毕竟是作者)的“以意逆志”。

“以意逆志”四个字,多少杰出的思想家和学者为之倾倒!张载的《经学理窟·诗书》说:“古之能知《诗》者,惟孟子为以意逆志也。”②《朱子语类》卷137说:“孟子说‘以意逆志’者,以自家之意,逆圣人之志。”③晁说之的《晁氏客语》说:“观书不可著其言语,当以意逆志。”④刘宗周的《圣学宗要·良知答问》说:“凡观古人言语,在以意逆志而得其大旨,若必拘滞于文义,则‘靡有孑遗’者,是周果无遗民也。”⑤王国维的《玉溪生诗年谱会笺序》说:“顾意逆在我,志在古人,果何修而能使我之所意,不失古人之志乎?”⑥在我看来,“以自家之意,逆圣人之志”与“意逆在我,志在古人”,堪称对于

① 蔡宗齐著,金涛译:《从“断章取义”到“以意逆志”——孟子复原式解释理论的产生与演变》,《中山大学学报》(社会科学版)2007年第6期。

② [宋]张载著,章锡琛点校:《张载集》,中华书局1978年版,第256页。

③ [宋]黎靖德编,王星贤点校:《朱子语类》第8册,中华书局1994年版,第3258页。

④ [宋]晁说之:《晁氏客语》,《景印文渊阁四库全书》第863册,第145页上栏。

⑤ 吴光主编:《刘宗周全集》第2册《语类》,浙江古籍出版社2007年版,第247页。

⑥ 周锡山编校:《王国维文学美学论著集》,北岳文艺出版社1987年版,第169页。

“以意逆志”的精当解说。

意是我这个读者的，志是你这个作者的；还要逆啊，我一定要真切地把握你在作品中已经或者试图表达的意义。请注意这里用了“真切”这个词！它不是死记硬背，不是臆测，当然也不只是所谓的准确或者正确。以意逆志迟早地、必然地聚焦于“逆”之一环，这个环节的重要性不言自明。只要这个时刻来了，“真切”就是对于“逆”最真切的翻译。唯有这种翻译，你才会真切地明白以意逆志何以是上乘的读书方法，何以是心向往之但又未必能够抵达的解释学境界！

以意逆志相比于断章取义，蔡宗齐说得对，确实截然不同、脱胎换骨。不过，说以意逆志以读者为中心，断章取义又以什么为中心呢？从别人的作品那里刻意拿来一些话，为的是服务于我目前要解决的问题，这种做法显然不是以那个作者为中心，而是十足地以我这个读者为中心。最擅长于机会主义的断章取义也以读者自己为中心，那说以意逆志以读者为中心，何来脱胎换骨？难道蔡宗齐的结论失之偏颇？至少，我现在有些怀疑。

读书是个过程，包括前、后两个环节：以“入”始，以“出”终。简单地说，入者“奴”也，读书的时候，你是作品的奴隶，听凭作者的使唤，这个环节可谓以作者、作品为中心；出者“主”也，读完书后，你成了与作者一样有主见的人，这个环节可谓以读者、自我为中心。可是，一出一入的读书过程能够如此简单地描述吗？换句话说，读这本书之前，你从未读过别的书吗？比如学《诗》，咸丘蒙肯定不会从一片空白开始，而是在具备某个文化背景、知识结构的情形下起步的。孟子已经上过很多课了，让他接受过许多知识与观念。

到了喜欢读书的份上，我们总是携带某个文化背景、知识结构去读某本书。正因如此，领会孟子说的“以意逆志”，就该放弃某些概念——比如“中心”，让另一些词藻——比如“互动”挺身而出。事先要交代：孟子笔下的读书过程，不是单纯的一入一出就万事大吉、一了百了，而是时入时出、时出时入、入入出出、出出入入，循环不已。某个文化背景、知识结构，读者拥有之，作者同样拥有之，因为作者也要以读者的身份去读书，作者创作时总会把它们带进自己的作品之中。

现在，孟子只假定——你是作者，我是读者。某个文化背景、知识结构就是我的意，其用武之地就是你的志。很多时候，志比意复杂得多。我的意是一堆疑问，你的志是一堆答案，你的答案可以排解我的疑问，你比我更高明，所以我要来逆你！

请注意，我开始用加达默尔的“视域融合”来诠释孟子的“以意逆志”了。作为当代杰出的阐释学大师，加达默尔不主张以作者为中心，也不主张以读者为中心，而是主张：“新的视域和旧的视域不断地在活生生的价值中汇合在一起，这两者中的任何一个都不可能被明确地去除掉。”①新的视域是你这个作者的志，旧的视域是我这个读者的意，你、我在即入即出的不断循环中平起平坐，谈不上谁重要、谁不重要，你丰富了我，我复活了你，你、我在互动中共同

① 〔美〕戴维·E·林格：《编者导言》，〔德〕汉斯—格奥尔格·加达默尔著，夏镇平、宋建平译：《哲学解释学》，上海译文出版社1994年版，第9～10页。

逼近解释学追求的那个境界——双赢。

要真切地以意逆志，还得知人论世。孟子有段独白千古传诵：

> 一乡之善士斯友一乡之善士，一国之善士斯友一国之善士，天下之善士斯友天下之善士。以友天下之善士为未足，又尚论古之人。颂其诗，读其书，不知其人，可乎？是以论其世也。是尚友也。（10·8）

世界近乎客观，视界近乎主观。一个人有什么样的世界，就有与之相应的视界；反之亦然。世界越大越好，视界越大越好。善士从一乡走向一国，从一国走向天下，是道德理想主义的必然结果。从今天的善士转入古之人，一样合乎孟子在“文以载道”指挥下翩翩起舞的文化守成主义。

与现实中的礼乐文明经受不住政治的风风雨雨相比，文字上的诗书文化才是坚不可摧的！蔡宗齐说的“天才灵感”，莫非是指孟子的“文以载道”？孟子要人们读《诗》《书》，读流传到他那个时代中的经典作品。孟子提倡的读书态度是同情地理解，是温情与敬意，是那个空谷足音一般的“友”字。从“友”出发，孟子教育我们：要读好你这个作者写的诗、写的书，我这个读者怎能不真切地了解你酸甜苦辣的人生经历——那是你的人格视界，怎能不真切地了解你那个时代的风云变幻——那是你的生存世界呢？

我过去一度认为，以意逆志强调作者与读者的互动，知人论世有点以作者为中心的味道。如今，重温孟子的独白以及他对咸丘蒙的教导，看法有所改变了。其中的奥妙在于：“友”之一字点睛于知人论世,友者——我友古人也,又因古人值得友也;“得”之一字凝聚于以意逆志,得者——我得之于经典也,又因经典有其得也。两者不都是互动吗?在孟子期许的读书方法中,知人论世为以意逆志服务,以意逆志是在知人论世之上的高屋建瓴。正因两者都对互动念兹在兹,“知人论世”才有足够的能力与魅力,把“以意逆志”推向那个风姿绰约的解释学境界。

非得说所有的读书活动要么以读者自己为中心,要么以作者、作品为中心,也错不到哪里。但是,只要你承认咸丘蒙的断章取义太不在乎作者的志、太在乎自己的意,同时你又认为以意逆志之于断章取义好比脱胎换骨,你就必须明白孟子是在互动之中呈现并敞开以意逆志的。所以,蔡宗齐所谓的“以读者为中心”,未必是对“以意逆志”最真切的以意逆志。孟子要我们读的是那些文以载道的经典作品,他理想中的读者要有一颗文以载道的人文心灵;舍此,以意逆志就不会成为好的读书方法,就不会为你召唤那个美妙的解释学境界,我的人文心灵与圣贤们的经典作品就不会因为彼此的互动而真切地实现双赢的愿景。

读者化身作者以后

相对于解《诗》而言,孟子是读者;相对于我们而言,孟子是作者。一句话,“以意逆志”是孟子提出的,他已经从读者化身为作者了。这个平凡的事实人们不是不知道,只是从未往深处想过;但恰恰是这个事实,将帮助我们洞察以意逆志不同寻常的其他含义。

《孟子》还有一个解《诗》的著名案例:

公孙丑问曰："高子曰：《小弁》，小人之诗也。"

孟子曰："何以言之？"

曰："怨。"

曰："固哉，高叟之为诗也！有人于此，越人关弓而射之，则己谈笑而道之；无他，疏之也。其兄关弓而射之，则己垂涕泣而道之；无他，戚之也。《小弁》之怨，亲亲也。亲亲，仁也。固矣夫，高叟之为诗也！"

曰："《凯风》何以不怨？"

曰："《凯风》，亲之过小者也；《小弁》，亲之过大者也。亲之过大而不怨，是愈疏也；亲之过小而怨，是不可矶也。愈疏，不孝也；不可矶，亦不孝也。孔子曰：'舜其至孝矣，五十而慕。'"(12・3)

这次教学没有具体引《诗》，表明孟子、公孙丑师徒早已熟悉诗篇。孟子认为高子这位老先生解《诗》比较机械。不管是否机械，高子解《诗》本身写照了诗篇的广泛传播。孟子这里只是对公孙丑讲《诗》吗？它分明让我想起教咸丘蒙解《诗》的那次教学：孟子不仅引了《诗经》的"永言孝思，孝思维则"，而且引了《尚书》的"祇载见瞽瞍，夔夔齐栗，瞽瞍亦允若"，活脱脱地朗现了舜那颗感天地、泣鬼神的孝子之心(9・4)。这与孟子刚刚引孔子说的"舜其至孝矣，五十而慕"，何其相似乃尔！

孟子两次最重要的解《诗》教学都与孝道相关，这是偶然吗？换个提问方式：假如没有读过《诗》《书》，或者没有接受过任何类型的传统教育，孟子会如此重视孝道吗？你可以说孝子之心是天生的,但这不正是孟子倡导的性善论吗?孟子所以能够提出性善论,原因很多,诗书文化的陶冶与激发当是最大的诱因,但它的作用可以无限被夸张吗?

长话短说,一个人之为思想家,不能没有集中意识——此乃自己的思想;一个人之所以成为思想家,不可或缺支援意识——此乃传统的资源。《困学纪闻》卷8《孟子》说:"《尸子》引孔子曰:'诵诗读书,与古人居。'《金楼子》曰:'曾生谓:"诵诗读书,与古人居;读书诵诗,与古人期。"'《孟子》:'颂其诗,读其书,不知其人,可乎?'斯言亦有所本。"①假如《尸子》《金楼子》所引真是孔子、曾子说的,孟子的"知人论世"之说就脱胎于传统的资源,证明支援意识是有大用的。支援意识重要,传统的资源重要,但集中意识更重要,自己的思想更重要。

请务必注意这个事实:教咸丘蒙、公孙丑解《诗》的时候,孟子已经是思想家。因此,即便把这时的孟子视作读者,其"意"也不仅仅是当代解释学所谓的"前理解",而是自己的思想。换句话说,孟子并不是一般的读者,而是特殊的读者;这个特殊的读者以意逆志,显然不同于一般的读者。更确切地说,我们考量孟子如何以意逆志,不能不意识到他已经由一般读者化身为特殊作者。因其作者的身份,尽管孟子强调真切地逼近诗篇之"志",但它们只是自己的支援意识,它们终归要服从于自己的集中意识——你可以说这就是"意"。

有必要检讨我们前面对于蔡宗齐的批评。当孟子从《诗》的读

---

① [宋]王应麟著,[清]翁元圻等注,栾保群、田松青、吕宗力校点:《困学纪闻》中册,上海古籍出版社2008年版,第995~996页。

者化身为《孟子》的作者后，以意逆志还是平分秋色的互动吗？既然集中意识高于支援意识，孟子对《诗》展开的以意逆志，不就是以自己的思想为中心吗？但是，我们的检讨有其边界：对于所有的思想家，其读书活动必然以自己为中心，你可以说这就是以读者为中心；一旦依然走在成为思想家的路上，其读书活动要开卷有益，就必须执着于我这个读者与你那个作者之间的互动。

切记，孟子是对咸丘蒙提出"以意逆志"这一要求的。咸丘蒙是一般读者，我们绝大多数人也是一般读者。所以，我们要以意逆志，还得互动不已，直到我们成为真正的思想家为止。由此延伸，从读者化身作者之后，孟子的以意逆志区别于咸丘蒙的断章取义。缺乏自己的思想作为强大的支撑，你断章取义，势必对于诗篇南辕北辙，望文生义于"周余黎民，靡有孑遗"就会错得一塌糊涂。与此相比，有了集中意识之后，你以意逆志，就只是拿支援意识为我所用。

从读者化身作者以后，思想家的以意逆志形形色色、五花八门，或者与原作品基本正相关，或者与原作者完全负相关，或者兼而有之。孟子则对诗书文化做到了合法化认同，实现了创造性转化，否则，人们不会说他长于《诗》《书》。但是，例外也是有的。小程就说："孟子言舜完廪浚井之说，恐未必有此事，论其理而已。尧在上而使百官事舜于畎亩之中，岂容象得以杀兄，而使二嫂治其栖乎？学孟子者，以意逆志可也。"（《河南程氏遗书》卷4《二先生语四》）①

---

① ［北宋］程颢、程颐著，王孝鱼点校：《二程集》第1册，中华书局1981年版，第71页。

孟子还说:“尽信《书》,则不如无《书》。吾于《武成》,取二三策而已矣。仁人无敌于天下,以至仁伐至不仁,而何其血之流杵也?”(14·3)凭常识,武王伐纣兵不血刃是绝对不可能的事,倒是“血之流杵”以有点夸张的口气还原了历史本身。读《武成》,自己的志太强劲,对原作者的意太粗暴,孟子显然逆得有点过分。

但是,任何作品都绝对可靠吗?任何作者说得就一点漏洞都没有吗?用不着上升到“书不尽言,言不尽意”的语言哲学高度,同样依据一颗平常心,我们不难知道:无错不成书是放之四海而皆准的硬道理。因此,孟子说完全迷信书本还不如不要书本,道出了一个千古不易的读书原则。李贽说得好:“是恁么眼?读书者,都当作如是观。”①

读者化身作者,看起来人人做得到,但那基本上是思想家的事。我们一般读者则须谦虚地牢记孟子的教导,在“尽信《书》,则不如无《书》”、知人论世的前提下真切地以意逆志。在互动的情境中读书,我们才会感受到“友”是那么战战兢兢、如履薄冰、如临深渊,才会体味到“得”是那么令人手舞足蹈、四体不言而喻。

最后,从余英时的《怎样读中国书》一文中,“断章取义”地挑选两段近乎悲怆但值得你真切地以意逆志的话,作为本节不是结尾的结尾:

> 我可以负责地说一句:二十世纪以来,中国学人有关中国学术的著作,其最有价值的都是最少以西方观念作比附的。

---

① ［明］李贽:《四书评》,上海人民出版社1975年版,第288页。

如果治中国史者先有外国框框，则势必不能细心体会中国史籍的"本意"，而是把它当报纸一样的翻检，从字面上找自己所需要的东西。①

我希望中国知识界至少有少数"读书种子"，能维持着认真读中国书的传统，彻底克服殖民地的心理。至于大多数人将为时代风气席卷而去，大概已是无可奈何的事。②

八　在常识的逼视下

周敦颐的《通书·文辞》说："文所以载道也。……文辞，艺也；道德，实也。笃其实，而艺者书之，美则爱，爱则传焉。贤者得以学而至之，是为教。"③道理要寄身于文字才能传播，这是常识。但是，"文以载道"的传播过程，能像莲花那样出淤泥而不染、濯清涟而不妖吗？

"文以载道"之"文"，即是孟子的文化守成主义。在这面旗帜下，"学孔子"是为了让儒家发展壮大，"距杨墨"是为了让异端销声匿迹，"尚诗书"是为了让《诗》《书》继往开来。你坚持自己的爱好与信仰，为什么非得否弃别人的爱好与信仰呢？既然任何理论主张都不是十全十美的，你为何抓住别人的不足就口诛笔伐呢？说

① 余英时：《钱穆与中国文化》，上海远东出版社 1994 年版，第 313 页。

② 余英时：《钱穆与中国文化》，上海远东出版社 1994 年版，第 315 页。

③ [宋]周敦颐著，陈克明点校：《周敦颐集》，中华书局 2009 年第 2 版，第 35 ~ 36 页。

句心里话,我并不喜欢"距杨墨"的主张与做法。

隋唐时期,佛教如日中天,把儒家挤对得不成样子。唐宋时期,孟子受到史无前例的重视与推崇。儒家把孟子的"距杨墨"转换为"辟佛老",理学成为儒学发展史上的又一个高峰。宋明时期,儒学走向辉煌,佛教更加中国化,道家的精神魅力依然强劲,儒道互补、三教合一成为知识分子最认可的生存风度、最流连的精神高地。

儒家辟佛老不是表面文章,有时候又很像表面文章。譬如,韩愈的名篇《原道》对佛教可是要"人其人,火其书,庐其居"①,意思就是强迫僧侣还俗、焚毁佛教典籍、没收寺院财产;但看看《文集》外集卷上的《与大颠师书》,他贬到广东潮州后,却跟大颠和尚交往密切,对大颠的道行钦佩不已。对于韩愈与大颠的交往,朱熹说过一段铁板钉钉的话:

> 退之晚来觉没顿身己处,如招聚许多人博塞为戏,所与交如灵师、惠师之徒,皆饮酒无赖。及至海上见大颠壁立万仞,自是心服。"其言实能外形骸,以理自胜,不为事物侵乱",此是退之死款。(《朱子语类》卷137)②

朱熹敬佩孟子,韩愈也敬佩孟子,可朱熹恰恰是拿孟子的"距

---

① [唐]韩愈著,钱仲联、马茂元校点:《韩愈全集》,上海古籍出版社1997年版,第122页。

② [宋]黎靖德编,王星贤点校:《朱子语类》第8册,中华书局1994年版,第3275页。

杨墨”来臧否韩愈的。说到这里，我想起西汉末年的扬雄。扬雄也敬佩孟子，朱熹同样看不起他，甚至一棍子就把他打死了。看看那句“莽大夫扬雄死”（《通鉴纲目》卷 8 上）①，难道你还不明白扬雄的声名正因朱熹的恶评而一落千丈吗？

虽然“退之死款”是从哲学信仰的角度批韩愈，“莽大夫扬雄死”是从政治立场的角度批扬雄，但两者的思维方式均是“距杨墨”“辟佛老”！朱熹在政治立场上的问题不大，哲学信仰又如何呢？历史上流传“朱子道”，表明朱熹与道家有着剪不断、理还乱的渊源。批韩愈的时候，朱熹为什么不检讨一下自己？这符合常识吗？

在常识的逼视下，像商人搞垄断那样的“道统”也给人不好的感觉。道统论就是给儒家圣贤排座次，可儒家这门手艺竟然是从佛教那里偷学的。佛教给各种理论主张进行排序，明确甲比乙好、乙比丙好，如此等等，是谓判教。儒家不是辟佛老吗？搬用佛教的判教法来建立自己的道统论，可见儒家辟佛老并不彻底。是主观上不想彻底吗？我认为主要是客观上做不到，因为任何人根子上都逃脱不了常识的制衡。

常识也许不伟大，但它是我们的根。如果只有高深的理论，我们的人生很难想象会变成什么样子，至少那种生活不是人想过的，它只是神的生活。每个人在真理面前天生平等，每个人都有不懈地追求真理、叩问真理的自由与权利，“天不生仲尼”绝对不会“万古如长夜”，一切“以孔子之是非为是非”不是教条主义就是愚民

---

① ［宋］朱熹撰，［清］圣祖批：《御批资治通鉴纲目》，《景印文渊阁四库全书》第 689 册，第 500 页上栏。

政策。

思想史一定要仔细解读,才会品出味道。还是以道统论为例,你不要以为儒家或者统治者说哪个好、哪个不好,人们就会异口同声。二十四史之中,《宋史》单列《道学传》。清代的知识分子对此就有很多不客气的批评:

> “十七史”以来,止有《儒林》。至《宋史》别立《道学》一门,在《儒林》之前,以处周、程、张、邵、朱、张及程、朱门人数人,以示隆也。于是世之谈学者动云周、程、张、朱,而诸儒在所渺忽矣。(《宋元学案》卷2黄百家案语)①
>
> 夫道学之名,前人本无,则如画马,自然不应有角。宋后忽有道学之名、之事、之宗风派别,则如画麟,安得但为麐而角哉?如云吾道一贯,不当分别门户,则德行、文学之外,岂无言语、政事?然则滑稽、循吏亦可合于《儒林传》乎?(《丙辰劄记》)②

占山为王怎么可能一统天下呢?极而言之,道统论好比宗派主义、山头主义,必然把儒学引向分崩离析的歧途。这是程朱的错、孟子的错吗?或者说,这是特定时代的人们不得不犯的错吗?请让你、我从常识的角度好好想想。

① [清]黄宗羲原著,[清]全祖望补修,陈金生、梁运华点校:《宋元学案》第1册,中华书局1986年版,第121页。

② [清]章学诚著,冯惠民点校:《乙卯劄记　丙辰劄记　知非日札》,中华书局1986年版,第66页。

“文以载道”之“道”，即是孟子的道德理想主义。它是孟子在风中亮出的大旗：“仁且智”是要理智地承诺并推定人的本体之善，“经而权”是要在道德生活中发挥权变智慧的作用，“士则仕”是要用知识来道义地变革政治秩序。这里我特别想说：文化守成主义中的“距杨墨”太独断了，而道德理想主义中的“圣人”太空想了。

“人皆可以为尧、舜”(12·2)，确实不是说每个人都能成就理想人格，只是承认每个人都有可能成为尧、舜那样的人。因其可能，人人拼命努力，可历史上有几个人做到了呢？长大以后，我们还可能洞悉另一个哲学上的秘密：尧、舜真的存在过吗？即使尧、舜确有其人，他们真的伟大得前无古人、后无来者吗？

太独断的东西会葬送芸芸众生自由的思考，太空想的东西会误导芸芸众生真实的生活。思考固然重要，但更重要的是生活本身，这就是常识。所以，一种过于高调的道德主张，未必适合每一个活生生的人。平凡的人只有平凡的人生，平凡的人生最好以平凡的方式度过，这种想法依然是植根于我们平凡人心中的常识。

李泽厚的《哲学探寻录》指出：

> 康德说，“上帝的事业从善开始，人的事业从恶开始”。黑格尔和恩格斯说，恶是“推动历史发展的杠杆”。从善开始，是伦理绝对主义，即伦理主义。从恶开始，是伦理相对主义，即历史主义。①

① 李泽厚：《世纪新梦》，安徽文艺出版社1998年版，第23页。

在不道德的社会里，做有道德的人可谓阻力重重，费力不讨好。尽管如此，最基本的道德、最底线的道德是我们的生存、生活所需要的，这仍是常识。盖房子得从地基开始。道德底线虽然只是基础性的东西，却具有逻辑上的优先性。你不能拿一种特殊式样的房子来规划人们的一切，因此，道德底线应当被有合理生活计划的不同人群普遍共享。

在今天这个时代中，太多的人都在梦想成功，可有多少人想过成长呢？"如果方向错了，停止就是进步"，成语"半途而废"的这一新解难道不发人深思吗？所以，孟子对于道德理想主义的心田守望、对于文化守成主义的诗意栖居，孟子的"文以载道"，就是期待我们做个有道德的人，就是企盼我们做个有文化的人。这是天底下最大的常识，一种我们得用一生一世来实践、来提升的常识！

从阅读到悦读如何可能?(代结语)

翻开一本书,你有想阅读的部分,也有想悦读的部分。虽然阅读与悦读可以各行其是,但对于经典,你先得虚怀若谷地阅读,然后手舞足蹈地悦读。

什么样的作品称得上经典?“在这以前,如果不是完全没有同样的书,的确没有写得同样好的书”①,这是经典的内涵性标准。“所谓伟大的书是从丰富而充实的人生中摘取出来而填入字里行间的……你在不同的时日和不同的心情下阅读,你仍可感受到它成书时的气息和命脉”(美国学者谢尔曼语)②,这是经典的传播学标准。那么多书,就这本写得最好,人们最喜欢读,它自然成了经典。

古往今来,人们写的东西汗牛充栋;大浪淘沙,历史公认的经典却凤毛麟角。经典是红花,但那些作为绿叶的作品何尝可以轻视呢?经典需要不断地被阅读、被阐释,方能再生、复活。如果没有一直阅读经典并且通过著书立说来阐释经典的人们,经典就难以持续地显示自身独特的魅力。在此过程中,不少“绿叶”变成了“红花”,孟学史上就有赵岐的《孟子注》、朱熹的《孟子集注》、

---

① 《胡乔木文集》第2卷,人民文学出版社1993年版,第323页。
② 单纯:《中国现代知识分子的心路历程》,《读书》1997年第2期。

戴震的《孟子字义疏证》、焦循的《孟子正义》、康有为的《孟子微》等。

有人读了经典后写点东西，大多数人读过后什么也不写。写点东西，或者什么也不写，对于激活经典的人文魅力来说，并不是至关重要的。经典真正需要我们做的，是慧心地阅读它——我读故我在，真切地思考它——我思故我在。

清初才子张潮写过《书本草》一文。本草即药，儒家经典、历代正史究竟有何疗效？且看张潮开的处方：

四书　有四种，曰《大学》，曰《中庸》，曰《论语》，曰《孟子》。俱性平，味甘，无毒。服之，清心益智，寡嗜欲。久服，令人睟面盎背，心广体胖。

五经　有五种，曰《易》，曰《诗》，曰《书》，曰《春秋》，曰《礼记》。俱性平，味甘，无毒。服之，与"四书"同功。

诸史　种类不一，其性大抵相同。内惟《史记》《汉书》二种味甘，余俱带苦。服之，增长见识。有时令人怒不可解，或泣下不止，当暂停，复缓缓服之。但此药价昂，无力之家往往不能得。即服，亦不易。须先服"四书""五经"，再服此药方妙。必穷年累月方可服尽，非旦夕所能奏功也。官料为上。野者多伪，不堪用。服时，得酒为佳。①

为什么"四书""五经"的味道是甜的？为什么《史记》《汉书》

---

①　[清]王晫、张潮编纂：《檀几丛书》，上海古籍出版社1992年版，第459页上栏。

之外的其他正史是苦的? 人是很奇怪的动物,权、钱、色更让一部分人动物化,可历史教科书上的主角往往是这些人,所以“诸史”能不苦吗? 哲学家正是为了抵抗人的动物化倾向,来到这个世界的。一小撮人用贪得无厌的欲望制造着苦难的政治史,哲学家则企盼沉默的大多数人借由哲学过上智慧、宁静的心灵生活,所以“四书”“五经”是甜的。

中国哲学的本质在于“文以载道”,中国哲学的力量在于“道在史中”。哲学家用文字表达了对于道义的执着追求,哲学的力量依赖于每个人自觉的人生践履。可是,孔子分明说过:“回也其庶乎,屡空。赐不受命,而货殖焉,亿则屡中。”(《论语》11 · 19)颜渊那么有德行,却穷困潦倒;子贡会做生意,常常财源广进。我们也绝对不是钱与书这场战争的旁观者,而是无时无刻不置身其间。今天,钱的声响如雷贯耳,书的醇香弱不禁风,我们对于《孟子》还能阅读下来、悦读下来吗?

义利之辨有些沉重,不妨看看英国 BBC 公司给出的一组人生数据:我们在 100 岁生日之前,会流出 145 公斤的唾液;为了成长,我们要花 3 年半的时间吃东西,排出 4 万公斤的尿液;为了养活自己及家人,我们平均要花费 8 到 10 年时间坐在办公桌前工作;我们会认识差不多 2000 人,并选择其中的 150 人做朋友;除了躺在床上的二十多年,我们需要花费 2 年半时间打电话,12 年时间看电视,12 年时间讲话,还要留 2 周时间品尝甜蜜的吻①。

我们的生活哪里只是生理的呢? 人在本质上是一切社会关系

① 参见《人生的数据》,《羊城晚报》2007 年 3 月 26 日,B5 版《晚会》。

的总和,必须遵循一定的社会规范。假如有个人位高权重,不把社会规范当回事,可其他人居然视而不见,乃至曲意逢迎,那你怎么办?你要是坚守社会规范来待人接物,就会得罪那些有权势的人以及像苍蝇一样围着他们转的乡愿,甚至有可能被杀头,你敢于承担这样的代价吗?读了《孟子》以后,如果你钦佩"不与右师言"的孟子(8·27),更对那个"非其招不往"的猎场管理员心怀敬畏(6·1,10·7),那你就不仅仅是在阅读而是在悦读了。

回首我的孟子研究,最初只是想用哲学观念写本书,它就是我的博士学位论文《孟子文化精神研究》①;后来想用史学方式写本书,但至今任重道远②;最后想用文学笔调写本书,于是有了这本《我善养吾浩然之气——孟子的世界》。与抽象的哲学、立象的史学相比,形象的文学跟绝大多数读者的距离是最近的。所以,我没有把这本书写成太学究式的著作,而是二三处笔带个人遐思,三四处添加历史掌故,四五处融入民间话语。

这本与《孟子》欣喜地相逢的人文哲理随笔,折射了我长期阅读《孟子》积淀下来的生命体验。生命体验对于经典阅读十分重要,对于悦读经典尤为关键。我期许它能够帮助更多的现代人,在"我善养吾浩然之气"的精神成长之路上,真切地完成从阅读《孟子》到悦读《孟子》的转折。

---

①　这篇论文经反复修改,将以《文以载道——孟子文化精神研究》为题,由中国社会科学出版社出版。

②　2011年底,梁涛教授成功申报国家社会科学基金重大项目"中国孟学史",邀请我担任"汉唐孟学史"子课题负责人。目前,我正致力于这一研究。

金代诗人元好问的《论诗三首》写道："鸳鸯绣了从教看，莫把金针度与人。"①只给你欣赏绣好了的鸳鸯，却把绣鸳鸯的金针藏起来，那你永远只是购买者，而不是生产者。要激活并敞开古老的《孟子》在现代社会中的生机与活力，我们不能只做被动的消费者，更应该做积极的创造者。比产品更重要的是工具，比工具更重要的是方法。经典一生一起走，如果缺少工具和方法，古老的《孟子》如何能在我们的心头真正地复活呢？

开卷有益，"阅"此不疲，方能"读"享其成；爱不释手，"读"此不疲，方能"悦"享其成。"有种惦记，疏淡，却很甘甜；有种问候，平常，却很温暖；有种信任，无言，却很真切；有种友谊，清澈，却很长远。"请让我在本书的最后，把这几句家常话献给长眠于山东邹城的那位伟大哲人，借以感谢他为我们无数的心灵惠赐了"我善养吾浩然之气"的精神智慧。

---

① 姚奠中主编，李正民增订：《元好问全集》上册，山西古籍出版社 2004 年版，第 348 页。

图书在版编目(CIP)数据

我善养吾浩然之气:孟子的世界/杨海文著. —济南:齐鲁书社,2017.1(2018.6重印)

ISBN 978-7-5333-3722-3

Ⅰ.①我… Ⅱ.①杨… Ⅲ.①儒家②《孟子》—研究 Ⅳ.①B222.55

中国版本图书馆CIP数据核字(2017)第009489号

我善养吾浩然之气——孟子的世界

杨海文 著

主管单位	山东出版传媒股份有限公司
出版发行	齊魯書社
社　　址	济南市英雄山路189号
邮　　编	250002
网　　址	www.qlss.com.cn
电子邮箱	qilupress@126.com
营销中心	(0531)82098521　82098519
印　　刷	山东金坐标印务有限公司
开　　本	880mm×1230mm　1/32
印　　张	9.125
插　　页	2
字　　数	208千
版　　次	2017年1月第1版
印　　次	2018年6月第2次印刷
印　　数	2001—3000
标准书号	ISBN 978-7-5333-3722-3
定　　价	**27.00元**